ENTRE HIDRA E HÉRCULES

Marcelo Neves

ENTRE HIDRA E HÉRCULES

PRINCÍPIOS E REGRAS CONSTITUCIONAIS COMO
DIFERENÇA PARADOXAL DO SISTEMA JURÍDICO

SÃO PAULO 2019

Copyright © 2013, Editora WMF Martins Fontes Ltda.,
São Paulo, para a presente edição.

1ª edição 2013
3ª edição 2019

Acompanhamento editorial *Helena Guimarães Bittencourt*
Revisões gráficas *Sandra Garcia Cortés e Solange Martins*
Projeto gráfico *A+ Comunicação*
Edição de arte *Katia Harumi Terasaka*
Produção gráfica *Geraldo Alves*
Paginação *Studio 3 Desenvolvimento Editorial*

Dados Internacionais de Catalogação na Publicação (CIP)
(Câmara Brasileira do Livro, SP, Brasil)

Neves, Marcelo
    Entre Hidra e Hércules : princípios e regras constitucionais como diferença
paradoxal do sistema jurídico / Marcelo Neves. – 3ª ed. – São Paulo : Editora
WMF Martins Fontes, 2019. – (Biblioteca jurídica WMF)

    Bibliografia
    ISBN 978-85-469-0255-2

    1. Direito constitucional 2. Direito constitucional – Filosofia I. Título. II. Série.

19-24454   CDU-342

Índices para catálogo sistemático:
1. Princípios e regras constitucionais : Direito   342

Todos os direitos desta edição reservados à
Editora WMF Martins Fontes Ltda.
Rua Prof. Laerte Ramos de Carvalho, 133 01325.030 São Paulo SP Brasil
Tel. (11) 3293.8150 e-mail: info@wmfmartinsfontes.com.br
http://www.wmfmartinsfontes.com.br

A
Elvira, Bernardo e Renato,
três pedaços de mim

ÍNDICE

Nota à 3.ª edição IX
Prefácio XI
Introdução XVII

CAPÍTULO I. DOS MODELOS JÁ CLÁSSICOS DE DISTINÇÃO
ENTRE PRINCÍPIOS E REGRAS JURÍDICAS... 1

1. A norma entre o texto normativo e o fato jurídico 1
2. Grau de imprecisão, discricionariedade e generalidade como critério de distinção entre princípios e regras 12
3. Referência a fins e valores como critério de distinção entre princípio e regras 26

CAPÍTULO II. ... PASSANDO POR DOIS MODELOS AINDA DOMINANTES DE DIVISÃO ENTRE PRINCÍPIOS E REGRAS CONSTITUCIONAIS... 43

1. Pressupostos da reviravolta na principiologia jurídica a partir da filosofia moral 43
2. Tudo-ou-nada *versus* dimensão de peso (Ronald Dworkin) 51
3. Razões definitivas *versus* mandamentos de otimização (Robert Alexy) 63

CAPÍTULO III. ... À PROCURA DE OUTRO MODELO DE DIFERENÇA ENTRE PRINCÍPIOS E REGRAS CONSTITUCIONAIS 89

1. Localização do problema e contornos conceituais 89
2. Princípios constitucionais como resultantes da positivação do direito: princípios e regras como diferença interna do sistema jurídico 112
3. A relação circular entre princípios e regras constitucionais 120
4. Da otimização à concorrência: limites da "ponderação" 141
5. Colisão intraprincípios, dupla contingência e diferenciação funcional da sociedade: por uma principiologia complexa 160

CAPÍTULO IV. USO E ABUSO DE PRINCÍPIOS: DA DOUTRINA À PRÁTICA JURÍDICO-CONSTITUCIONAL BRASILEIRA 171

1. Do fascínio doutrinário... 171
2. ... À prática jurídico-constitucional confusa 196

Observação final: o juiz Iolau 221
Bibliografia 229
Índice onomástico 267

NOTA À 3ª EDIÇÃO

Esta 3ª edição, assim como a 2ª edição, limita-se a registrar algumas alterações de ordem formal relativas ao vernáculo, às referências bibliográficas e ao estilo.

Brasília, 21 de fevereiro de 2019
Marcelo Neves

PREFÁCIO

Em 2003, ao retornar ao Brasil após alguns anos de atividade de pesquisa e ensino na Europa, deparei com uma ampla recepção do debate em torno de princípios e regras, ponderação e otimização, principiologia, constitucionalização do direito e temas conexos. Um tanto surpreso, observei que essa linguagem não se restringia à teoria do direito e da Constituição, mas se espraiava na dogmática jurídica e na prática jurisprudencial, sem limites.

Procurei ser atento à discussão. Passei a observar que, salvo algumas exceções, tratava-se, mais uma vez, de importação acrítica de construções teóricas e dogmáticas, sem o crivo seletivo de uma recepção jurídico-constitucionalmente apropriada. Em grande parte, configurava-se a banalização de modelos principiológicos, desenvolvidos consistentemente no âmbito de experiências jurídicas bem diversas da nossa. Por um lado, a invocação aos princípios (morais e jurídicos) apresentava-se como panaceia para solucionar todos os males da nossa prática jurídica e constitucional. Por outro, a retórica principialista servia ao afastamento de regras claras e "completas", para encobrir decisões orientadas à satisfação de interesses particularistas. Assim, tanto os advogados idealistas quanto os astutamente estratégicos souberam utilizar-se exitosamente da pompa dos princípios e da ponderação, cuja trivialização

XII · ENTRE HIDRA E HÉRCULES

emprestava a qualquer tese, mesmo as mais absurdas, um tom de respeitabilidade. Isso tudo, parece-me, em detrimento de uma concretização jurídica constitucionalmente consistente e socialmente adequada.

Essa situação perdura até o presente. Um exemplo recente é o apelo – no julgamento da ADI 4.638/DF, em 02/02/2012 – à dignidade da pessoa humana e à autoridade de Dworkin para justificar a manutenção de dispositivos da LOMAN que impunham o julgamento secreto dos magistrados (Lei Complementar nº 35/1979, art. 27, §§ 2º e 6º, art. 45, art. 52, § 6º, arts. 54 e 55) em contraposição a regras constitucionais claras, introduzidas pela Emenda Constitucional nº 45/2004 (CF, art. 93, incisos IX e X). Outro exemplo, um tanto mais esdrúxulo e despropositado (o caso já estava sendo solucionado com base no art. 225, § 1º, inciso VII, da CF), é a invocação da dignidade da pessoa humana para caracterizar a inconstitucionalidade de lei estadual autorizadora da briga de galo, no julgamento da ADI 1.856/RJ, em 26/05/2011 (DJe 14/10/2011).

O presente trabalho não se propõe simplesmente uma "desmistificação" ou, para usar um termo em voga, uma "desconstrução" da teoria, da dogmática e da prática jurídicas e constitucionais que, sob a rubrica do princípio, da ponderação, da otimização e de rótulos afins, passou a ser não apenas dominante, mas também sufocante no Brasil da última década. Apesar de tomar como objeto de crítica o abuso de princípios em nossa doutrina e prática jurídico-constitucional, pretendo levar a sério os princípios constitucionais, apontando para a sua relação de complementaridade e tensão com as regras. Enfrentarei, nessa orientação, teorias que, antes e hoje, servem de paradigma para a discussão em torno de princípios e regras jurídicas ou constitucionais, posicionando-me com espírito crítico em relação a elas, para oferecer um modelo teórico alternativo.

PREFÁCIO · **XIII**

Após proferir algumas palestras sobre o tema e ter a pretensão inicial de escrever um artigo sobre a questão, resolvi, enfim, por um projeto mais abrangente, a redação de uma monografia a respeito da temática, o que resultou no presente livro. Para a sua elaboração e publicação, contei com o apoio de algumas instituições e pessoas, cuja menção serve como registro de minha gratidão.

No final de junho e início julho de 2010, realizei como *visiting fellow* pesquisas no Instituto Max Planck de Direito Público Comparado e Direito Internacional, em Heidelberg, que foram decisivas para o desenvolvimento e conclusão do trabalho. Mais uma vez pude desfrutar das excelentes condições de estudos oferecidas pelo Instituto e participar de debates frutíferos com colegas de diversas nacionalidades. Sou grato ao apoio inestimável que me foi dado, novamente, pelo Diretor do Instituto, Armin von Bogdandy, e seus colaboradores.

Na fase de levantamento de dados, Virgílio Afonso da Silva, apesar de minha manifesta divergência em relação às suas posições sobre a matéria, fez algumas indicações bibliográficas que me foram proveitosas. Durante o período de elaboração da monografia, os jovens juristas Régis Dudena, então realizando doutoramento em Frankfurt sobre o Meno, e Thales Costa, então cursando doutorado em Paris, contribuíram com a indicação e o envio de textos doutrinários e jurisprudenciais relevantes. Na fase de revisão final para fins de publicação, o também jovem jurista André Rufino do Vale, ainda em fase preparatória para o doutorado em direito da UnB, sugeriu-me alguns artigos que me foram valiosos. A esses quatro colegas devo registrar aqui o meu voto de gratidão.

No levantamento de jurisprudência e na revisão de texto, Vinícius Poli, Pedro Henrique Ribeiro, Paulo Leonesi Maluf e Octaviano Padovese, então meus orientandos de mestrado, foram incondicionais, realizando tarefas árduas e meticulosas. Para a redação

XIV · ENTRE HIDRA E HÉRCULES

final, que me parece bem-sucedida, a contribuição deles, juntamente com a de Helena Bittencourt, da WMF Martins Fontes, em esmerado trabalho de edição, foi significativa e torna-os merecedores do meu efusivo agradecimento.

Este livro, com algumas alterações, corresponde à tese que apresentei para o concurso de professor titular de direito público da Faculdade de Direito da Universidade de Brasília, tendo sido defendida, com êxito, perante banca examinadora composta por José Afonso da Silva, Luís Roberto Barroso, Mizabel Derzi, Clemerson Merlin Clève e Ivo Dantas, em 15 de março de 2011. Nesta data, tive a oportunidade de debater no mais alto nível com esses respeitáveis colegas, a quem agradeço pelos comentários e pelas críticas, que serviram para novas reflexões com vista a futuras incursões sobre o tema.

Os últimos ajustes de revisão e edição deste livro foram realizados quando já me encontrava como professor titular da Faculdade de Direito da UnB, na qual ingressei em julho de 2011. A acolhida que recebi tanto do Reitor, José Geraldo de Souza Júnior, quanto da Diretora da Faculdade, Ana Frazão, assim como dos meus colegas e dos funcionários, tem servido de estímulo positivo para o desenvolvimento de minhas atividades acadêmicas, inclusive nas tarefas finais referentes à presente publicação.

Neste trabalho, assim como em anteriores, traduzi os trechos em língua estrangeira para o nosso idioma. Sempre que possível e oportuno, indico, entre colchetes, as páginas correspondentes de traduções portuguesas ou de língua mais acessível ao leitor brasileiro (que estão referidas, também entre colchetes, na bibliografia final), mas isso não significa que minha versão coincida com a adotada na tradução citada. Trata-se apenas de facilitar a eventual confrontação com o conteúdo da obra referida ou ulteriores pesquisas de leitores que não tenham acesso ao original.

Em alguns casos, após a menção da data da edição utilizada, refiro-me, entre colchetes, ao ano da primeira edição. Dessa maneira, procuro oferecer ao leitor informações sobre o contexto histórico do surgimento da tese ou argumento a que se remete ou sobre a cronologia do desenvolvimento do respectivo modelo teórico ou jurídico-dogmático.

Este trabalho foi elaborado e concluído com o estímulo indelével de três pedaços de mim: Elvira, Bernardo e Renato. Daí a dedicatória!

Brasília, 27 de novembro de 2012
Marcelo Neves

INTRODUÇÃO

Na narrativa mitológica, Hércules[1], em seu segundo trabalho, entre os doze realizados a serviço do seu primo Euristeu, Rei de Micenas, enfrentou a Hidra de Lerna. A Hidra, que habitava um pântano próximo ao Lago de Lerna, na região da Argólida, era um animal monstruoso, com forma de serpente e muitas cabeças[2], às vezes humanas, cujo hálito era mortífero para quem dela se aproximasse. A Hidra também destruía rebanhos e colheitas. Hércules a enfrentou com flechas flamejantes ou, conforme uma variante da lenda, com uma espada curta, cortando-lhe as cabeças. A dificuldade em levar a cabo sua tarefa decorria de que as cabeças se regeneravam à medida que eram decepadas. Para superar essa dificuldade, Hércules recorreu à ajuda de seu sobrinho Iolau, pedindo-lhe que incendiasse uma floresta vizinha e trouxesse tições para cauterizar os pontos em que se cortavam as cabeças. Então, a cada cabeça que Hércules decepava, Iolau aplicava tições no ferimento da Hidra. Essa cauterização impedia que

---

[1] Hércules, na mitologia romana, corresponde a Héracles (ou Heraclés) na mitologia grega.

[2] As fontes variam quanto ao número (de cinco ou seis até cem, conforme Grimal, 1951, p. 191 [trad. bras. 2005, p. 209]; Kury, 2003, p. 183). Venit (1989, pp. 102 e 104) refere-se a nove.

XVIII · ENTRE HIDRA E HÉRCULES

houvesse a regeneração ou renascimento de cabeça(s) no local do corte. Por fim, com a ajuda de Iolau, Hércules decepou a principal cabeça, que se apresentava como imortal, e esmagou-a com um enorme rochedo, enterrando-a sob este. Dessa maneira, a Hidra foi morta, e Hércules cumpriu o seu segundo trabalho[3].

A expressão metafórica que utilizamos no título, *Entre Hidra e Hércules*, remetendo à mitologia grega, destina-se a fixar um ponto de partida que orientará a minha abordagem. Inverto a perspectiva dominante sobre princípios e regras, que remonta a Ronald Dworkin. De acordo com essa perspectiva, o juiz Hércules, um ideal regulativo, é aquele capaz de identificar os princípios adequados à solução do caso, possibilitando a única resposta correta ou, no mínimo, o melhor julgamento[4]. Nesses termos, pode-se dizer também que os princípios são hercúleos. Sabe-se que a tese de Dworkin surgiu como crítica ao positivismo analítico de Hart, segundo o qual o ordenamento jurídico, conjunto formado por regras primárias de conduta e regras secundárias de organização, deixa ao juiz um campo de discricionariedade, dentro do qual a escolha por uma das alternativas oferecidas não é suscetível de um enquadramento em regras, o que implicaria a "textura aberta do direito"[5]. Para Dworkin, nas situações em que o caso não

---

[3] Cf. Grimal, 1951, pp. 187-203 (espec. pp. 191-2), 215 e 232 [trad. bras. 2005, pp. 205-21 (espec. p. 209), 227 e 252]; Kury, 2003, pp. 180-7, espec. pp. 183, 192-3 e 197; Venit, 1989.

[4] Dworkin, 1991a [1977], pp. 105 ss. e 279 ss. [trad. bras. 2002, pp. 165 ss. e 429 ss.]; 1991b [1986], espec. pp. 239 ss. e 380-1 [trad. bras. 2003, espec. pp. 286 ss. e 454-5]; 1985, pp. 119 ss. [trad. bras. 2001, pp. 175 ss.]; 2006, pp. 41-3 e 54 ss. [trad. bras. 2010, pp. 60-3 e 78 ss.]. Voltarei a essa questão no Cap. II.2.

[5] Hart, 1994, pp. 91 ss., 124 ss., 145-7 e 272 ss. [trad. bras. 2009, pp. 118 ss., 161 ss., 187-90 e 351 ss.]; Dworkin, 1991a [1977], pp. 16 ss. e 46 ss. [trad. bras. 2002, pp. 27 ss. e 74 ss.]. A noção hartiana de "textura aberta do direito" é análoga, embora parta de outros pressupostos teóricos e metodológicos, à concepção kelseniana de "direto a aplicar como uma moldura dentro da qual há várias possibilidades de aplicação" (Kelsen, 1960, pp. 348-9 [trad. bras. 2006, pp. 390-1]).

INTRODUÇÃO · **XIX**

pode ser solucionado por regras, devem incidir os princípios jurídicos, fundados moralmente, que impediriam todo e qualquer espaço ou poder discricionário para o juiz Hércules[6].

Em nossa formulação, ao contrário, os princípios têm o caráter de Hidra, enquanto as regras são hercúleas. Essa questão não diz respeito à existência ou não de discricionariedade, tema ao qual retornaremos no correr desta tese. Ela relaciona-se à flexibilização que os princípios ensejam ao sistema jurídico, ao ampliarem as possibilidades da argumentação. Conforme essa compreensão, os princípios atuam como estímulos à construção de argumentos que possam servir a soluções satisfatórias de casos, sem que estas se reduzam a opções discricionárias. Tendo em vista a sua pluralidade ou, metaforicamente, o seu caráter policéfalo, eles enriquecem o processo argumentativo entre os envolvidos (juízes e partes ou interessados), abrindo-o para uma diversidade de pontos de partida. Observadores, em perspectivas diversas, motivam-se, mediante a provocação dos princípios, a tomar parte ativa na práxis

---

[6] Não se trata, na linguagem de Dworkin, de poder discricionário em sentido fraco, mas sim em sentido forte: "Algumas vezes empregamos 'poder discricionário' em um sentido fraco, apenas para dizer que, por alguma razão, os padrões que uma autoridade pública deve aplicar não podem ser aplicados mecanicamente, mas exigem o uso da capacidade de julgar. [...] Às vezes usamos a expressão em um segundo sentido fraco, apenas para dizer que algum funcionário público tem a autoridade para tomar uma decisão em última instância e que esta não pode ser revista e cancelada por nenhum outro funcionário. [...] Chamo esses dois sentidos de fracos para diferenciá-los de um sentido mais forte. Às vezes usamos 'poder discricionário' não apenas para dizer que um funcionário público deve usar seu discernimento na aplicação dos padrões que foram estabelecidos para ele pela autoridade ou para afirmar que ninguém irá rever aquele exercício de juízo, mas para dizer que, em certos assuntos, ele não está limitado pelos padrões da autoridade em questão". É nesse sentido estrito que Dworkin critica a "doutrina positivista do poder discricionário do juiz", definida por ele nos seguintes termos: "Essa doutrina argumenta que se um caso não for regido por uma regra estabelecida, o juiz deve decidi-lo exercendo seu poder discricionário". Mas ele não deixa de advertir: "O sentido forte de poder discricionário não é equivalente à licenciosidade e não exclui a crítica" (Dworkin, 1991a [1977], pp. 31-3 [trad. bras. 2002, pp. 51-6]).

XX · ENTRE HIDRA E HÉRCULES

argumentativa dirigida a fundamentar juridicamente a solução de um problema jurídico. Nesse sentido, na sociedade complexa de hoje, os princípios estimulam a expressão do dissenso em torno de questões jurídicas e, ao mesmo tempo, servem à legitimação procedimental mediante a absorção do dissenso[7].

Mas os princípios, por si sós, não solucionam os casos a que se pretende aplicá-los. A solução de casos jurídicos, no Estado de direito, depende de regras. Se o caso é "rotineiro" ou "fácil", é claro que isso não traz maiores dificuldades, pois a cadeia argumentativa reduz-se praticamente à delimitação semântica do sentido de dispositivos e à subsequente subsunção do caso à regra. A questão toma maior significado quando se considera a relação entre regras e princípios relevantes à solução do caso. Nessa hipótese, as regras, embora sejam balizadas ou mesmo construídas a partir de princípios, servem à domesticação desses, viabilizando, em caráter definitivo, o fechamento da cadeia argumentativa que contorna a interpretação e aplicação concreta do direito. É nesse sentido que as regras são hercúleas. Enquanto os princípios abrem o processo de concretização jurídica, instigando, à maneira de Hidra, problemas argumentativos, as regras tendem a fechá-lo, absorvendo a incerteza que caracteriza o início do procedimento de aplicação normativa. A incerteza é qualificada, e a complexidade torna-se relativamente estruturada (ou estruturável) por força dos princípios jurídicos, pois eles dão certos contornos e pontos de referência – ancorados em expectativas normativas presentes na sociedade e nos diretamente envolvidos no processo – à discussão travada na busca de solução do caso, mas só as regras *viabilizam* a transformação da incerteza do ponto de partida à certeza obtida

---

[7] Cf. Neves, 2006, pp. 136 ss.

com a decisão[8]. Só as regras levam à redução de complexidade ou
à seleção suscetível de determinar a solução do caso.

Essas observações não devem impedir que se veja o reverso da
medalha. As regras, na sua vinculação mais direta à situação concreta, são pouco adequadas a absorver a alta complexidade dos
chamados "casos difíceis"[9]. Diante do grau reduzido de flexibilidade, de sua tendência ao rigor hercúleo, impõe-se às regras o balizamento por princípios, para que se enfrente a alta complexidade
dos problemas a serem resolvidos. Pode-se dizer que, no processo de concretização normativa, enquanto os princípios jurídicos
transformam a complexidade desestruturada do ambiente do sistema jurídico (valores, representações morais, ideologias, modelos
de eficiência etc.) em complexidade estruturável do ponto de vista
normativo-jurídico, as regras jurídicas reduzem seletivamente a
complexidade já estruturável por força dos princípios, converten-
do-a em complexidade juridicamente estruturada, apta a viabilizar
a solução do caso. São dois polos normativos fundamentais no processo de concretização jurídica, cada um deles se realimentando
circularmente na cadeia argumentativa orientada à decisão do
caso. Não há hierarquia linear entre eles. Por um lado, as regras
dependem do balizamento ou construção a partir de princípios.

---

[8] É claro que a certeza só se alcança com a "norma de decisão" do caso (no sentido
de Müller, F., 1994, espec. p. 264; 1990a, espec. p. 48), que, em geral, mas nem sempre, é uma norma individual e concreta no sentido de Kelsen (Kelsen, 1960, espec.
pp. 20, 85, 242 e 265 [trad. bras. 2006, pp. 21, 90-1, 263 e 289]; 1945, pp. 37-8 e 134
ss. [trad. bras. 2005, pp. 53-4 e 195 ss.). Mas a incerteza é reaberta no plano da mera
execução, pois cabe ainda interpretar o texto da decisão judicial concreta. O problema ganha, então, outros contornos, que vão além dos limites do presente estudo.

[9] Ver, em perspectivas diversas, Dworkin, 1991a, pp. 81-130 [trad. bras. 2002, pp.
127-203], distinguindo-os dos "casos fáceis"; Aarnio, 1987, pp. 1 ss. [trad. esp. 1991,
pp. 23 ss.], diferençando-os dos "casos de rotina". Carrió (1986, pp. 55-61) distingue
analogamente entre "casos marginais" e "casos típicos". O próprio Dworkin (1991b
[1986], p. 354 [trad. bras. 2003, pp. 423-4]) relativiza a diferença entre casos difíceis
e fáceis, ao considerar as variáveis pessoais e temporais.

XXII · ENTRE HIDRA E HÉRCULES

Por outro, estes só ganham significado prático se encontram correspondência em regras que lhes deem densidade e relevância para a solução do caso. Essa relação não é harmônica. É uma relação paradoxal, como veremos especialmente no decorrer do terceiro capítulo. Analogamente à relação entre Hidra e Hércules no episódio mitológico, os princípios e regras relacionam-se de uma maneira um tanto conflituosa. Por um lado, a tendência a superestimar os princípios em detrimento das regras torna altíssimo o grau de incerteza e pode descambar em insegurança incontrolável, relacionada à própria quebra da consistência do sistema jurídico e, pois, à destruição de suas fronteiras operativas. Por outro, a tendência a superestimar as regras em detrimento dos princípios torna o sistema excessivamente rígido para enfrentar problemas sociais complexos, em nome de uma consistência incompatível com a adequação social do direito. Portanto, trata-se, na relação entre princípios e regras, de superar (ou "desparadoxizar"), em cada caso concreto, no plano argumentativo, o paradoxo entre consistência jurídica e adequação social, que, em termos gerais, constitui o paradoxo da justiça como "fórmula de contingência do sistema jurídico"[10].

Nesta introdução, cumpre enfatizar que a discussão terá um foco específico, cabendo alguns esclarecimentos prévios. Em primeiro lugar, deve-se observar que a expressão "princípios" é ambígua e vaga[11]. Muitas vezes, incorrendo em "falácias de ambigui-

---

[10] Luhmann, 1993, pp. 214 ss.

[11] Sobre os diversos empregos, na tradição filosófica, do ponto de vista da existência, do ponto de vista lógico e no sentido normativo, cf. Lalande, 1992, pp. 827-9 [trad. bras. 1999, pp. 860-2] que cita um sugestivo trecho de Condillac: "Princípio é sinônimo de começo; e foi de início utilizado com esta significação; mas, em seguida, por força do uso, foi utilizado maquinalmente, por hábito e sem se lhe atribuir ideias" (1992, p. 827 [trad. bras. 1999, p. 860] – na trad. bras. da própria obra de Condillac, 1979, p. 115, a versão deste trecho é mais livre). A respeito dos diversos sentidos de "princípio" em geral e de "princípio jurídico" em especial, ver Carrió, 1970, pp. 32 ss.; cf. também Atienza e Manero, 1998, pp. 3-4.

dade"[12], discutimos de forma disparatada, em torno de um mesmo termo ou expressão, como se estivéssemos tratando do mesmo conceito. É claro que há termos e expressões que, por si sós, dispõem de uma força sedutora tão enorme, que o simples invocá-los serve à legitimação retórica daquele que o emprega, independentemente do significado que se lhes venha a atribuir. O termo "princípios", assim como o vocábulo "Constituição", ganhou esse perfil[13]. Por sua vez, é evidente que toda discussão conceitual implica a necessidade de delimitação semântica dos termos respectivos, o que já torna o problema um tanto circular. É fundamental, porém, que as questões conceituais e de definição de termos ou expressões sejam tratadas tendo em vista o problema teórico ou prático que se pretende enfrentar e solucionar. É nesse sentido que pretendo fazer uma delimitação conceitual preliminar, para especificar o problema com o qual me proponho a confrontar.

Na filosofia clássica, os princípios referem-se a pontos de partida, fundamento ou "causa" de um processo qualquer. Remontando a Anaximandro e passando por Platão, essa noção de princípio é considerada de maneira abrangente por Aristóteles, que enumera vários significados de princípios, para concluir: "É uma propriedade comum [...] a todos os princípios ser a primeira coisa a partir da qual algo existe, vem a ser ou se torna conhecido."[14] Na filosofia moderna, Kant, ao tratar da "razão em geral", aponta para a ambiguidade da expressão "princípio": ora ela se refere a "toda proposição geral, mesmo tirada da experiência (por indução)", que possa "servir como premissa maior em um silogismo"; ora, à noção do que sejam "absolutamente princípios" ou "princípios do entendimento puro em si", puramente racionais (*a priori*),

---

[12] Copi, 1961, pp. 73 ss. [trad. bras. 1978, pp. 91 ss.].
[13] A respeito de "Constituição", ver Neves, 2009, pp. 1-6.
[14] Aristóteles, 2003, p. 211 – Livro V, I.3.

XXIV · ENTRE HIDRA E HÉRCULES

aos quais Kant alude quando define a razão como "a faculdade da unidade das regras do entendimento sob princípios"[15]. Já no âmbito da filosofia moral, o termo "princípio" é utilizado por Kant para distinguir entre uma "máxima" como princípio subjetivo do querer ou da ação e a "lei" prática (moral) como princípio objetivo do querer ou da ação, válido para todos os seres racionais, "se a razão fosse inteiramente senhora da faculdade de desejar"[16]. Nesses termos, a "máxima" contém a *regra* de acordo com a qual o sujeito *age* dentro de suas condições e a "lei" é o *princípio* objetivo conforme o qual o sujeito racional *deve agir*[17].

Nas ciências modernas, nas quais perdeu sua força, o conceito de princípios também foi utilizado para indicar premissas básicas de um determinado campo do saber. No âmbito das ciências naturais, isso apontava para certas proposições empíricas que, por meio de convenções (cômodas, úteis), são subtraídas ao controle da experiência, segundo pontuava Poincaré[18]. No âmbito da matemática, os princípios foram considerados, em geral, como premissas de uma demonstração e foram substituídos conceitualmente pelos axiomas e postulados[19].

De certa maneira, todos esses conceitos alastraram-se nas diversas esferas da teoria e da prática, de forma um tanto imprecisa. Procura-se com o termo "princípios", frequentemente, apontar para premissas básicas de um domínio qualquer do conhecimento ou

---

[15] Kant, 1990 [1781], pp. 312-4 [trad. bras. 1980, pp. 180-1].

[16] Kant, 1965 [1785], pp. 19 e 42 [trad. port. 1960, pp. 26 e 56]. O princípio objetivo ou a lei prática relaciona-se ao imperativo categórico em Kant (1965 [1785], pp. 20, 37 e 42-3 [trad. port. 1960, pp. 27-8, 50 e 56-7]).

[17] Kant, 1965 [1785], p. 42 [trad. port. 1960, p. 56].

[18] Poincaré, 2007 [1905], pp. 131-3. Mas Poincaré advertia que, "se um princípio cessa de ser fecundo, a experiência, sem contradizê-lo diretamente, contudo o terá condenado" (p. 132).

[19] Abbagnano, 1982, p. 760.

INTRODUÇÃO · **XXV**

do mundo social em geral, assim como se pretende recorrer a normas morais últimas, universais. Enfim, é comum referir-se ao caráter ordenador e unificador dos princípios para um sistema ou ordem determinados, destacadamente para o direito[20]. No presente trabalho, não invocarei "princípios" em nenhum desses sentidos afins. Em vez de usar o vago termo "princípios" para me referir a essa ampla família conceitual, cabe falar, conforme o caso, de premissas ou pontos de partida de um processo ou cadeia argumentativa, de postulados de uma área de saber, de leis básicas da lógica, de pretensas normas pressupostas ou fundamentais no âmbito do direito ou da moral, ou de código-diferença orientador da reprodução de um sistema de comunicações.

Mas também a utilização abrangente do conceito de princípios no âmbito jurídico, nos termos da discussão em torno dos "princípios gerais do direito", não se encontra no primeiro plano deste trabalho. Em primeiro lugar, essa discussão tem um caráter filosófico, nela distinguindo-se os que sustentam a origem jusnaturalista e os que defendem a origem jurídico-positiva dos princípios gerais do direito[21]. Essa discussão toma um contorno mais específico no contexto da teoria geral do direito, ao se analisar a questão do preenchimento das lacunas, em relação à qual se discute se os princípios gerais do direito tornam-se válidos mediante autointegração ou heterointegração. Nesse particular, a própria Lei de Introdução às Normas do Direito Brasileiro determina que o juiz, além de poder recorrer à analogia e aos costumes, decida de acordo com os princípios gerais do direito quando a lei for omissa[22]. A tese da heterointegração sustenta que os princípios gerais

---

[20] Cf. Pascua, 1996, p. 11.
[21] Cf. Pascua, 1996, pp. 11 ss.
[22] "Art. 4º Quando a lei for omissa, o juiz decidirá o caso de acordo com a analogia, os costumes e os princípios gerais de direito."

XXVI · ENTRE HIDRA E HÉRCULES

do direito são suprapositivos; a tese da autointegração afirma que os princípios gerais do direito pertencem ao respectivo ordenamento positivo, sendo induzidos do conjunto de normas do direito mediante a atividade hermenêutica[23]. Como há uma via de recepção interna prevista expressamente em lei, não me parece relevante essa discussão no caso brasileiro. A rigor, os chamados "princípios gerais do direito", aos quais se faz referência na legislação e na jurisprudência de diversas ordens jurídicas, são máximas que se consolidaram na tradição jurídica ocidental, especialmente a partir do direito romano, algumas constituindo rigorosamente princípios, outras configurando típicas regras. Nas hipóteses de omissão ou lacuna da lei, elas são recepcionadas pelo sistema jurídico mediante heterointegração na situação concreta, ou já se encontram expressa ou implicitamente na ordem jurídica, tratando-se apenas de autointegração para a solução do caso. É claro que também cabe falar de recurso a essas máximas no plano da Constituição, em caso de lacuna das disposições constitucionais, mas essa questão é secundária para o tema a ser enfrentado nesta tese.

No presente trabalho, o foco da atenção é a relação entre princípios e regras constitucionais. Os critérios morais e valorativos serão considerados enquanto estiverem incorporados ao ordenamento jurídico por via desses dois tipos de normas constitucionais. Os princípios e regras infraconstitucionais só serão levados em conta quando sua compreensão, interpretação ou aplicação lançarem luz ou servirem à interpretação ou aplicação dos princípios e regras constitucionais.

Além do mais, inclusive no âmbito específico de debate em torno da relação entre princípios e regras constitucionais, esta tese

---

[23] Cf., respectivamente, Bobbio, 1960, pp. 179-84; Betti, 1949, pp. 51-2 e 205 ss. [trad. bras. 2007, pp. 68 e 261 ss.].

não tem a pretensão de esgotar o tema, muito menos o objetivo de oferecer uma enciclopédia sobre este. Antes, ela concentrar-se-á criticamente no debate jurídico-constitucional que se desenvolve desde os anos 1970 sobre princípios e regras constitucionais, particularmente sob o impacto das obras de Ronald Dworkin e Robert Alexy, para, a partir daí, oferecer um modelo alternativo e apontar para os limites e equívocos da recepção da principiologia jurídica na doutrina e prática constitucional brasileira.

No Capítulo I, farei uma breve análise das principais correntes que se manifestaram sobre a questão dos princípios e regras antes da explosão da principiologia constitucional. Nessa altura, a teoria geral pouco se distinguirá da concepção constitucional dos princípios e regras.

No Capítulo II, analisarei inicialmente os pressupostos filosóficos do modelo dominante dos princípios e regras constitucionais. Em seguida, adentrarei na análise desse modelo, considerando especialmente duas de suas vertentes, que se desenvolvem a partir das obras de Dworkin e Alexy.

No Capítulo III, oferecerei um modelo para a distinção entre princípios e regras constitucionais, enfatizando tratar-se de uma diferença jurídico-dogmática que emerge com o constitucionalismo moderno. Nesse contexto, os princípios serão definidos como mecanismos reflexivos relativamente às regras e analisar-se-á a relação circular entre estas e aqueles. Também examinarei a atuação dos princípios e regras no processo de concretização constitucional, assim como apontarei para a exigência de uma principiologia constitucional adequada à complexidade da sociedade contemporânea, inclusive sob o impulso do transconstitucionalismo.

No Capítulo IV, farei uma crítica ao uso e abuso de princípios na doutrina e prática constitucional brasileira. Inicialmente, será

XXVIII · ENTRE HIDRA E HÉRCULES

considerado o problema do fascínio doutrinário pela principiologia, apontando-se para equívocos teóricos e dogmáticos. Por fim, farei um comentário crítico à prática constitucional confusa em torno dos princípios, considerando alguns casos julgados pelo Supremo Tribunal Federal e um processo em andamento perante essa Corte.

Nas observações finais, retomarei a metáfora expressa no título, para considerar que tipo de juiz é o mais preparado para enfrentar e superar, em cada caso concreto, o paradoxo da relação entre princípios e regras: o juiz Hércules ou o juiz Hidra? Nenhum dos dois!

CAPÍTULO I

DOS MODELOS JÁ CLÁSSICOS DE DISTINÇÃO ENTRE PRINCÍPIOS E REGRAS JURÍDICAS...

1. A norma entre o texto normativo e o fato jurídico

Ao discutir-se a distinção entre princípios e regras, tanto no plano da teoria geral do direito quanto da dogmática constitucional, o debate dirige-se à caracterização de tipos normativos, inclusive para averiguar se ambas as categorias estão abrangidas pelo conceito de norma. Portanto, o primeiro passo é afastar a confusão entre texto normativo e norma. Também se pode utilizar os termos "formulação da norma"[1], "disposição normativa" ou "enunciado normativo"[2], para distinguir a forma linguística mediante a qual uma norma se expressa no plano do direito positivo, particularmente o direito escrito. Para esse fim, utilizarei as locuções "texto normativo" em geral ou "disposição normativa"

---

[1] Aarnio, 1990, pp. 181-2 [trad. esp. 1997a, p. 19]; 1997b, pp. 144-5; Canotilho, 1998, pp. 1075-6; Schauer, 1991, pp. 62-4, distinguindo regra e formulação de regra.

[2] Cf. Alexy, 1986, pp. 54 ss. [trad. bras. 2008, pp. 66 ss.], distinguindo disposição de direito fundamental e norma de direito fundamental; Canotilho, 1998, pp. 1077-80; Guastini, 2005, pp. 24 ss., confundindo, porém, os níveis do significante e do significado, ao chamar "'texto normativo' qualquer documento elaborado por uma autoridade normativa" (p. 24) e, ao mesmo tempo, definir disposição e norma nos seguintes termos: "a disposição é (parte de) um texto ainda por ser interpretado; a norma é (parte de) um texto interpretado" (p. 26). Portanto, a rigor, em sua terminologia, ele não distingue precisamente entre texto e norma.

2 · ENTRE HIDRA E HÉRCULES

(também "dispositivo normativo") em especial[3], deixando o termo "enunciado" normativo para me referir à expressão linguística de uma proposição interpretativa ou jurídico-dogmática que pretende descrever ou determinar o conteúdo semântico da norma[4]. (Suplementarmente, cabe empregar a expressão "enunciado normativo", em vez de disposição ou dispositivo normativo, para referir à asserção de norma atribuída indiretamente ao texto legal ou constitucional pelo encarregado da interpretação-aplicação juridicamente vinculante.) Trata-se aqui de distinguir entre os planos do significante e do significado[5]. A conexão entre ambos implica uma relação semântica de significação ou, de maneira mais abrangente, de dação de sentido no processo de comunicação. Mas, em nosso contexto, essa relação não se apresenta apenas entre dois polos, o da disposição e o da norma. Configura-se, no mínimo, um processo quadriangular entre disposição normativa, norma, enunciado normativo e proposição normativa. Diante de

---

[3] Sobre a distinção entre texto normativo e norma, ver, entre muitos, Müller, F., 1994, espec. pp. 147-67 e 234-40; 1995, pp. 122 ss.; 1990a, pp. 126 ss.; 1990b, espec. pp. 20; Christensen, 1989, pp. 78 ss.; Jeand'Heur, 1989, espec. pp. 22-3; Grau, 2009, espec. pp. 84-6; Carvalho, P. B., 2008, pp. 126-31; Tarello, 1980, pp. 101 ss., distinguindo as normas dos documentos normativos.

[4] Aarnio, ao distinguir entre interpretação em sentido amplo, que se refere aos diversos significados possíveis de uma disposição normativa ("formulação de norma"), e interpretação em sentido estrito, que seleciona um ou mais significados entre essas alternativas, emprega o termo "enunciado interpretativo" apenas nesse último sentido (Aarnio, 1990, p. 182 [trad. esp. 1997a, p. 19]).

[5] A distinção entre significante e significado, como duas dimensões do signo, remonta a Saussure (1922, pp. 97-100 [trad. bras. s.d., pp. 78-91]; cf. Barthes, 1964, pp. 103-9 [trad. bras. s.d., pp. 39-51]; Eco, 1975, pp. 25-6 [trad. bras. 1980, pp. 9-10]). Essa diferença foi recepcionada, com as devidas adaptações, a modelos teóricos os mais diversos. Cf., p. ex., Lévi-Strauss, 1973 [1950], pp. XLIX-L [trad. bras. 1974, pp. 33-5], referindo-se à descontinuidade entre significante e significado, à superabundância dos significantes e aos significantes flutuantes; Lacan, 1966, pp. 372 e 501-2, apontando para a "discordância entre o significado e o significante" e para o caráter fechado da ordem/cadeia significante e sua autonomia em relação ao significado.

DOS MODELOS JÁ CLÁSSICOS · 3

uma disposição normativa, cabe indagar qual(is) a(s) norma(s) ou o(s) significado(s) normativo(s) lhe pode(m) ou deve(m) ser atribuído(s). Mediante o enunciado normativo (ou interpretativo) atribui(em)-se determinado(s) significado(s) normativo(s) ou norma(s) à disposição normativa. Entretanto, novamente, podem-se indagar quais significados normativos ou normas foram atribuídos à disposição por meio do enunciado normativo (ou interpretativo), ou seja, qual proposição normativa (interpretativa) foi expressa através deste[6]. Essa situação não é linear, na forma de metalinguagem e linguagem-objeto[7], implicando antes uma circularidade na cadeia de dação do sentido comunicativamente processado.

Além do significante e do significado, são relevantes, no plano semântico, os referentes, que não são dados reais últimos (cuja exis-

---

[6] Kelsen distingue entre a proposição jurídica e a norma jurídica (prescritiva), sendo aquela descritiva desta (Kelsen, 1960, pp. 73-9 [trad. bras. 2006, pp. 80-4]). Define, porém, a proposição jurídica [Rechtssatz] ou de dever-ser (Soll-Satz) em geral como *enunciado* descritivo [*beschreibende Aussage*] (cf. Kelsen, 1960, pp. 73 e 81-3 [trad. bras. 2006, pp. 81 e 88-9]). Neste trabalho, distinguimos, no plano dos significantes, correspondentemente, entre enunciado normativo (= enunciado da proposição normativa) e disposição normativa (ou texto da norma). Na tradução de sua obra publicada originariamente em inglês, sob o título *Teoria Geral do Direito e do Estado*, o termo "*Rechtssatz*" (proposição jurídica) foi traduzido desastrosamente pela expressão *rule of law*, que, por sua vez, foi vertida, disparatadamente, em "regra de direito" na tradução brasileira (Kelsen, 1945, pp. 45-7 [trad. bras. 2005, pp. 62-6]). Bobbio (1958, pp. 75-8 [trad. bras. 2005, pp. 72-4]), por seu turno, define a norma como proposição (um juízo), distinguindo-a do enunciado ("forma gramatical e linguística pela qual um determinado significado é expresso") – que chamo de disposição –, mas é confuso, ao referir-se à proposição como um "conjunto de palavras" e, portanto, incluí-la também no plano do significante (1958, p. 76 [trad. bras. 2005, p. 73]).

[7] No sentido da teoria dos tipos de Russell, 1994 [1908], pp. 75-80. Cf. também Carnap, 1948, pp. 3-4; Barthes, 1964, pp. 130-2 [trad. bras. s.d., pp. 96-9]. Em posição crítica, Hofstadter (1979, pp. 21 ss. [trad. bras. 2001, pp. 23 ss.]) sustenta que a teoria dos tipos pretende banir "as voltas estranhas" e os paradoxos do interior da linguagem, levando à hierarquização entre linguagem-objeto e metalinguagem. Voltarei a esse tema (ver *infra* pp. 119-20).

4 · ENTRE HIDRA E HÉRCULES

tência apenas se supõe no processo comunicativo), mas sim fatos e objetos construídos na linguagem, ou melhor, na comunicação. Dessa maneira apresenta-se, de um lado, a relação entre texto jurídico-normativo (significante) e norma jurídica (significado), de outro, a relação entre esta e o fato jurídico (referente), intermediada sobretudo pela *hipótese normativa* do fato irradiador dos efeitos concretos da norma (hipótese de incidência, tipo, antecedente etc.).

Aqui cabe um esclarecimento para se evitarem equívocos posteriores. Não se deve confundir o suporte fático no sentido dominante em Pontes de Miranda com o *Tatbestand* no sentido que predomina na linguagem jurídica e dogmática alemã. O *Tatbestand* é o tipo, a hipótese de incidência ou, como prefiro, a hipótese normativa do fato irradiador dos efeitos concretos da norma (que chamarei simplificadamente de hipótese normativa do fato ou apenas hipótese normativa[8]). O suporte fático em Pontes de Miranda é a dimensão do real sobre a qual a norma incide e, com isso, transforma-se em fato jurídico[9]. Excepcionalmente, Pontes de Miranda refere-se a "suporte fáctico (abstrato)"[10] e pretende, desse modo, referir-se à hipótese normativa do fato. Parece, portanto, que, quando menciona o suporte fático como "*Tatbestand*"[11],

---

[8] Outra opção seria usar a expressão "hipótese fáctica" (Vilanova, 1985, p. 137), mas, enfim, trata-se de uma hipótese normativamente construída, não do antecedente de uma proposição cognitiva.

[9] Conforme enfatiza Pontes de Miranda, "o suporte fáctico *ainda* está no mundo fáctico; a regra jurídica colore-o, fazendo-o entrar no mundo jurídico" (1974, t. I, p. 21, grifo no original; cf. *ibidem*, pp. 3 ss. e 74 ss.). Daí por que ocorre a múltipla incidência, ou seja, a incidência de várias regras jurídicas sobre o mesmo suporte fáctico, embora dela resultem fatos jurídicos diversos (*ibidem*, p. 27), pois as respectivas regras contêm diferentes hipóteses normativas do fato.

[10] Em contraposição ao "suporte fáctico (concreto)" (Pontes de Miranda, 1974, t. I, p. 4).

[11] Pontes de Miranda, 1974, t. I, pp. 4 e 19. Esses trechos – parece-me – levaram Virgílio Afonso da Silva a traduzir "*Tatbestand*" por suporte fático, na sua versão de Alexy, 1986, pp. 272 ss. [trad. bras. 2008, pp. 301 ss.], para o português. Mantém essa terminologia em seus trabalhos: Silva, V. A., 2009, pp. 67 ss.; 2006, pp. 31-5.

DOS MODELOS JÁ CLÁSSICOS · 5

está a referir-se ao suporte fático abstrato. Mas cabe ponderar que, na linguagem jurídica alemã, no âmbito processual, o *Tatbestand* é também tratado como as circunstâncias reais que correspondem à hipótese normativa do fato (sinônimo de *Sachverhalt*), estando associado, portanto, à noção de suporte fático concreto[12]. Como a expressão "suporte fático" se refere predominantemente, sobretudo por força do nosso vernáculo, à realidade subjacente ao fato jurídico, mesmo quando consideramos esta como construída seletivamente no processo de incidência da norma[13], utilizarei essa expressão apenas para referir ao chamado "suporte fáctico concreto". E, em vez de "suporte fático abstrato", empregarei a locução "hipótese normativa do fato" para me referir ao pressuposto abstrato da incidência da norma.

A questão dos princípios e regras situa-se no plano da norma (do significado), entre os planos do texto normativo (significante) e do fato jurídico (referente). Contudo, evidentemente, os problemas relativos às disposições normativas e aos referentes factuais

---

[12] "*Sachverhalt* é o acontecimento fático específico na realidade da vida. O *Sachverhalt* juridicamente relevante é objeto da aplicação jurídica. Nela verificam-se quais efeitos jurídicos (concretos) o *Sachverhalt* acarreta com base nas respectivas normas jurídicas abstratas. No direito processual, o *Sachverhalt* é designado frequentemente como *Tatbestand* (p. ex., § 313 I Nr. 5 ZPO [Código de Processo Civil alemão]), embora a metodologia jurídica compreenda este como a soma dos pressupostos abstratos de um efeito jurídico abstrato" (Köbler, 2003, p. 403). Em outro trecho do mesmo dicionário (p. 456), afirma-se que, no direito processual (citando o mencionado dispositivo do ZPO), o *Tatbestand* é a "descrição concisa" do *Sachverhalt*, mas também aqui se refere à situação concreta. Portanto, também essa ambiguidade pode levar à tradução de *Tatbestand* (na acepção do direito processual alemão) por suporte fáctico (concreto) no sentido de Pontes de Miranda.
[13] Pontes de Miranda (1974, t. V, p. 231) distingue o suporte fático do "dado fáctico, fato ou complexo de fatos sem entrada no mundo jurídico". Esclareça-se que, embora utilize aqui o conceito no sentido análogo ao de Pontes de Miranda, considero o suporte fático como referente (construído) de relatos no processo de concretização, que, quando qualificado juridicamente mediante a afirmação da incidência da respectiva norma jurídica nesse processo, transforma-se em fato jurídico, a saber, no referente (construído) de um enunciado implícito ou explícito de subsunção.

6 · ENTRE HIDRA E HÉRCULES

têm um papel fundamental em relação a ela. A esse respeito, cabe considerar o problema da ambiguidade (na conotação) e vagueza (na denotação) do texto normativo[14]. A primeira significa que as disposições, em particular as constitucionais, não são unívocas, ou seja, ao menos *prima facie*, podem ser-lhes atribuídos mais de um significado. Isso significa a possibilidade de que mais de uma norma possam ser "extraídas" de uma mesma disposição normativa ou, mais precisamente, atribuídas a esta. Por sua vez, a vagueza refere-se à imprecisão em definir quais são os referentes da norma, ou seja, a indeterminação dos limites do âmbito dos fatos jurídicos e respectivos efeitos jurídicos que estão previstos na disposição normativa e, pois, na norma. Às vezes, superada a ambiguidade (determinou-se o significado da disposição normativa e, portanto, já se definiu a norma a aplicar), ainda assim surgem problemas de vagueza, tendo em vista a dificuldade de determinar quais os fatos que se enquadram na respectiva norma. Dessa maneira, por exemplo, mesmo que seja delimitado claramente o sentido de "pluralismo político" nos termos do art. 1º, inciso V, da Constituição Federal, persistirá a dificuldade em determinar quais as situações fáticas em que um partido extremista deve ser considerado uma ameaça ou um perigo para o pluralismo político. Precisa-se, portanto, de uma "interpretação dos fatos"[15] para que se supere a vagueza para o caso concreto e a norma possa ser aplicada.

---

[14] No sentido lógico, a conotação corresponde à dimensão semântica de sentido (significado), a denotação concerne à dimensão semântica de referência (cf. Von Wright, 1963, pp. 93-4 [trad. esp. 1970, p. 109]; Copi, 1961, pp. 107 ss. [trad. bras. 1978, pp. 119-23]). Especificamente sobre a ambiguidade (conotativa) e a vagueza (denotativa) da linguagem jurídica, ver Carrió, 1986, pp. 28 ss.; Koch, 1977, pp. 41 ss.; Warat, 1984, pp. 76-9; 1979, pp. 96-100. Em outra orientação, Dworkin (1991a [1977], pp. 133 ss. [trad. bras. 2002, pp. 209 ss.]), baseado na distinção entre "conceito" e "concepção", propõe uma releitura da noção de "cláusulas constitucionais vagas".

[15] Ivainer, 1988.

DOS MODELOS JÁ CLÁSSICOS · 7

Para a superação da ambiguidade de disposições normativas, é fundamental a *interpretação do* respectivo *texto*. Para a superação da vagueza e a aplicação normativa a um caso concreto, vai-se além, desenvolvendo-se um amplo processo seletivo de *concretização da norma*[16]. Esclareça-se, porém, que, com o final da concretização, a norma jurídica não se torna individual e concreta, apenas torna-se possível ser-lhe subsumido o caso mediante uma norma de decisão (em regra, individual e concreta)[17]. A concretização implica, portanto, a interpretação tanto do texto da norma quanto dos fatos jurídicos relevantes para o caso. Em um sentido mais abrangente, envolve, na terminologia de Friedrich Müller, a articulação tanto do "programa da norma" (dados primariamente linguísticos) quanto do "âmbito da norma" (dados primariamente reais) como componentes da estrutura da norma[18]. O processo de passagem da ambiguidade (imprecisão conotativa) *prima facie* da disposição normativa à superação da vagueza (imprecisão denotativa) exige não propriamente que se "considerem todos os fatores" do contexto, mas que se determine seletivamente se os fatos jurídicos relevantes ao caso enquadram-se na hipótese normativa[19].

---

[16] A respeito, ver Hesse, 1969, pp. 25 ss.; Müller, F., 1995, espec. pp. 166 ss.; 1994; 1990a; 1990b; Christensen, 1989, pp. 87 ss. A interpretação diz respeito apenas ao texto (cf., p. ex., Müller, F., 1995, pp. 272-3).

[17] Cf. *supra* nota 8 da Introdução.

[18] Müller, F., 1995, espec. pp. 41 ss.; 1994, pp. 232-4 e *passim*; 1990b, espec. p. 20; 1975, espec. pp. 38-9.

[19] Aarnio distingue entre análise *prima facie* de uma expressão e análise que toma em "consideração todos os fatores" ("*all things considered*"), distinção que ele também utiliza em relação à aplicabilidade das normas (1990, pp. 185 ss. [trad. esp. 1997a, pp. 24 ss.]; 1997b, pp. 179-80). Antes, Peczenick (1989, pp. 250-1) definiu o direito após a consideração de todos os fatores como direito interpretado ["*all-things-considered law as interpreted law*"], para afirmar que o direito, considerados todos os fatores, é um produto de uma interpretação ótima ["*The all-things-considered law is an product of an optimal interpretation*"). Mas, em contexto de alta

8 · ENTRE HIDRA E HÉRCULES

Esse processo seletivo levou à compreensão, que já se tornou um lugar comum, de que "a própria norma jurídica só é produzida no decurso da solução do caso"[20], inclusive afirmando-se que o juiz é "o único legislador"[21] e, correspondentemente, caracterizando-se as atividades legislativa e constituinte como atividades de emissão de texto legal e estabelecimento de texto constitucional[22]. Embora fascinantes essas formulações, parece-me que elas podem levar a equívocos. Se afirmarmos que a produção da norma só ocorre no processo concretizador, persistirá a questão de

---

complexidade, há uma necessária postura seletiva perante os fatores contextuais em qualquer processo de tomada de decisão fundado normativamente; ou, em outras palavras – invocando aqui Schauer (1998a, p. 239) ao tratar das decisões tomadas com base em regras –, há um certo grau de "resistência" à postura decisória orientada para a decisão que se apresenta como sendo "a melhor, considerados todos os fatores" [*the best all-things-considered decision*]. Nesse sentido, Schauer afirma: "Quem toma decisão não constrangido por regras tem o poder, a autoridade, a competência [*jurisdiction*] para levar tudo em consideração. Inversamente, quem toma decisão constrangido por regras perde algo dessa competência" (Schauer, 1991, p. 159). Em vez de apenas abranger as regras, caberia ampliar o âmbito dessa asserção para incluir as normas em geral. Mas Schauer parte de outros pressupostos e dá outras consequências a essa asserção, definindo as regras, de maneira estrita, com "instrumentos" de "alocação de poder" (*ibidem*). Também cumpre observar que outros fatores, além de normas, impedem que se "tome tudo em consideração". Daí por que se deve esclarecer que, quando uso a expressão *"prima facie"*, não a estou usando na acepção estrita da tradição filosófica que a contrapõe à expressão *"all-things-considered"*, mas simplesmente para me referir ao sentido da disposição normativa ou mesmo à norma como se apresenta no início do processo de concretização, antes de que haja a determinação seletiva da regra (completa) que serve de critério definitivo à solução do caso.

[20] Müller, F., 1994, p. 273. Cf. Christensen, 1989, p. 89. Em orientação análoga, embora mais cuidadoso, cf. Grau, 1996, pp. 60-1; 2009, pp. 86-9.

[21] Müller, F., 1990b, p. 127, nota 16. Formulação semelhante já se encontra em Cardozo, que se referia ao "juiz como um legislador" (1991 [1921], pp. 102 ss. [trad. bras. 2004, pp. 74 ss.]), enfatizando: "O direito que é o produto resultante não é descoberto, mas sim criado. O processo, sendo legislativo, exige a sabedoria do legislador" (p. 115 [trad. bras. p. 84, com erro grave de tradução ao inverter a negativa: "descoberto, não criado"]). Cardozo acrescentava: "Não há, na verdade, nada de revolucionário ou de novo nessa visão da função judicial" (p. 116 [trad. bras. p. 85]).

[22] Cf. Müller, F., 1994, pp. 264 e 270.

DOS MODELOS JÁ CLÁSSICOS · 9

se os juízes e órgãos competentes para a concretização normativa não estariam subordinados a normas antes de cada solução de caso. Pode-se cair em um realismo decisionista, se esses modelos não forem tratados com os devidos cuidados e, eu diria, com certas restrições.

A relação entre aquele que expede o texto normativo e aquele que o interpreta e aplica em casos determinados, ou, de maneira mais simples, entre legislador (inclusive o constitucional) e juiz, importa a dupla contingência[23]. Em princípio, o problema da dupla contingência está presente na relação de observação recíproca entre *ego* e *alter* na interação. Mas a questão da dupla contingência não se restringe à interação, na qual os polos *ego* e *alter* remetem a (embora não se confundam com) pessoas, tendo em vista que *alter* e *ego* podem remeter a sistemas sociais[24] e, portanto, também a dimensões (subsistemas) deles; aqui, à legislação (ou ao legislativo), primariamente política, e à jurisdição (ou ao judiciário), primariamente jurídica.

A dupla contingência implica que *ego* conta com a possibilidade de que a ação de *alter* seja diversa daquela que ele projetou e vice-versa. Embora não possa persistir uma "pura dupla contingência" – pois há os condicionamentos da interação[25] e a "absorção da insegurança" mediante a "estabilização de expectativas"[26] –, "a tentativa de prever precisamente o outro fracassaria inevitavelmente"[27]. Isso importa a suposição mútua de "graus de liber-

---

[23] Luhmann, 1987a, pp. 148 ss.; 1987b, pp. 32 ss.; 2002, pp. 315 ss. [trad. esp. 2007b, pp. 325 ss.]; O conceito de dupla contingência remonta, segundo Luhmann (1987a, p. 148; 2002, p. 317 [trad. esp. 2007b, p. 327]), a Talcott Parsons e um grupo de pesquisadores a ele vinculados. Cf. Parsons *et al.*, 1951, p. 16; Parsons, 1968, p. 436.

[24] Luhmann, 1987a, pp. 152 e 155.

[25] Cf. Luhmann, 1987a, pp. 168 e 185 s.

[26] Luhmann, 1987a, p. 158.

[27] Luhmann, 1987a, p. 156.

10 · ENTRE HIDRA E HÉRCULES

dade"[28] (a ação de *alter* pode ser bem diversa da projetada no vivenciar de *ego* e vice-versa), que converte o comportamento em ação: "O comportamento torna-se ação no espaço de liberdade de outras possibilidades de determinação."[29] Disso decorre que a dupla contingência envolve uma combinação de não identidade e identidade: "*Ego* vivencia *alter* como *alter ego*. Ao mesmo tempo que tem a experiência com a *não identidade das perspectivas*, *ego* vivencia *a identidade dessa experiência* de *ambos* os lados."[30]

Na relação entre legislação e jurisdição ou, mais abrangentemente, entre normatização e concretização normativa, estabelece-se inicialmente uma dupla contingência como em qualquer processo comunicativo. Ao fazer referência ao legislador (não no sentido subjetivo, pessoal, mas sim institucional), o intérprete-aplicador atribui-lhe uma dação de sentido para o respectivo texto normativo. Isso não significa que essa atribuição importe que este substitua aquele como produtor da respectiva norma. A situação aponta para uma pretensão limitada de estruturar a dupla contingência e determinar o conteúdo de uma comunicação (o que é que *alter* quis dizer?). A mensagem do legislador ou constituinte (*alter*) carrega um conteúdo informativo que precisa ser compreendido por *ego* (juiz), que poderá equivocar-se. Essa alteridade é análoga a todo processo social, inclusive os mais simples do cotidiano: "eu digo que tu disseste isso quando falaste naquela oportunidade". Nesse caso, *ego* não está dizendo que o conteúdo da fala seja sua. Ele atribui um sentido à fala de *alter*, conforme o conteúdo informativo que compreendeu na mensagem. Essa relação de mensagem, informação e compreensão, ínsita a qualquer

---

[28] Luhmann, 1987a, p. 186.
[29] Luhmann, 1987a, p. 169.
[30] Luhmann, 1987a, p. 172.

comunicação[31], também se aplica na macroescala dos sistemas sociais. No nosso contexto, isso significa que a imputação de um conteúdo ao texto normativo (assim como a um texto literário) não significa que eu seja autor da respectiva norma (ou livro). Nesse sentido, cabe distinguir dois níveis: o da *produção* institucional (inclusive não organizada no caso dos costumes jurídicos) da norma e a *construção* hermenêutica da norma no processo de concretização. Supõe-se uma dação de sentido *prima facie* pelo órgão de produção normativa, que, no processo concretizador, é complementada ou transformada por uma dação de sentido em caráter definitivo. Mas permanece a alteridade: a construção hermenêutica (no sentido amplo deste termo) parte da produção institucional da norma, sendo controlada socialmente no decurso do processamento da dupla contingência e, portanto, criticável como incorreta ou inadequada às condições do presente[32].

Essas observações servem-nos para esclarecer que o problema da distinção entre princípios e regras (especialmente constitucionais) situa-se no plano da argumentação que se desenvolve no processo concretizador, em que se pretende determinar o conteúdo de normas a aplicar. Pressupõe a questão do processamento seletivo da dupla contingência e, especificamente, a confrontação com a ambiguidade e vagueza das disposições normativas, com a conexão entre sentidos *prima facie* e definitivo de normas e com a interpretação dos fatos jurídicos relevantes aos casos a serem decididos.

---

[31] Luhmann, 1983a, p. 137; 1987a, pp. 193 ss.; 2002, pp. 292 ss. [trad. esp. 2007b, pp. 306 ss.].

[32] Nesse sentido, embora com base em outros pressupostos teóricos e com outras implicações, cf. Betti, 1955, pp. 816 ss.; Gadamer, 1990, pp. 330 ss.

2. Grau de imprecisão, discricionariedade e generalidade como critério de distinção entre princípios e regras

O debate em torno de princípios e regras constitucionais é, em grande parte, cativo ao tema clássico dos princípios gerais do direito. Nessa perspectiva, surge uma multidão de critérios, como o de os princípios constituírem "diferentes ideias fundamentais"[33] ou, simplesmente, "o fundamento da ordem jurídica"[34], a função heurística dos princípios[35], a sua importância para o ordenamento jurídico[36], a sua função unificadora para o sistema jurídico[37], entre muitos outros[38]. Nesse contexto, também surge a pretensão de enumeração de catálogos de princípios (catálogos de *topoi*)[39]. Uma exposição detalhada desses modelos de critério e de enumeração foge ao presente trabalho, como já adiantei na introdução. Ou seja, o debate clássico sobre os chamados princípios gerais do direito não deve ser confundido com a questão da articulação entre princípios e regras constitucionais. Mas alguns aspectos da discussão clássica sobre princípios refluíram persistentemente no tratamento desta questão, merecendo algumas considerações.

Nesse contexto, tornou-se usual a distinção entre as teses da demarcação frágil (diferença quantitativa), da demarcação forte

---

[33] Engisch, 1983 [1956], pp. 165-6 [trad. bras. 1977, pp. 260-1], tratando das contradições de princípios.

[34] Betti, 1949, p. 212 [trad. bras. 2007, p. 270], em referências aos princípios gerais do direito. Em sentido análogo, Bandeira de Mello (2003, p. 817) define princípio como "mandamento nuclear de um sistema, verdadeiro alicerce dele".

[35] Jakab, 2006, pp. 60-1.

[36] Peczenik, 1971, p. 30; 1989, p. 74. Cf. também Jakab, 2006, pp. 57 e 65.

[37] Canaris, 1983, pp. 46-7 [trad. port. 1989, pp. 76-8], ao tratar dos princípios gerais do direito.

[38] Com uma breve menção a diversos critérios de distinção entre princípios e regras, cf. Alexy, 1986, pp. 72-5 [trad. bras. 2008, pp. 86-90]; 1985, pp. 14-5.

[39] Ver, p. ex., Struck, 1971, pp. 20-34. Cf. Eckhoff e Sundby, 1988, pp. 98-9.

DOS MODELOS JÁ CLÁSSICOS · 13

(diferença qualitativa) e da confusão ou coincidência entre princípios e regras[40]. Os modelos que pretendo tratar brevemente neste item são enquadrados no campo das teses da demarcação frágil. Em primeiro lugar, cabe considerar os modelos que apontam para uma maior imprecisão dos princípios em relação às regras. Esses modelos, muito comumente, estão vinculados à questão do grau da discricionariedade oferecido pela norma ao intérprete-aplicador[41]. A esse respeito, cabem alguns esclarecimentos iniciais.

Não se deve confundir a questão da imprecisão com a questão da discricionariedade em sentido estrito. A imprecisão semântica, nas formas de ambiguidade (conotativa) e vagueza (denotativa), implica, a partir primariamente do significado do texto e do seu âmbito de referência, a incerteza cognitiva em relação à norma a aplicar. Essa questão está estreitamente vinculada à complexidade e contingência[42], à diversidade de expectativas interpretativas em relação aos textos normativos e às respectivas normas[43]. Em sociedades menos complexas, as normas apresentam-se como evidentes[44], não se configurando como relevante a questão

---

[40] Alexy, 1979, pp. 64-5; 1986, pp. 74-5 [trad. bras. 2008, pp. 89-90]; Aarnio, 1990, pp. 180 ss. [trad. esp. 1997a, pp. 17 ss.], concluindo que, "considerado todos os fatores" (ver *supra* nota 19 deste capítulo), isto é, depois da interpretação, não haveria distinção entre regras e princípios, que só teria sentido na análise *prima facie* (p. 192 [trad. esp. p. 33]). Retornarei a essa questão.

[41] Cf., p. ex., Eckhoff e Sundby, 1988, p. 108.

[42] Complexidade entendida como presença permanente de mais possibilidades (alternativas) do que as que são suscetíveis de ser realizadas; contingência compreendida como a condição em que "as possibilidades apontadas para as experiências ulteriores podem ser diferentes das que foram esperadas" (Luhmann, 1987b, p. 31), implicando, portanto, incerteza no plano das expectativas.

[43] Deve ficar claro, porém, que as questões de complexidade e contingência, no processo comunicativo, vão muito além da imprecisão semântica (conotativa e denotativa) de textos, disposições ou enunciados.

[44] E, no limite, em formas arcaicas de sociedade, não se distingue entre norma e ação, inexistindo, pois, procedimento institucionalizado de aplicação jurídica (cf. Weber, 1985, pp. 445 s. [trad. bras. 2004, vol. 2, p. 73]; Schluchter, 1979, p. 146;

14 · ENTRE HIDRA E HÉRCULES

da imprecisão das disposições normativas. A partir do momento em que há uma inundação de expectativas normativas entre si contraditórias, não só em relação à produção legislativa e constituinte, mas também à compreensão normativa dos respectivos textos legais e constitucionais, emerge, com relevância, o problema da imprecisão semântica em torno da norma a aplicar. E isso inclui também a diversidade de interpretações do caso, conforme compreensões as mais incongruente dos fatos subjacentes.

A discricionariedade em sentido estrito não deve ser confundida com a imprecisão semântica dos textos normativos e a incerteza denotativa em torno da norma a aplicar ao caso, mas sim com o oferecimento, na própria norma, de alternativas para o órgão encarregado da concretização[45]. Não sendo aqui o local de discutir os tipos de ato discricionário, tema debatido de maneira pormenorizada no âmbito do direito administrativo[46], pode-se, genericamente, distinguir duas formas típicas de discricionariedade (em sentido estrito e rigoroso): a referente ao exercício do ato, quando a expedição deste fica a cargo de condições políticas ou de oportunidade e conveniência administrativa a serem avaliadas pelo órgão; a concernente ao conteúdo, quando, dada a in-

---

Habermas, 1982a, vol. 1, pp. 349 e 351; vol. 2, pp. 261 s.; 1982b, p. 135; Luhmann, 1993, p. 257; 1987b, p. 150).

[45] Essa distinção entre discricionariedade em sentido estrito e imprecisão corresponde, de certa maneira, à diferença entre "indeterminação intencional do ato de aplicação do direito" e "indeterminação não intencional do ato de aplicação do direito", conforme a formulação de Kelsen (1960, pp. 347-8 [trad. bras. 2006, pp. 388-90]). Entretanto, não parto da noção de "intencionalidade" nem da dicotomia "cognitivo/volitivo", "objetivo/subjetivo" ou "político/jurídico-científico", nos termos kelsenianos do "direito a aplicar como uma moldura dentro da qual há várias possibilidades de interpretação" (1960, pp. 348 ss. [trad. bras. 2004, pp. 390 ss.]). A concretização jurídica é entendida aqui como um processo social de comunicações, no qual se supera a dicotomia epistemológica clássica "subjetivo/objetivo" em nome da diferença "sistema/ ambiente" (cf. Luhmann, 1987a, pp. 25-6).

[46] Cf., entre outros, Bandeira de Mello, 2006, pp. 9 ss.

cidência da norma, o órgão competente pode escolher uma das alternativas oferecidas, nas dimensões material, pessoal, temporal ou territorial. Mas a opção entre as alternativas deixadas pela norma à discrição do órgão competente não se confunde com a imprecisão semântica sobre a norma a aplicar. Vale argumentar o seguinte: para que se defina se uma norma abre um espaço à discricionariedade (em sentido estrito) do órgão de aplicação normativa, impõe-se inclusive que seja superado eventual problema de imprecisão semântica, a fim de saber se há competência discricionária ou não; a norma oferece as opções a, b e c ou apenas prescreve a aplicação a. Inclusive se partíssemos de um modelo de uma única decisão ou interpretação correta, esta poderia ser a que determinasse o caráter discricionário da competência atribuída pela norma.

Feitas essa considerações, compreende-se que a discussão quantitativa que se delineia na distinção entre regras e princípios refere-se ao problema da imprecisão semântica dos textos normativos, na medida em que esta leva à incerteza cognitiva a respeito da norma a aplicar. Nessa vertente, afirma-se que os princípios são mais imprecisos do que as regras[47]. Essa posição não parece sustentável. Tanto no plano legal quanto no plano constitucional, nós encontramos regras que apresentam caráter de imprecisão semântica, tornando-as extremamente dependentes do contexto de aplicação.

Considere-se, por exemplo, a regra legal expressa no art. 94, inciso II, do Código Penal, que se refere ao "bom comportamento público e privado" como requisito para a reabilitação[48]. Como de-

---

[47] Cf. Guastini, 2005, pp. 188-90, com restrições; Betti, 1949, pp. 207-8 [trad. bras. 2007, p. 263], referindo-se aos princípios gerais do direito; Eckhoff e Sundby, 1988, p. 108, sustentando a vagueza das diretivas, que, na concepção deles, não se identificam com os princípios, mas têm muito em comum com estes (p. 107).

[48] "Art. 94 – A reabilitação poderá ser requerida, decorridos 2 (dois) anos do dia em que for extinta, de qualquer modo, a pena ou terminar sua execução, compu-

16 · ENTRE HIDRA E HÉRCULES

finir o "bom comportamento" sem considerar o contexto social e os valores dos respectivos juízes? Evidentemente, em questões referentes a formas não dominantes de relações afetivas, por exemplo, aquilo que se apresenta como bom comportamento público e privado para uma juíza feminista ou para um juiz associado a uma entidade de combate à homofobia é bem diverso do que uma juíza ou juiz vinculado à *Opus Dei* ou à Tradição Família e Propriedade (TFP) vai qualificar como bom comportamento. Da mesma maneira, em questão referente ao uso de bebidas alcoólicas, a averiguação do bom comportamento pode variar sensivelmente conforme o reabilitando esteja diante de um juiz associado a um clube do uísque ou perante um magistrado que faça parte de uma associação defensora de transformação legislativa para que o álcool se torne uma droga ilegal. E essa variação intensifica-se conforme o contexto social, seja este metropolitano, cosmopolita, urbano, provinciano ou rural.

Mas há também regras constitucionais cujo invólucro linguístico leva à imprecisão semântica e, portanto, à incerteza cognitiva sobre a norma a aplicar. Observe-se a regra expressa no art. 55, inciso II, da Constituição Federal, que estabelece a perda do mandato do deputado e senador "cujo procedimento for declarado incompatível com o decoro parlamentar". Embora o § 1º desse dispositivo estabeleça uma especificação semântica do que seja incompatível com o decoro parlamentar, apontando para "o abuso das prerrogativas asseguradas a membro do Congresso Nacional ou a percepção de vantagens indevidas", essas hipóteses são exemplificativas, ficando para o plano infraconstitucional (há re-

---

tando-se o período de prova da suspensão e o do livramento condicional, se não sobrevier revogação, desde que o condenado: [...] II – tenha dado, durante esse tempo, demonstração efetiva e constante de *bom comportamento público e privado*; [...]" (redação dada pela Lei nº 7.209, de 11 de julho de 1984 – grifei).

ferência expressa ao regimento interno) a definição dos "casos". Evidentemente, embora disposição típica de uma regra constitucional, ela carrega consigo um alto grau de vagueza, que ultrapassa a imprecisão de certos princípios constitucionais.

Enquanto relativamente à imprecisão referente à citada regra penal a delimitação de sentido depende sobretudo do contexto pessoal, material, temporal e territorial do ato judicial, no caso da Constituição o contexto é mais complexo, dependendo tanto da legislação no sentido material (regimento interno) e formal quanto do ato de imposição concreta da sanção pela Câmara dos Deputados ou pelo Senado. É claro que essa altíssima dependência contextual não chega a ser uma "afasia semântica", na qual as palavras perdem seu significado e se transformam em meros significantes cujo sentido dependerá da variável axiológica invocada no contexto de aplicação normativa[49], muito menos envolve um "significante flutuante"[50]. Há uma sedimentação histórica de sentido, fundada especialmente nos precedentes, ou seja, constrói-se uma redundância com base em argumentos, nos termos da teoria dos sistemas[51]. Mas os exemplos apresentados já delineiam que, ao menos *prima facie*, as regras poderão ser marcantemente imprecisas.

Por sua vez, nada impede que dispositivos referentes a princípios constitucionais tenham certo grau de precisão semântica, ao menos se comparados com regras constitucionais e legais semelhantes à citada. Consideremos, por exemplo, o princípio da livre iniciativa, expresso no art. 1º, inciso IV, da Constituição Federal, que se apresenta como um dos fundamentos da República. Parece-me que o seu grau de imprecisão é bem mais reduzido do que o das regras supracitadas. A dificuldade eventual da aplica-

---

[49] Warat, 1972, pp. 178-9.
[50] Cf. *supra* nota 5 deste capítulo.
[51] Cf. Luhmann, 1986c, pp. 34 ss. Voltarei a esse tema no Cap. III.2-3.

18 · ENTRE HIDRA E HÉRCULES

ção deste princípio não está primariamente associada a um problema concernente à delimitação semântica em face da ambiguidade e vagueza da respectiva disposição, mas sim à sua relação com outros princípios e também com regras constitucionais: Qual é a força normativa deste princípio em face de outros princípios concorrentes? Quais as regras constitucionais cuja incidência torna esse princípio não aplicável ao caso?

Inclusive se levarmos em conta um princípio finalístico como o que se expressa no art. 3º, inciso III, da Constituição Federal, que inclui entre os objetivos fundamentais da República "erradicar a pobreza e a marginalização e reduzir as desigualdades sociais e regionais", não me parece que estejamos basicamente perante problema de imprecisão semântica[52]. Embora haja certa variação, há critérios quantitativos relativamente precisos, elaborados por organizações internacionais e pela comunidade acadêmica, para definir as situações típicas de pobreza. E reduzir as desigualdades sociais e regionais não é algo que envolva imprecisão semântica. Nessas hipóteses, a dificuldade de aplicação da norma não se relaciona predominantemente com as condições jurídicas, ou seja, com a relação deste princípio programático com outros princípios e com regras constitucionais, mas com as condições fáticas de sua efetivação. Em nossa experiência constitucional, essa situação constitui um típico episódio de constitucionaliza-

---

[52] É claro que se pode afirmar que esse dispositivo contém uma regra (ou regras). De fato, em certas situações-limite, a ele pode ser atribuída diretamente uma regra (ou regras), tendo em vista a omissão manifesta contra os seus fins, levando à responsabilidade política do governante. Mas se trata, então, de situações excepcionalíssimas, muito improváveis. Parece-me que *prima facie* cumpre caracterizá-lo, geralmente, como disposição de um princípio (ou de princípios), pois sua concretização depende de medidas políticas das quais decorrem regras. Além disso, a avaliação da constitucionalidade dessas medidas ou das respectivas omissões depende, normalmente, de regras a serem construídas a partir desses princípios e atribuídas indiretamente ao texto constitucional.

DOS MODELOS JÁ CLÁSSICOS · 19

ção simbólica, sendo irrelevante qualquer problema de imprecisão[53]. Sem dúvida, trata-se de norma bem mais precisa (ou menos imprecisa) do que as regras acima mencionadas.

Inclusive princípios não atribuídos *diretamente* ao texto constitucional ou a uma disposição constitucional[54], mas que têm força normativa no sistema constitucional, podem ter um grau maior de precisão (ou menor de imprecisão) do que certas regras constitucionais e legais, como, por exemplo, o chamado "princípio da máxima efetividade"[55]. Em relação a ele, não se vislumbra primariamente imprecisão semântica, mas o problema das condições jurídicas e fáticas de sua concretização e realização.

Essas observações servem para demonstrar que um critério quantitativo (ou qualitativo) referente à imprecisão semântica de disposições normativas não pode ser tomado como decisivo para a distinção entre princípios e regras constitucionais. É claro que se pode observar uma tendência maior à imprecisão entre os princípios, mas não procede a definição dos princípios como normas mais imprecisas do que as regras. No plano constitucional, especialmente na experiência brasileira, esse critério é inteiramente

---

[53] Neves, 2007.

[54] Parece-me que pode levar a equívoco a formulação de Alexy ao introduzir a noção de "normas de direito fundamental atribuídas", para distingui-las de normas de direito fundamental que "são expressas diretamente" por disposições da Constituição (1986, pp. 57-63 [trad. bras. 2008, pp. 69-76]). A rigor, toda norma constitucional é atribuída direta ou indiretamente a disposições constitucionais ou, em geral, ao texto da Constituição (e, quando não houver documento constitucional escrito, a enunciados que desempenham o papel de disposição constitucional, ou ao conjunto de textos esparsos que atua como equivalente funcional do documento constitucional). As chamadas "normas de direito fundamental atribuídas" caracterizam-se por serem *mediata* ou *indiretamente* atribuídas a dispositivos constitucionais ou ao texto constitucional. Mas essa é uma questão de grau, análoga à distinção entre dimensão implícita e explícita da linguagem.

[55] Canotilho, 1998, p. 1097. Cf. analogamente Barroso, 1996, pp. 218-44; 2010, p. 306; Barroso e Barcellos, 2005, p. 303. Na jurisprudência brasileira, cf. ADI 2596/PA, rel. Min. Sepúlveda Pertence, julg. 19/03/2003, TP, DJ 02/05/2003.

insustentável. Confundem-se muitas vezes as limitações jurídicas e fáticas à afirmação de princípios constitucionais com questões de imprecisão semântica em torno das disposições normativas e com os daí decorrentes problemas de incerteza cognitiva a respeito do direito a aplicar. Esse equívoco deve ser afastado. Apesar de ser possível observar uma tendência, somente a análise comparativa de cada caso possibilita que se averigue o grau de dificuldade que decorre da imprecisão de uma disposição normativa ou da incerteza semântica na determinação da norma a aplicar, sendo, de início, irrelevante se estamos perante uma regra ou um princípio constitucional.

Se essas observações valem para a imprecisão semântica, elas são ainda mais pertinentes a respeito da questão da discricionariedade em sentido estritamente técnico. Esclarecido acima que essas duas questões não se confundem, podendo haver precisão na norma que estabelece alternativas para o exercício do ato discricionário, cumpre ponderar que, para os fins de estabelecer a discricionariedade, as regras são muito mais adequadas. Regras constitucionais que estabelecem competência dos órgãos políticos supremos, o Congresso Nacional e o Presidente da República, em grande parte são regras discricionárias quanto ao exercício do ato, estabelecendo, pois, um poder-faculdade. O exercício do respectivo poder depende amplamente de critérios de conveniência e oportunidade, ou seja, da discricionariedade política. Assim, por exemplo, vale apontar as regras que preveem a concessão da anistia por lei (art. 48, inciso VIII, da CF) e a nomeação ou exoneração de Ministros de Estado (art. 84, inciso I, da CF), esta última também discricionária quanto ao conteúdo, na dimensão pessoal. Embora não impliquem poder arbitrário, essas regras concedem expressamente um amplo grau de liberdade aos respectivos agentes públicos, algo a que os princípios não são adequados. Embora os princípios (mas as regras também) possam ser demasiadamente imprecisos semanticamente e, portanto, oferecer espaços discricionários em sentido fraco ou não rigoroso, como o princípio da dignidade da pessoa humana (art. 1º, inciso III, da CF), eles não se prestam a oferecer opções para a discricionariedade em sentido estritamente técnico, seja para estabelecer um mero poder-faculdade, seja para oferecer alternativas diversas ao intérprete-aplicador. É um dever dos órgãos públicos atuar na defesa da dignidade humana, da liberdade individual, da igualdade etc. Não é algo facultativo nem se oferecem alternativas no interior de cada um desses princípios. O fato de haver condições jurídicas (outros princípios e também regras constitucionais) ou fáticas que possam dar contornos diversos ao campo de incidência desses princípios não significa discricionariedade: definidas essas condições, o respectivo princípio vai incidir e ser aplicado dentro dos limites delas decorrentes no contexto do caso.

Outro critério de distinção que se baseia em características quantitativas dos respectivos tipos normativos e, portanto, inclui-se nas chamadas "teses da demarcação frágil" é o do grau de generalidade. Nesse sentido, os princípios são definidos como normas mais gerais do que as regras[56]. Para a análise dessa concepção, cumpre também um esclarecimento preliminar.

Parece-me oportuno distinguir a generalidade da abstração. Nesse particular, vale citar, por sua clareza, trecho já clássico de Norberto Bobbio: "aconselhamos falar em *normas gerais* quando nos encontramos frente a normas que se dirigem a uma classe de pessoas; e, em *normas abstratas* quando nos encontramos frente

---

[56] MacCormick, 1974, p. 22; 1995 [1978], pp. 152-3 e 232 [trad. bras. 2006, pp. 198 e 306]; Raz, 1972, p. 838; Bergel, 1999, p. 91; Guastini, 2005, pp. 190-1; Betti, 1949, p. 207 [trad. bras. 2007, p. 262].

22 · ENTRE HIDRA E HÉRCULES

a normas que regulam uma ação-tipo (ou uma classe de ações)"[57]. Nesse sentido, pode-se dizer que a generalidade é concernente à dimensão pragmática dos destinatários da norma, dizendo respeito ao âmbito pessoal de sua vigência. A abstração refere-se, por seu turno, à dimensão semântica dos referentes da norma, relacionando-se ao domínio material de sua vigência e envolvendo a questão de definir os fatos jurídicos e casos que são subsumíveis à norma. Tanto os princípios quanto as regras são normas gerais e abstratas[58]. O problema que se apresenta é a determinação do grau de generalidade e abstração. Isso implica a questão de estabelecer quão ampla é a classe de pessoas que são destinatárias da norma (generalidade) e quão abrangente é a classe de fatos, ações ou casos que são regulados por ela (abstração).

Entretanto, com o termo "generalidade", no contexto do debate em torno de princípios e regras constitucionais, pretende-se referir tanto ao âmbito pessoal quanto ao domínio material de vigência, ou seja, à generalidade e à abstração no sentido acima precisado; e talvez mais a esta do que àquela. Tratarei da questão considerando as duas acepções do termo.

Quando se afirma que os princípios são normas mais gerais dos que as regras, parte-se, às vezes, de modelos dedutivos, análogos aos de axiomas ou postulados. Nessa hipótese, é comum que se considerem os princípios normas evidentes da razão, inde-

---

[57] Bobbio, 1958, p. 231 [trad. bras. 2005, p. 181].

[58] Atipicamente, aponta-se para a existência de normas gerais e concretas, como as de um edital de concurso e as que regulam um estado de emergência, e individuais e abstratas, como a lei que atribui a um indivíduo a titularidade de um cargo, que abrange todas as ações inerentes ao exercício das respectivas funções (Bobbio, 1958, p. 235 [trad. bras. 2005, p. 183]). Parece-me que, no primeiro caso, cabe falar de regras. No segundo, dado o caráter da individualidade, é inadequado o uso do termo "regras". Caso contrário, toda norma individual decorrente de um ato de nomeação seria uma regra. O caráter de abstração, no caso, resulta das regras que instituíram o cargo e determinaram sua estrutura e suas funções.

DOS MODELOS JÁ CLÁSSICOS · 23

pendentes da comprovação empírica[59]. Em outros casos, a tese da maior generalidade baseia-se em um modelo indutivo, no qual os princípios emergem da generalização ou abstração sistemática a partir das regras existentes[60]. No que concerne aos princípios e regras constitucionais, ambas as teses são irrelevantes, tendo em vista que aqui se trata de normas construídas no interior da ordem jurídica, por atribuição direta ou indireta ao texto constitucional produzido por ato constituinte ou reformador (ou, nos casos em que não há diploma constitucional, ao conjunto de textos esparsos que atua como equivalente funcional de um documento constitucional).

Parece-me que a tese da generalidade é insustentável. Alexy, com razão, aponta para o caso do preceito da legalidade penal[61], previsto expressamente também em nossa Constituição (art. 5º, inciso XXXIX). Embora seja uma regra na medida em que serve como critério definitivo para a tomada de decisão solucionadora de um caso, tem um alto grau de generalidade se comparado com certos princípios constitucionais. Mas a esse exemplo podem ser juntados outros, especialmente se tratamos essa questão sem confundi-la com a da dificuldade de interpretação ou da imprecisão.

---

[59] Del Vecchio, 1921, pp. 17 ss. e 61. Del Vecchio afastava, porém, a ideia de que dos princípios gerais se pudessem deduzir automaticamente os elementos empíricos contingentes do ordenamento jurídico e, vice-versa, que desse se pudesse induzir diretamente aqueles (p. 20).

[60] Crisafulli, 1939, pp. 20-1; 1952, pp. 38-9. Cf. Pascua, 1996, p. 15; Jakab, 2006, p. 59. Crítico em relação aos modelos de dedução e indução, ver Betti, 1949, espec. pp. 206-7 [trad. bras. 2007, pp. 261-3], segundo o qual o princípio carrega um *plus* em relação às regras existentes.

[61] Alexy, 1986, pp. 92-3 [trad. bras. 2008, p. 109]. É claro que, a esse respeito, pode-se objetar que se trata de um princípio ou, na terminologia de Larenz (1983, p. 461; 1969, pp. 465-6 [trad. bras. 1978, pp. 576-7]), de um dos "princípios com a forma de proposições jurídicas". Mas pode-se considerar essa norma uma regra na medida em que é apta para servir como critério definitivo e imediato para a tomada de decisão solucionadora de um caso a ele subsumível. Como veremos no Cap. III.1, é possível também defini-la atipicamente com um híbrido.

24 · ENTRE HIDRA E HÉRCULES

Se considerarmos que certos princípios são setoriais[62], como os princípios constitucionais do sistema tributário ou da administração pública, poderá afirmar-se que, quanto ao âmbito pessoal de vigência, eles são menos gerais e, quanto ao âmbito material de vigência, são menos abstratos do que inúmeras regras constitucionais não adstritas a um setor específico de agentes e atividades. Exemplifiquemos. O art. 146, inciso III, alínea *c*, da Constituição Federal, ao determinar que cabe à lei complementar estabelecer normas gerais em matéria de legislação tributária, especialmente, entre outras hipóteses, sobre "o adequado tratamento tributário ao ato cooperativo praticado pelas sociedades cooperativas", vinculou uma regra de competência a um princípio específico, o do tratamento tributário adequado ao cooperativismo, que vai ser articulado com outros princípios e regras constitucionais. Mas seria esse princípio mais abstrato e geral do que a regra contida no art. 5º, inciso XLV, da Constituição, que determina, em caráter definitivo, que "nenhuma pena passará da pessoa do condenado"? Aqui, não há dúvida de que a generalidade, ao menos na dimensão pessoal, é bem maior do que a do princípio mencionado, pois o dispositivo se refere diretamente a toda e qualquer pessoa, não só aos cidadãos brasileiros. Também na dimensão material, parece-me possível afirmar maior abstração desta regra em comparação com aquele princípio constitucional tributário, pois ela, embora seja específica do âmbito penal, regula uma classe muito mais abrangente de casos e ações. A mesma situação se afigura em relação à regra contida no § 2º do art. 12 da Constituição, que veda a distinção legal "entre brasileiros natos e naturalizados,

---

[62] Eles podem estar vinculados a um "pequeno complexo de regras" (Eckhoff e Sundby, 1988, p. 101, referindo-se, nos seus termos, às "diretivas", que correspondem aproximativamente aos "princípios" da terminologia jurídica e constitucional dominante – cf. *supra* nota 47 deste capítulo). Cf. Canaris, 1983, pp. 47-8 [trad. port. 1989, pp. 79-80].

DOS MODELOS JÁ CLÁSSICOS · 25

salvo nos casos previstos nesta Constituição", e ao princípio da independência do juiz, que se desdobra nas regras-garantia do art. 95, mas não se confunde com elas. É claro que aquela regra sobre a nacionalidade é mais geral, pois se refere a todos os cidadãos, e abstrata, porque diz respeito a qualquer discriminação entre eles (ressalvadas as exceções constitucionais), do que este princípio, que se dirige especificamente aos magistrados e regula particularmente a função judicial.

Com frequência, fala-se de generalidade para referir-se ao problema da imprecisão[63]. Daí a confusão em que se pode cair quando se consideram as regras e princípios a que me referi exemplificativamente. Mas, inclusive se a tese da generalidade é compreendida em termos de imprecisão, não prevalece a distinção entre princípios e regras com base neste critério, conforme os argumentos apresentados mais acima. Pode-se, sim, afirmar que os princípios tendem a ser mais gerais e imprecisos do que as regras. A esse respeito, Alexy sustenta que "uma razão para que os princípios, em regra, apresentem um maior grau de generalidade reside no fato de que eles ainda não se relacionam com as fronteiras das possibilidades do mundo fático e normativo"[64]. Mas cumpre insistir que esta característica não tem uma relação necessária, mas sim eventual (embora se possa falar em tendencial) com sua maior generalidade e imprecisão em relação às regras[65]. Evidente-

---

[63] Essa indistinção encontra-se, por exemplo, em Alexy, que, ao apontar para a generalidade da regra da legalidade penal, afirma que sua disposição "pode dar ensejo a uma série de problemas interpretativos" (1986, p. 92 [trad. bras. 2008, p. 109]). Por sua vez, Jakab (2006, p. 58) afirma que "o maior grau de generalidade deixa uma maior margem para a interpretação", confundindo imprecisão, discricionariedade e generalidade.

[64] Alexy, 1979, p. 81.

[65] Analogamente, Esser (1956, pp. 51-2), ao propor a distinção entre princípios e "normas" com base na "determinabilidade dos casos de aplicação", afasta o critério do grau de generalidade ou de abstração. Cabe acrescentar também que não se

26 · ENTRE HIDRA E HÉRCULES

mente, em comparação com as regras que neles se apoiam e lhes dão suporte prático, eles sempre serão mais gerais do que elas, mesmo que sejam setoriais, como no caso da relação entre a regra-garantia da inamovibilidade e o princípio da independência do juiz. Mas isso não infirma a tese principal: o critério do grau de generalidade (assim como o do grau de imprecisão) é insuficiente para a distinção entre princípios e regras constitucionais.

3. Referência a fins e valores como critério de distinção entre princípio e regras

Outra vertente na demarcação da diferença entre princípios e regras aponta, seja em termos qualitativos ou quantitativos, para a referência a fins e valores como característica distintiva dos princípios em relação às regras. Dentro dessa ampla corrente, também se inclui a referência à "ideia de direito"[66] ou a um "estado ideal de coisas"[67] como característica típica dos princípios, mas

---

trata, na formulação de Esser, do critério da precisão ou imprecisão semântica, mas sim de uma diferença estrutural.

[66] Larenz, 1983, pp. 218 e 405; 1969, pp. 394 e 460 [trad. port. 1978, pp. 483 e 569.]

[67] Laporta (1999, espec. pp. 280 ss.) introduz, com base em uma leitura própria de G. Henrik von Wright (1963, pp. 13 ss. [trad. esp. 1970, pp. 32 ss.]), a distinção entre "uma lógica do que se deve fazer" ["a logic of the *Tunsollen*"] e "uma lógica do que deve ser" ["a logic of the *Seinsollen*"], para associar as regras à primeira e os princípios à segunda, vinculando estes, então, à noção de normas referentes a "estados ideais de coisa" e à ideia de "necessidade prática" no sentido de Von Wright. Essa distinção foi adotada por Aarnio (1997, pp. 181-3, referindo-se ao trabalho então ainda inédito de Laporta), para definir os princípios como "normas do que deve ser" ["'*ought to be' norms*"], referentes a estados ideais de coisas, distinguindo-os das regras como "normas do que se deve fazer" ["'*ought to do' norms*"], referentes diretamente a ações. Hage (1997, p. 67) introduz distinção análoga não para distinguir princípios e regras, mas sim entre normas e fins. Em sua concepção, princípios como normas distinguem-se dos fins (pp. 99-100), embora estes possam ser "traduzidos em normas correspondentes" e, portanto, em princípios (p. 67). Na recepção do modelo no Brasil, Ávila (2003, p. 64), que também o atribui equivocadamente a Hage, traduz as expressões originais por "normas-do-que-deve-ser" (princípios) e "normas-do-que-fazer" (regras), compreendendo que as primeiras "estabelecem uma espécie de *necessidade prática*" no sentido de Von Wright,

essas concepções também fazem parte, em última análise, de uma perspectiva teleológica. Embora haja certa afinidade entre o critério baseado nos fins e o que se fundamenta nos valores, analisa-

---

ou seja, "instituem o dever de adotar o comportamento necessário para realizar o estado de coisas". Mas me parece controvertida essa adoção do modelo de Von Wright para distinguir regras e princípios. Em primeiro lugar, a noção de *"necessidade"* para atingir um fim está associada antes às regras técnicas e pragmáticas (imperativos hipotéticos no sentido de Kant, 1965 [1785], pp. 34 ss. [trad. port. 1960, pp. 46 ss.]), não a normas, muito menos a princípios. As regras técnicas ou pragmáticas estabelecem antes um *Müssen* (o que *se* deve ou se *tem de* fazer para alcançar um resultado) do que um *Sollen* (o que é devido no espaço de possibilidades ou de "liberdade" do agente, sem que o êxito seja em si determinante). Quanto às regras técnicas, vale aqui, abstraídos os pressupostos metafísicos apriorísticos, citar o seguinte trecho de Kant (1965, p. 35 [trad. port. 1960, p. 48]). "Se a finalidade é razoável e boa não importa aqui saber, mas tão somente o que se tem de [*müsse*] fazer para alcançá-la. As regras que o médico segue para curar radicalmente o seu doente e as que segue o envenenador para certamente o matar são de igual valor na medida em que qualquer uma delas serve para conseguir perfeitamente a intenção proposta." O próprio Von Wright relaciona a noção de "necessidade prática" ao dever-se [*Sollen*] técnico, nos seguintes termos: "Nós estamos, afirmo, confrontados, com outro 'dever-ser' – tão usual como o dever-ser deôntico ou normativo de normas morais e jurídicas. Eu o chamarei de um dever-ser *técnico*. [...]. O dever-ser [*Sollen*] técnico expressa uma exigência, um necessidade prática e é frequentemente – e talvez mais bem – reproduzido com a palavra *muβ*" [que corresponde a "deve" no sentido de que é necessário fazer algo para alcançar um resultado] (1994a, p. 36). E acrescenta: "isso está intimamente associado com o que Kant chamava 'imperativo hipotético'" (*ibidem*). Adverte, então: "O dever-ser técnico não deve ser confundido com dever-ser de normas autênticas. Há uma forte tendência para fazer isso" (*ibidem*). Portanto, é totalmente equivocado recorrer a esse trecho de Von Wright para associar os princípios à noção de "necessidade prática". Em segundo lugar, Von Wright define as regras que têm maior relação com o ser do que com o fazer como "regras ideais" (1963, p. 14 [trad. esp. 1970, p. 33]). Embora ele afirme que seria "um erro pensar as regras ideais como normas que relacionam meios a fins", sustentando que elas não estabelecem uma relação causal, mas sim uma relação "conceitual", observa que "há uma certa semelhança entre as regras ideais e as normas técnicas" (1963, pp. 14-5 [trad. esp. 1970, pp. 33-4]). Para Von Wright, as regras ideais "são similares às regras de um jogo" e distinguem-se dos "princípios morais" (1963, pp. 15-6 [trad. esp. 1970, pp. 34-5]). Elas "mantêm uma posição intermediária entre normas técnicas acerca dos meios para um fim e as regras que determinam um padrão ou modelo" (1963, p. 16 [trad. esp. 1970, p. 35]). É no mínimo discutível, portanto, relacionar o conceito de "regra ideal" de Von Wright com a noção de princípios como norma, tal como propõe Laporta (1999, espec. pp. 280-1).

28 · ENTRE HIDRA E HÉRCULES

remos separadamente os respectivos modelos, tendo em vista as peculiaridades de cada um.

Há inúmeros autores que apontam para o caráter teleológico ou predominantemente finalístico dos princípios em comparação com as regras[68]. Nessa orientação, Humberto Ávila afirma, por exemplo, que "as regras são normas imediatamente descritivas", cujo "conteúdo diz respeito diretamente a ações", e "os princípios são normas imediatamente finalísticas"[69]. Parece-me que tal modelo, fundado em uma longa tradição, não oferece um critério preciso para a distinção entre princípios e regras constitucionais.

Em primeiro lugar, cabe definir a partir de que corrente filosófica se argumenta quando se propõe uma classificação com base na referência a fins. Três modelos podem ser apresentados, de maneira geral, conforme se parta da noção aristotélica de causas finais, se baseie na concepção de uma teleologia ideal que remonta a Hegel ou se oriente pelo conceito weberiano de racionalidade com respeito a fins.

Na metafísica aristotélica, a noção de causa final diz respeito ao "fim para que" algo é gerado, produzido, desenvolve-se ou simplesmente existe, ou ao "bem", "porque este é o fim de todo processo de geração e movimento"[70]. O conceito não se restringe à ação humana, mas abarca também o comportamento e a estrutura dos animais, assim como o mundo vegetal e, por fim, à realidade natural em geral[71]. Mesmo quando se refere ao bem como causa final da ação humana, Aristóteles não trata a questão em termos

---

[68] Além das referências da nota anterior, cf., entre muitos, MacCormick, 1974, p. 222; 1995 [1978], espec. pp. 263-4 [trad. bras. 2006, p. 343], vinculando a noção de princípios à de *policies*.

[69] Ávila, 2003, pp. 63-4. Cf. *supra* nota 67.

[70] Aristóteles, 2003, p. 17 – Livro I, III.1-2. Cf. Aristóteles, 2005, espec. pp. 131 e 133 – Livro II, Cap. III (194 b-195 a).

[71] Aristóteles, 2005, pp. 169-79 – Livro II, Cap. VIII (198 b 10-199 b 32).

DOS MODELOS JÁ CLÁSSICOS · 29

contemporâneos de preferências axiológicas, senão como uma necessidade *ontológica* do ser. Ao desviar-se de sua causa final, um processo ou um ser corrompe-se, perdendo as suas características intrínsecas e essenciais; ele degrada-se, deforma-se.

Se considerarmos os princípios jurídicos nos termos da teologia aristotélica, seremos instados a adotar um modelo principiológico marcadamente ontológico e metafísico. Os princípios constitucionais, porém, são construções contingentes de uma ordem constitucional. Não tem nenhum sentido, por exemplo, afirmar que o princípio programático contido no parágrafo único do art. 4º da Constituição Federal – ao estabelecer que a República Federativa do Brasil buscará a integração dos povos da América Latina, "visando à formação de uma comunidade latino-americana de nações" – dirige-se a uma causa final na acepção de Aristóteles. Trata-se de uma meta política incorporada à Constituição na forma de princípio programático ou finalístico.

Considerações análogas são oportunas em relação à teleologia que remonta a Hegel. Diferentemente da ontologia realista de Aristóteles em relação aos fins, o modelo teleológico hegeliano é idealista[72]. Conforme este, o processo histórico é compreendido como o desenvolvimento dialético do espírito de formas inferiores a superiores, até chegar a uma forma final "absoluta"[73], definindo-se a "história universal" como "realização do espírito geral" ou como história do "aprofundamento do espírito do mundo em si"[74]. Foi com base nessa compreensão da história que se desenvolveram as perspectivas teleológicas a partir do pensamento de

---

[72] É claro que se trata de um idealismo objetivo, dentro do qual é fundamental a famosa asserção: "O que é racional é real; e o que é real é racional" (Hegel, 1986 [1821], p. 24).

[73] Luhmann, 1997, t. 1, pp. 422-3 [trad. esp. 2007, p. 333].

[74] Hegel, 1986 [1821], pp. 435-6 (§ 273) e 504 (§ 342).

30 · ENTRE HIDRA E HÉRCULES

Hegel. Trata-se, por assim dizer, de seguir o caminho na direção de um estado ideal, no nível mais elevado do "espírito do mundo". Mas também aqui não se trata de um modelo axiológico no sentido de preferências assumidas pela respectiva coletividade, senão de um desenvolvimento racionalmente determinado. E, se consideramos a identidade da diferença entre o racional e o real em Hegel, trata-se de uma evolução determinada pela realidade.

Não me parece que um modelo desta natureza possa servir para a compreensão da teoria dos princípios constitucionais. Só se adotássemos aqui um historicismo idealista, que partiria de princípios suprapositivos norteadores do desenvolvimento do direito positivo. Os princípios constitucionais são contingentes, são conquistas, invenções ou construções do Estado constitucional moderno. Se consideramos, por exemplo, o princípio da igualdade, expresso no art. 5º, *caput*, da Constituição Federal, é manifestamente ilusório sustentar que ele se apresenta como princípio por apontar imediatamente para fins a alcançar. Trata-se de uma norma, uma determinação contrafactual, que poderá ser mais ou menos socialmente eficaz (o que vale para qualquer norma, inclusive para as regras). Nesse sentido, assiste razão a Fábio Comparato, que, distinguindo entre a isonomia (pressuposto da aplicação normativa concreta) e a chamada "igualdade material" (meta político-jurídica referente à igualdade de condições sociais), adverte: "Não há, pois, que se pretender apagar ou escamotear as desigualdades sociais de fato entre os homens, com a aplicação da isonomia."[75] Na verdade, o princípio da igualdade atua

---

[75] Comparato, 1993, pp. 77 s. Cf. Neves, 2006, pp. 166 ss. E isso vale também para o impropriamente chamado "princípio da igualdade fática", que antes decorre do princípio do Estado social (Alexy, 1986, pp. 380-9 [trad. bras. 2008, pp. 419-29], referindo-se ao art. 20, § 1º, da Constituição alemã) ou do princípio programático atribuível ao art. 3º, inciso III, da Constituição Federal brasileira.

como norma que pretende imunizar o direito da injunção de diferenças que, embora sejam relevantes e legítimas em outras esferas sociais, não são relevantes no âmbito dos direitos. Em outras palavras, trata-se de uma determinação contrafactual para neutralizar o direito de pressões dessas diferenças. Isso significa dizer que mais riqueza ou poder, melhor nível educacional, maior proximidade afetiva ou familiar etc., por si sós, não são decisivos para que alguém obtenha direitos ou seja a parte vencedora em processo judicial contra outro menos aquinhoado, menos poderoso, com baixo nível educacional ou estranho[76]. É claro que, assim concebido, a força normativa do princípio da igualdade não importa a busca de um estado ideal, mas antes se relaciona com a contrafactualidade de toda ordem jurídica e de suas respectivas normas.

E qualquer modelo que se dirige teleologicamente para uma situação ideal, mesmo sem ter vínculo com a tradição hegeliana, não é adequado sequer para a compreensão dos princípios programáticos contidos na Constituição. Os fins principiológicos contingentes de uma ordem constitucional, como, por exemplo, a concessão de asilo político (art. 4º, inciso X), dependem de condições ou possibilidades reais e jurídicas para que sejam realizados, sempre dentro de limites decorrentes de sua relação com outras normas (princípios e regras) constitucionais. E qual seria o estado ideal de coisas na relação entre princípios que concorrem entre si (p. ex., o princípio dos valores sociais do trabalho *versus* o da livre iniciativa, o da solidariedade *versus* o da liberdade econômica, o da proteção da intimidade *versus* o da liberdade de imprensa)? A defesa de um estado ideal de coisas para um princípio pode significar o sacrifício absoluto de outro. Portanto, um

---

[76] Aqui se apresenta a questão de "igualdade complexa", posta por Walzer (1983, pp. 3 ss. [trad. bras. 2003, pp. 1 ss.]), tema a que retomarei no Cap. III.5.

32 · ENTRE HIDRA E HÉRCULES

teleologismo idealista afigura-se inadequado para se demarcar a distinção entre princípios e regras.

É claro que se pode ainda partir para uma concepção finalística dos princípios no sentido do conceito weberiano de racionalidade com respeito a fins. Nessa perspectiva, os princípios estariam relacionados com a ação social determinada "por expectativas quanto ao comportamento de objetos do mundo exterior e de outras pessoas, utilizando essas expectativas como 'condições' e 'meios' para alcançar fins próprios, ponderados e perseguidos racionalmente, como sucesso"[77]. Aqui se trata de buscar os meios para alcançar os fins racionais, ou seja, que correspondam ao interesse do agente, seja na forma instrumental (os meios são objetos) ou estratégica (os meios são a ação do outro)[78]. Embora o conceito weberiano de racionalidade finalística se refira à ação de sujeitos, não a normas, pode-se considerá-lo na perspectiva das estruturas que orientam o comportamento necessário ou adequado para alcançar um determinado fim. Mas, nesse caso, a racionalidade finalística (que é, sobretudo, uma racionalidade dos *meios* adequados a determinados fins)[79] estaria muito mais rela-

---

[77] Weber, 1985, p. 12 [trad. bras. 2004, vol. 1, p. 15]. Weber acrescenta: "Age de maneira racional referente a fins quem orienta sua ação pelos fins, meios e consequências secundárias, *ponderando* racionalmente tanto os meios em relação às consequências secundárias, assim como os diferentes fins possíveis entre si" (1985, p. 13 [trad. bras. 2004, vol. 1, p. 16]).

[78] Na sua reconstrução da teoria de Weber, Habermas (1982a, vol. 1, pp. 384 ss.) distingue a ação instrumental e a estratégica como os dois tipos de ação racional referente a fins (orientada para êxito), em contraposição à ação comunicativa (orientada para o entendimento intersubjetivo).

[79] Considerando especificamente o trecho citado *supra* na nota 77, Von Wright (1994b, pp. 123-4) esclarece que a racionalidade finalística, nos termos weberianos, não é *mera* racionalidade dos meios, consistindo "essencialmente na escolha e no emprego racionais dos meios para os fins de um ator". Entretanto, é inegável que o conceito weberiano de *racionalidade* finalística enfatiza os *meios racionais*, entendimento este que é sugerido na própria formulação de Von Wright.

cionada às regras que estabelecem os meios e as condições para que se alcancem determinados fins destinados à satisfação de interesses específicos[80]. Se fôssemos utilizar a terminologia weberiana caberia antes discutir se os princípios não estariam vinculados à racionalidade referente a valores, que se caracteriza "pela crença consciente do valor – ético, estético, religioso ou qualquer que seja sua interpretação – absoluto e *inerente* a determinado comportamento como tal, independentemente do resultado"[81]. Mas, a esse respeito, retornarei em breve, ao tratar dos modelos que distinguem princípios e regras com base na referência a valores.

Parece-me que a referência das normas constitucionais aos fins pode ser analisada mais precisamente se consideramos a distinção entre programas finalísticos, primariamente políticos, e programas condicionais, primariamente jurídicos. Os primeiros dizem respeito ao estabelecimento de fins e à determinação dos meios para alcançá-los, especificando relações "meio-fim". Os segundos concernem a determinações das condições que podem ensejar um determinado efeito, fixando relações "se-então"[82]. Os programas finalísticos, alocados primariamente no sistema político, correspondem às chamadas *policies*. Estas podem ser incorporadas ao sistema jurídico, passando a ser conteúdo de normas jurídicas. Dessa maneira, elas são condicionalizadas, ou seja, tornam-se conteúdo de um programa condicional[83]. Assim, a pergunta que se põe não é mais primariamente se o fim foi alcançado (prospectiva), mas sim se o agente público ou privado atuou (ou

---

[80] Nesse sentido, tem afinidade com a noção kantiana de regras técnicas (ver *supra* nota 67 deste capítulo).

[81] Weber, 1985, p. 12 [trad. bras. 2004, vol. 1, p. 15].

[82] Cf. Luhmann, 1973, pp. 88 ss.; 1981, pp. 140-3 e 275 ss.; 1983b [1969], pp. 130 ss. [trad. bras. 1980, pp. 110 ss.]; 1987b, pp. 227-34; 1993, pp. 195 ss.

[83] Luhmann (1993, p. 232) fala de "*re*condicionalização" ou "condicionalização complementar" de programas finalísticos.

34 · ENTRE HIDRA E HÉRCULES

se omitiu) na busca dos fins estabelecidos normativamente (retrospectiva)[84]. Trata-se aqui tipicamente de um fenômeno de *re-entry* no sentido de Spencer Brown[85]. Algo que estava fora entra no sistema, mas ganha um novo sentido (primariamente jurídico), distinto daquele que lhe era primário originariamente (político).

Programas finalísticos ou *policies* entram no sistema jurídico mediante princípios e regras. Por um lado, eles entram mediante as "normas constitucionais de princípio programático"[86], isto é, mediante princípios constitucionais finalísticos. Por outro, eles entram mediante regras jurídicas de "política pública" e de planejamento. Ou seja, ao estabelecer metas a serem alcançadas por plano político-administrativo, o poder público frequentemente dá-lhe uma roupagem jurídica mediante regras. Assim, por exemplo, planos urbanos que visam à restauração de um bairro antigo podem ser regulados juridicamente, não cabendo falar em princípios nesse caso.

É verdade que as regras que contêm *policies* encontram-se, geralmente, no plano infraconstitucional e, além de referirem-se aos fins, tendem a regular detalhadamente os meios, diferentemente dos princípios constitucionais finalísticos. Mas nada impede que regras referentes primariamente a fins encontrem-se na Constituição e possam não cuidar dos meios para chegar às metas, mas apenas impor o dever dos agentes públicos de atuar para que os fins sejam alcançados. Nessa categoria parece-me incluir-se o art. 7º do Ato das Disposições Constitucionais Transitórias: "O Brasil propugnará pela formação de um tribunal internacional dos direitos humanos." Essa disposição normativa aponta expressamente para um fim, mas não contém nenhum princípio

---

[84] Cf. Luhmann, 1993, p. 202.

[85] Spencer Brown, 1971, pp. 56 s. e 69 ss.

[86] Silva, J. A., 2008, pp. 135 ss.

(evidentemente, está ancorada em princípios constitucionais). De certa maneira, o fim desse dispositivo foi alcançado com a criação do Estatuto de Roma do Tribunal Penal Internacional, sua ratificação pelo Brasil e sua correspondente promulgação pelo Decreto nº 4.388, de 25 de setembro de 2002. Daí poder afirmar-se que regras referentes primariamente a fins *tendem* a ser exauríveis, ou seja, a serem concretizadas definitivamente com o alcance das respectivas metas, enquanto os princípios finalísticos *tendem* a ser inexauríveis, isto é, a não serem concretizados definitivamente por terem sido alcançados os fins. Mas essa é uma distinção gradual e conta com exceção. Nada impede que o princípio da erradicação da pobreza, contido no art. 3º, inciso III, da Constituição Federal, em virtude de transformações radicais das condições socioeconômicas do país, seja um dia concretizado, como ocorreu em países escandinavos. Por seu turno, regras jurídicas de planejamento urbano podem estabelecer a meta de preservação de sítios históricos como dever dos agentes públicos.

Em suma, não se me vislumbra sustentável a tese da distinção entre princípios e regras constitucionais com base no critério da referência a fins. Em primeiro lugar, porque há princípios que não contêm programas finalísticos ou, simplesmente, não são finalísticos (por exemplo, os princípios da dignidade da pessoa humana, da igualdade, da liberdade). Em segundo lugar, porque também há regras que incorporam programas finalísticos, referindo-se primariamente a fins, inclusive no plano constitucional.

Analogamente às concepções que se baseiam no modo de referência a fins, pretende-se distinguir também entre princípios e regras pelo critério da concernência a valores. Os princípios teriam um maior conteúdo valorativo do que as regras ou referir-se-iam direta e explicitamente aos valores, ao contrário destas,

36 · ENTRE HIDRA E HÉRCULES

que conteriam apenas valorações indiretas ou implícitas[87]. Como se trata também aqui de um termo ambíguo, cumpre definir o significado específico em que ele é normalmente utilizado, para que se possa analisar critérios desse tipo. Caso se concebam valores como bens ideais, são aplicáveis as mesmas críticas acima desenvolvidas a respeito dos modelos baseados em critérios teleológicos[88]. Mas há outros sentidos do termo "valores" que podem ser eventualmente utilizados: valores como crenças, como preferências ou como os referentes mais abstratos das expectativas de um sistema social.

Definindo-se "valor" como crença no sentido weberiano a que me referi acima, crença consciente no caráter valioso inerente a determinado comportamento, independentemente do seu resultado (que se contraporia ao interesse), é claro ser insustentável qualquer pretensão em distinguir princípios e regras constitucionais com base na forma da referência a valores. Crenças profundamente arraigadas estão explicitadas em regras contidas no Código Penal, especialmente no Título VI da Parte Especial, que trata dos "crimes contra a dignidade sexual"[89], como, por exemplo, o dispositivo que comina pena de dois a cinco anos de reclusão a quem mantiver "casa de prostituição" (art. 229). Essa disposição normativa e outros dispositivos do Título VI carregam uma

---

[87] Canaris, 1983, pp. 50 e 52 [trad. port. 1989, pp. 83 e 87], distinguindo antes o princípio (valoração explícita e direta) do conceito (valoração implícita e indireta); MacCormick, 1974, p. 25; 1995 [1978], p. 234 [trad. bras. 2006, p. 306], sustentando que os valores incorporados ao direito "são caracteristicamente expressos em enunciados dos princípios de um determinado sistema jurídico"; Betti, 1949, pp. 211-2 [trad. bras. 2007, pp. 269-70], referindo-se ao "excesso de conteúdo axiológico" dos princípios gerais do direito.

[88] É comum a identificação do teleológico com o axiológico (cf., p. ex., Canaris, 1983, pp. 41-6 [trad. port. 1989, pp. 66-76]).

[89] Na redação conferida pela Lei nº 2.015, de 2009. Na redação originária, dispunha-se sobre os "crimes contra os costumes".

forte carga valorativa, expressando diretamente crenças socialmente partilhadas. E isso ocorre também relativamente a certas regras constitucionais, como, *verbi gratia*, as concernentes ao casamento, à entidade familiar e ao divórcio (§§ 1º, 2º, 3º, 4º e 6º do art. 226 da CF). Ao contrário, pode-se verificar que eventualmente princípios constitucionais correspondem antes a interesses estratégicos do Estado, como a integração latino-americana (parágrafo único do art. 4º da CF), a redução das desigualdades regionais (art. 3º, inciso III, da CF) e inclusive o desenvolvimento nacional (art. 3º, inciso II, da CF), do que a valores como crenças absolutas, mantidas independentemente dos resultados.

Outra alternativa reside em definir o valor como preferência de um indivíduo ou de um grupo ou coletividade, o que nos põe, respectivamente, perante a ética individual e a ética política no sentido de Habermas[90]. O que interessa aqui é a noção de valor ético-político (de uma coletividade). Nesse caso, apresenta-se a seguinte questão: "o que é bom para nós?". Trata-se do problema ético da forma particular de vida que é considerada boa para uma determinada coletividade[91]. Habermas distingue esse problema da questão moral, referente a princípios (deontológicos) com pretensão de universalidade[92]. Embora seja questionável essa distinção nos termos do modelo habermasiano dos discursos ético e moral orientados contrafactualmente pela busca do consenso[93], cabe distinguir posturas que afirmam que algo é bom para o meu

---

[90] Habermas, 1992, pp. 198 s. [trad. bras. 2003, vol. I, pp. 201-2].

[91] Advirta-se que, em outro contexto teórico (no âmbito do debate em torno de tecnologia genética e clonagem), Habermas refere-se, posteriormente, a uma "ética da espécie" humana (2001, pp. 27, 49 e 70 ss.), a saber, uma *autocompreensão ética da espécie*, compartilhada por *todas as pessoas morais*" (p. 74) e na qual a própria moral estaria assentada.

[92] Habermas, 1992, p. 200 [trad. bras. 2003, vol. I, pp. 202-3].

[93] Cf. criticamente Neves, 2006, pp. 125 ss., onde enfatizo o problema do dissenso.

38 · ENTRE HIDRA E HÉRCULES

grupo (por exemplo, não comer carne de porco para determinadas comunidades religiosas) e posições que sustentam que determinado dever é válido para todo mundo (se eu afirmo que não se
deve matar, não me refiro, em regra, ao meu grupo, mas a todo e
qualquer homem)[94]. Isso não implica consenso nem necessariamente orientação consensual na coletividade, muito menos em
dimensão universal, mas antes instiga dissensos. O sistema jurídico, porém, mediante procedimentos abertos à diversidade de
valores (e representações morais: "princípios"), pode selecionar
legitimamente os que lhe serão incorporados como conteúdo de
normas jurídicas. Mas, assim como argumentei acima sobre o
modelo teleológico e o modelo de valores como crenças, não há
nada que justifique uma diferença entre princípios e regras constitucionais com base na maneira como os valores como preferências coletivas (e as representações morais dominantes) são incorporados ao sistema jurídico ou nele referidos. Há forte conteúdo
valorativo e referência direta a valores como preferências tanto
nas citadas regras penais sobre os crimes contra a dignidade sexual quanto nas mencionadas regras constitucionais referentes à
família. E há direta concernência a "princípios morais" (com pretensão de universalidade e, portanto, deontológica, mas que no
debate são frequentemente confundidos com as preferências
axiológicas[95]), por exemplo, nas regras constitucionais que proíbem a pena de morte (art. 5º, inciso XLVII, alínea *a*) e a tortura
(art. 5º, inciso III, da CF), ao passo que, em alguns casos, princípios constitucionais correspondem, primariamente (não exclusivamente), a interesses estratégicos do Estado, como, por exemplo,

---

[94] Por isso posturas "moralistas", aqui entendidas como aquelas em que pessoas e
grupos ampliam demasiadamente as suas pretensões do que seja dever de todos,
levam à intolerância em relação ao *outro* e, no limite, à sua exclusão ou destruição.

[95] Cf., p. ex., Betti, 1949, p. 211 [trad. bras. 2007, p. 269].

além dos já citados, o que prescreve a promoção do desenvolvimento equilibrado do País pelo sistema financeiro nacional (art. 192 da CF) e, eu diria, o da eficiência da administração pública (art. 37, *caput*, da CF).

Por fim, cumpre testar se o modelo de distinção entre princípios e regras com base no critério da referência valorativa encontra apoio a partir da noção de valores como os referentes mais abstratos da conexão de expectativas que estruturam um sistema social. Essa noção de valores encontra-se em Luhmann, que distingue quatro níveis de abstração a que as expectativas de comportamento se referem: "uma pessoa concreta", "um papel determinado", "determinados programas (fins, normas)" e "determinados valores"[96]. No sistema jurídico, a pessoa interessa como sujeito de direitos e deveres concretos, que lhe dão singularidade jurídica. Os papéis implicam um plexo de expectativas que consideram um conjunto de comportamentos e atribuições que independe dos traços pessoais. No direito, eles estão relacionados aos cargos e funções públicas, à condição de parte em um contrato ou parte (autor ou réu) em processo judicial, ao poder familiar (dos pais) etc. Os programas, que se referem a fins e normas, estabelecem certas condições para que determinadas ações ou efeitos de ação sejam expectados. São, como já foi mencionado acima, finalísticos (primariamente político), concernentes à relação "meio-fim", ou condicionais (primariamente jurídico), atinentes à relação "se-então". No direito, os programas apresentam-se basicamente como normas. Luhmann alude aos programas como regras, mas, no seu contexto, estas não se confundem com as regras jurídicas, pois incluem os programas finalísticos da política[97]. O funda-

---

[96] Luhmann, 1987b, pp. 85-93.
[97] Luhmann, 1987b, p. 88.

40 · ENTRE HIDRA E HÉRCULES

mental é que os programas se caracterizam por uma certa especificação das suas condições de aplicação. Já os valores são excessivamente abstratos, tendo alta chance de encontrar consenso (a paz, a higiene, o saber, por exemplo), mas sendo praticamente insuscetíveis de, por si só, serem operacionalizados ou realizados, especialmente pelas contradições entre eles. Apenas no plano abstrato dos valores, de "complexidade muito indeterminada", "não se alcança" a "justificação da ação": "Precisamente por isso, são necessários programas estruturados concretamente, para que a ação correta torne-se expectável e passível de decisão."[98] No plano do direito, isso significa que os valores que eventualmente norteiam o sistema jurídico só têm significado prático se são incorporados seletivamente a normas jurídicas, transformando-se a complexidade indeterminada (valorativa) em complexidade determinada (programada).

Alexy refere-se à sugestão de que sua distinção entre princípios e regras apresentaria "uma certa afinidade" com a diferença entre programas e valores proposta por Luhmann (isso pode ter decorrido talvez do emprego do termo "regra" por Luhmann, ao tratar dos programas[99]). Essa aproximação parece-me insustentável. Os valores no sentido de Luhmann não servem para justificar ações nem decisões. Programas do sistema jurídico são basicamente normas, incluindo tanto os princípios quanto as regras. As normas determinam uma relação condicional "se-então". Nesse particular, é oportuna, embora parta de outros pressupostos teóricos, a afirmativa de que, ao contrário do valor, o princípio "já compreende a bipartição, característica da proposição de direito, em previsão e consequência jurídica"[100]. Ao passo que os valores

---

[98] Luhmann, 1987b, pp. 88-9.
[99] Alexy, 1979, p. 82, nota 96.
[100] Canaris, 1983, p. 51 [trad. port. 1989, p. 86].

não dispõem da estrutura condicional da relação "se-então", os princípios já se estruturam condicionalmente. Mas cabe acrescentar que os valores não entram no sistema jurídico apenas por via dos princípios, senão também diretamente mediante regras, como já demonstramos acima com vários exemplos referentes a preceitos constitucionais e legais. A diferença na programação seletiva de conteúdos valorativos parece ser a seguinte: os princípios, que se estruturam tipicamente mediante uma relação mais elástica entre "se" e "então", ou seja, entre antecedente e consequente, tendem a envolver uma postura mais flexível e aberta em face da incorporação de valores; as regras, que se estruturam por uma conexão "se-então" menos elástica, tendem a implicar uma atitude mais estreita e menos aberta para com a incorporação de valores.

Enfim, diante do exposto, não se pode, a rigor, distinguir princípios e regras constitucionais pelo caráter teleológico ou valorativo dos primeiros em detrimento das segundas, nem pela maneira que esses tipos de norma referem-se aos valores. Tanto há princípios quanto regras que se referem imediata, direta e explicitamente a valores e fins, como há princípios que não se caracterizam por essa maneira de referência a eles.

CAPÍTULO II

... PASSANDO POR DOIS MODELOS AINDA DOMINANTES DE DIVISÃO ENTRE PRINCÍPIOS E REGRAS CONSTITUCIONAIS...

1. Pressupostos da reviravolta na principiologia jurídica a partir da filosofia moral

Já em meados da década de 1970, Hart apontava para a transformação da teoria do direito e da filosofia política anglo-saxônica no sentido de negar o utilitarismo e a tese positivista da separação entre moral e direito, destacando as teorias da justiça de John Rawls e Robert Nozick[1] como pontos de partida dessa mudança e a teoria dos princípios de Ronald Dworkin como pioneira dessa reviravolta no âmbito jurídico[2]. Essa reorientação não se limitou ao mundo anglo-saxônico, tendo repercussão também nos sistemas jurídicos de tradição eurocontinental. Destaca-se na Alemanha o envolvimento de Jürgen Habermas com a filosofia jurídica e a teoria do direito e da Constituição, passando, por assim dizer, a "tomar o direito a sério"[3], diferentemente dos seus predecessores na Escola de Frankfurt, Adorno e Horkheimer[4]. É

---

[1] Rawls, 1990 [1972] [trad. bras. 2002]; Nozick, 1990 [1974] [trad. bras. 1991].

[2] Hart, 1976, pp. 541 ss. Cf. Alexy, 1979, p. 59.

[3] Habermas, 1982a, vol. 1, pp. 332-65; vol. 2, pp. 522-47; 1982b, pp. 260-7; 1987; 1992 [trad. bras. 2003]. Cf. Neves, 2006, pp. 53-8 e 106-21.

[4] No clássico e paradigmático "Dialética do esclarecimento", por exemplo, Adorno e Horkheimer (1969 [1947] [trad. bras. 1985]) deixaram o direito fora de suas preocupações. De certa maneira, essa postura está vinculada a uma concepção pura-

44 · ENTRE HIDRA E HÉRCULES

neste contexto abrangente de transformação que se desenvolveram os modelos principiológicos de Ronald Dworkin e Robert Alexy, com ampla recepção internacional. A diferença entre princípios e regras jurídicas, tal como proposta por estes autores, poderá ser mais bem compreendida se considerarmos os seus análogos no âmbito da filosofia da justiça ou da moral.

Interessa-me aqui, como ponto de partida, a teoria da justiça de Rawls. Ele parte de um modelo hipotético da situação originária, na qual todos os membros da comunidade estariam "encobertos" pelo "véu da ignorância", desconhecendo as respectivas posições que iriam ocupar na sociedade, e, portanto, desvinculados de interesses particulares e concretos[5]. Disso resulta a construção racional dos dois princípios de justiça: 1) igualdade na atribuição de direitos e deveres básicos, também formulado como princípio da liberdade igual; 2) desigualdades econômicas e sociais só se justificam se corresponderem à expectativa racional de que trarão vantagens para todos, principalmente para os menos favorecidos, e estiverem ligadas a cargos e posições acessíveis a todos (subordinado ao primeiro princípio)[6]. O modelo de justiça de Rawls implica evidentemente a defesa do pluralismo. Nesse sentido, é sensível às diversidades de valores da sociedade mo-

---

mente instrumental do direito, como fenômeno secundário no âmbito de uma "racionalidade finalística totalizada" (Habermas, 1982a, vol. 2, p. 490), nos termos de uma certa tradição marxista.

[5] Cf. Rawls, 1990 [1972], espec. pp. 11 ss. e 136 ss. [trad. bras. 2002, pp. 12 ss. e 146 ss.]; 1993, pp. 22-28.

[6] Rawls, 1990 [1972], espec. pp. 14-5, 60 ss., 243 ss. e 302-3 [trad. bras. 2002, pp. 16-7, 64 ss., 266 ss. e 333-4]; 1993, pp. 5 ss. A respeito, ver criticamente Höffe, 1977, espec. pp. 16 s. e 20 ss., que se refere ao caráter tautológico dos princípios de justiça em Rawls: "O caráter de *fairness* das conclusões, ou seja, dos princípios de justiça, reproduz apenas o caráter de *fairness* das premissas, isto é, das condições de partida" (p. 35). Cf. também Müller, J. P., 1993, pp. 44 ss.; Hart, 1977, com objeções ao argumento da prioridade da liberdade (pp. 156 ss.); tratando igualmente desta questão, Alexy, 1997.

derna, os quais devem ser tratados imparcialmente pelos procedimentos do Estado democrático de direito[7]. Entretanto, apesar de sua referência ao contexto histórico, trata-se de uma construção hipotética[8].

Contra a interpretação dominante da teoria da justiça de Rawls, Rorty[9] sustenta que esta "é inteiramente historicista e antiuniversalista"[10], "representa uma reação à ideia kantiana da moralidade como portadora de uma essência a-histórica"[11], "já não parece comprometida com uma consideração filosófica da natureza humana, mas apenas com uma descrição histórico-sociológica do modo que vivemos agora"[12]. Rorty não distingue a inequívoca condicionalidade e aplicabilidade histórica da construção de Rawls (mas isso também se encontra em Kant), do seu caráter hipotético, abstrato e a-histórico na própria formulação. Embora se possa admitir que a teoria de Rawls refere-se a "uma forma historicamente adequada de consciência da justiça" e, portanto, que seus princípios não podem "reclamar nenhuma validade culturalmente invariante"[13], não se deve desconsiderar a ênfase que Rawls dava no passado ao caráter "puramente hipotético" da posição original[14] nem a sua concepção posterior de que o "acordo inicial" é "hipotético e não histórico"[15].

---

[7] Decerto, Rawls refere-se normativamente ao "fato do pluralismo razoável", não empiricamente ao "fato do pluralismo propriamente dito" (1993, pp. 36-7).

[8] Sobre o caráter a-histórico da teoria da justiça de Rawls, cf. Barber, 1977, espec. pp. 245 ss.; Müller, J. P., 1993, pp. 47 ss.

[9] Rorty, 1991, pp. 179 ss.

[10] Rorty, 1991, p. 180.

[11] Rorty, 1991, p. 186, nota 29.

[12] Rorty, 1991, p. 185. Evidentemente, ele se refere ao *American way of life*.

[13] Höffe, 1977, p. 31.

[14] Rawls, 1990 [1972], pp. 12 e 21 [trad. bras. 2002, pp. 13 e 24].

[15] Rawls, 1993, pp. 271-5. A respeito, sustenta Rawls: "Assim sendo, fica evidente por que o contrato social deve ser considerado hipotético e não histórico. A expli-

46 · ENTRE HIDRA E HÉRCULES

Apesar de apriorístico, a teoria de Rawls influenciará o modelo empírico do desenvolvimento ontogenético (do indivíduo), tal como concebido por Lawrence Kohlberg a partir da psicologia cognitiva de Jean Piaget[16]. Kohlberg propõe um modelo de desenvolvimento do julgamento moral em três níveis: pré-convencional, convencional e *pós-convencional ou baseado em princípios.* Esses três níveis são definidos a partir de três tipos de relação do *eu* com as expectativas e normas sociais: no nível pré-convencional, as normas e expectativas sociais constituem algo externo para o *eu*; no convencional, o *eu* identifica-se com as normas e expectativas sociais ou internaliza-as; no pós-convencional, a pessoa diferencia as suas próprias normas e expectativas das adotadas pelos outros, definindo os "seus valores em termos de princípios autoescolhidos"[17]. A esses três níveis do desenvolvimento moral correspondem, respectivamente, três tipos de perspectiva social: a concreta individual, a de membro da sociedade e a do prioritário-em-face-da-sociedade (*prior-to-society-perspective*)[18]. Os três níveis do desenvolvimento moral vão ser subdivididos em seis estádios com as correspondentes perspectivas sociais. Configuram-se, assim, dois estádios pré-convencionais, dois convencionais e dois pós-convencionais[19].

---

cação é que o acordo feito na posição original representa o resultado de um processo racional de deliberação em condições ideais e não históricas que expressam certas exigências razoáveis" (1993, p. 273).

[16] Kohlberg, 1976; 1981. Cf. Piaget, 1995, espec. pp. 12-3, que aponta para o caráter não linear dos estádios do desenvolvimento cognitivo e do julgamento moral na criança. A respeito, cf. Neves, 2006, pp. 25 ss.

[17] Kohlberg, 1976, p. 33.

[18] Kohlberg, 1976, espec. pp. 32-3. Cf. também Günther, 1988, pp. 162-4 [trad. bras. 2004, pp. 191-3]. Embora em uma postura crítica, Kohlberg formula os seus três níveis paralelamente aos estádios do desenvolvimento cognitivo em Piaget (sensório-motor ou pré-operacional, operacional-concreto e operacional-formal).

[19] Kohlberg, 1976, espec. pp. 34-5 (tabela 2.1); 1981. Cf. também Günther, 1988, pp. 164 ss. [trad. bras. 2004, pp. 193 ss.]; Habermas, 1983, espec. pp. 130-43 [trad. bras. 1989, pp. 146-64]; 1982b, espec. pp. 71 ss.

PASSANDO POR DOIS MODELOS AINDA DOMINANTES · 47

O sexto e último estádio do desenvolvimento da consciência moral (o segundo do nível pós-convencional), conforme Kohlberg, é o estádio dos *princípios* éticos universais. O moralmente correto é seguir princípios éticos autoescolhidos. As leis e acordos sociais particulares de cada grupo são, em geral, válidos, uma vez que se apoiam em tais princípios. Se as leis violam esses princípios, a pessoa deve atuar de acordo com eles. Trata-se de princípios gerais de justiça: "a igualdade dos direitos humanos e o respeito pela dignidade dos homens como pessoas individuais". A razão de agir correta e justamente é, portanto, a crença na validade universal de princípios morais e o senso de compromisso pessoal para com eles. Nesse estádio, a perspectiva social corresponde a um "ponto de vista moral" do qual derivam e em que se baseiam os acordos, normas e valores sociais. Tal perspectiva pertence a qualquer indivíduo racional que reconhece a natureza da moralidade ou o fato de que a pessoa é um fim em si mesmo e deve ser tratada como tal (premissa moral básica)[20]. Esse estádio, o mais elevado, corresponde ao paradigma universalista de justiça construído por Rawls[21].

Habermas reconstrói, no âmbito da teoria da ação comunicativa e da teoria do discurso, o modelo de desenvolvimento ontogenético (do indivíduo), tal como formulado por Piaget e desenvolvido por Kohlberg, transportando-o para o âmbito da evolução filogenética (da sociedade)[22]. Ainda em relação ao plano ontogenético, Habermas fala de uma moral "desinstitucionalizada" no

---

[20] Kohlberg, 1976, p. 35 (tabela 2.1); 1981, p. 412. Cf. Günther, 1988, pp. 165 e 167 [trad. bras. 2004, p. 195]; Habermas, 1983, pp. 135 e 139 [trad. bras. 1989, pp. 154 e 160]; 1982b, pp. 71-73 e 75.

[21] Habermas (1983, p. 130 [trad. bras. 1989, p. 146]) enfatiza a filiação de Kohlberg à teoria da justiça de Rawls.

[22] Habermas, 1983, pp. 127 ss. [trad. bras. 1989, pp. 143 ss.]; 1982b, pp. 13 ss., 63-91, 133 ss. e 232-3; 1982a, vol. 2, espec. pp. 259 ss.; 1991, pp. 49-99.

48 · ENTRE HIDRA E HÉRCULES

nível pós-convencional[23]. Mediante o discurso, as pretensões de validade em relação aos mundos objetivo, social e subjetivo, ou seja, respectivamente, de verdade, retidão (*Richtigkeit*) e sinceridade, implicitamente sustentadas na linguagem cotidiana[24], passam a ser passíveis de contestação *à luz de princípios*. Do ponto de vista do mundo social, isso significa que à heteronomia enquanto dependência de normas vigentes opõe-se a exigência de fundamentação universalista da validade normativa como critério de conduta (autonomia)[25]. Em relação à autoridade, significa que a validade ideal contrapõe-se à validade social. No quinto estádio (o primeiro do nível pós-convencional) do desenvolvimento ontogenético, a estrutura das expectativas de comportamento apresenta-se como "regra para exame de normas", ou seja, como *princípio (norma de normas)*. Sendo assim, a noção de justiça expressa-se por meio de *princípios com pretensão de universalidade*, de acordo com a perspectiva *prior to society*. No sexto estádio (o segundo do nível pós-convencional) do desenvolvimento ontogenético, a estrutura de expectativas apresenta-se como "regra para exame de princípios: procedimento de fundamentação de normas". Portanto, a perspectiva é procedimental (*ideal-role-taking*), concebendo-se a justiça como "orientação por procedimentos de fundamentação de normas". Esse estádio envolve um grau de reflexividade em relação ao quinto, tendo em vista que os princípios são discutidos no ambiente de procedimentos discursivo-racionais. Porém, por sua vez, esses procedimentos baseiam-se em *princípios universais* que são compreendidos como condições imprescindíveis de possibilidade do discurso racional[26].

---

[23] Habermas, 1982a, vol. 2, p. 261.

[24] Cf., p. ex., Habermas, 1983, pp. 146 ss. [trad. bras. 1989, pp. 167 ss.].

[25] Habermas, 1983, pp. 173 s. [trad. bras. 1989, p. 196].

[26] Cf. Habermas, 1983, pp. 172 ss. [trad. bras. 1989, pp. 195 ss.].

Apesar de fazer ressalvas, Habermas sustenta a existência de homologias e traça um paralelo entre os modelos de desenvolvimento ontogenético (do indivíduo) e filogenético (da sociedade), estabelecendo analogias nas "sequências de conceitos básicos e de estruturas lógicas"[27]. Em sua compreensão, a sociedade moderna encontra-se no nível pós-convencional de desenvolvimento da consciência moral. No âmbito do direito, as normas jurídicas já não se fundamentam diretamente em princípios de natureza metajurídica, mas sim em princípios especificamente jurídicos. Estes, por sua vez, tornam-se procedimentalmente reflexíveis e, portanto, criticáveis; necessitam, pois, de fundamentação racional nos termos de procedimentos[28]. Ao contrário da concepção weberiana da racionalidade formal, o direito positivo, que corresponde ao nível da moral pós-convencional, apesar de diferenciado da moral e da ética, não se caracteriza pela "desfundamentação" no modelo habermasiano. Em Weber, a racionalidade formal do direito moderno corresponderia à racionalidade-com-respeito-a-fins prevalecente na sociedade moderna[29]. O direito formal apresenta-se como um instrumento do capitalismo: "o que [este] precisa é de um direito previsível como o funcionamento de uma máquina"[30]. Nesse sentido, a positivação significaria que o direito é posto e revisável permanentemente por decisão conforme exigências racional-finalísticas.

Habermas critica esse modelo, sustentando que o princípio da positivação é indissociável do princípio da fundamentação[31].

---

[27] Habermas, 1982b, pp. 17 ss.; cf. *ibidem*, pp. 97 ss., 133 ss.; 1982a, vol. 2, espec. pp. 259 ss.; Eder, 1980.

[28] Cf. Habermas, 1982a, vol. 1, p. 351, com base em Schluchter, 1979, p. 146.

[29] Cf. Weber, 1985, pp. 124 ss., 198 e 503-13 [trad. bras. 2004, vol. 1, pp. 141 ss. e 226-7; vol. 2, pp. 142-53].

[30] Weber, 1985, p. 817 [trad. bras. 2004, vol. 2, p. 520].

[31] Cf., em uma perspectiva de "reconstrução" do modelo teórico weberiano, Habermas, 1982a, vol. 1, pp. 332 ss.; vol. 2, p. 266; 1992, p. 97 [trad. bras. 2003, vol. 1, p. 101].

50 · ENTRE HIDRA E HÉRCULES

Além da positividade, do legalismo e da formalidade como três características do direito moderno, aponta-lhe a generalidade ou universalidade, que envolve a necessidade de justificação nos quadros de uma moral pós-convencional, fundada em princípios universais[32]. Ao perder os seus fundamentos sacros, o direito, por um lado, assume o papel de instrumento do poder e do mercado, mas, por outro, exige uma fundamentação em termos de uma racionalidade procedimental tanto ética quanto moral. Ao diferenciar-se da eticidade concreta do grupo e de uma moralidade conteudística, impõe-se-lhe uma justificação racional não apenas nos limites do discurso jurídico sobre a consistência, mas também a partir dos discursos ético e moral. A legitimação procedimental implica, então, a criticabilidade dos princípios jurídicos à luz de uma racionalidade discursiva abrangente, envolvendo questões jurídicas (de consistência), pragmáticas (de estabelecimento de fins e determinação dos meios adequados a alcançá-los), ético-políticas (de valores) e morais (de justiça), assim como questões concernentes ao compromisso equitativo[33].

Embora esse modelo de desenvolvimento da consciência moral no sentido evolutivo de uma orientação por princípios prevalentes em relação tanto aos valores particulares do grupo quanto às regras vigentes na sociedade (*prior-to-society-perspective*), concebido por Kohlberg com base em Piaget e por inspiração da teoria da justiça de Rawls, e recepcionado por Habermas em seu modelo do desenvolvimento filogenético (da sociedade), não tenha um relação direta com a reviravolta na principiologia jurídica que ocorreu nos anos 1960-1970, há um contexto comum que permite se verifique uma homologia da distinção moral entre princípios universais e

---

[32] Cf. Habermas, 1982a, vol. 1, pp. 351 ss.; 1982b, pp. 264 ss.

[33] Habermas, 1992, espec. pp. 196-207. Cf. Neves, 2006, pp. 118-21.

PASSANDO POR DOIS MODELOS AINDA DOMINANTES · 51

valores particulares ou regras convencionais e a diferença jurídica entre princípios e regras que se desenvolve a partir de Dworkin. Além disso, a principiologia jurídica dessa vertente implica uma relação estreita entre princípios jurídicos e princípios morais.

2. Tudo-ou-nada *versus* dimensão de peso (Ronald Dworkin)

A teoria do direito e da Constituição, assim como a dogmática constitucional, foi tomada por um fascínio pela principiologia jurídica desenvolvida por Ronald Dworkin desde os anos 1960 e reconstruída por Alexy a partir dos anos 1970[34]. Foge ao objetivo do presente trabalho uma análise exaustiva ou abrangente dos modelos construídos por esses juristas. Farei aqui uma breve exposição dos traços principais de suas compreensões da distinção entre princípios e regras, para que se tornem claras suas distâncias e proximidades em relação ao modelo a ser apresentado no Capítulo III.

Dworkin, cuja teoria do direito pressupõe um diálogo com a teoria da justiça de John Rawls[35], toma como ponto de partida do desenvolvimento de sua concepção dos princípios a crítica da noção hartiana da textura aberta do direito, conforme a qual as situações não reguladas por regras ficariam no âmbito da discricionariedade (em sentido forte) do juiz[36]. O argumento positivista levaria à tese de que, "quando um juiz esgota as regras à sua disposição, ele possui o poder discricionário, no sentido de que ele

---

[34] Observe-se que o artigo em que Dworkin apresenta pela primeira vez a sua tese, sob o título "O modelo de regras", foi publicado originariamente em 1967, tendo sido republicado em Dworkin, 1991a (1977), pp. 23-72, sob o título "O modelo de regras I". Já o ponto de partida de Alexy foi o seu artigo sob o título "Sobre o conceito de princípio jurídico", publicado em 1979 (Alexy, 1979). O modelo de Alexy será tratado no item 3 deste capítulo.

[35] Cf. Dworkin, 1991a [1977], pp. 150-83 [trad. bras. 2002, pp. 235-82].

[36] Cf. *supra* pp. XVI-XVIII.

52 · ENTRE HIDRA E HÉRCULES

não está obrigado por quaisquer padrões derivados da autoridade do direito. Ou para dizer de outro modo: os padrões jurídicos que não são regras e são citados pelos juízes não impõem obrigações a estes"[37]. E Dworkin é peremptório: "Ele [o positivista] conclui ainda que são padrões extrajurídicos que cada juiz seleciona de acordo com suas próprias luzes, no exercício do seu poder discricionário – *o que é falso*."[38] Então, no sentido diametralmente oposto à tese da discricionariedade, Dworkin introduz sobretudo o conceito de princípios como normas ou padrões pertencentes ao sistema jurídico. Os princípios vinculariam os juízes naquele espaço em que as regras não fossem suficientes para a solução do caso.

Nesse contexto, Dworkin distingue três padrões de orientação dos juízes no sistema jurídico: as regras, os princípios e as *policies*. As regras seriam normas que são aplicadas na maneira da disjunção excludente do "tudo-ou-nada"[39]. Nesse sentido, uma regra é válida ou inválida, devendo ser tomada como critério de solução do caso ou afastada. Portanto, na relação entre duas regras em conflito, apenas uma poderá ser válida e, portanto, servir como padrão jurídico para a decisão do caso[40]. Nessa perspectiva, pertencem ao enunciado completo de uma regra todas as suas exceções, sendo elas teoricamente enumeráveis: "Pelo menos em teoria, todas as exceções podem ser arroladas e, quanto mais o forem, mais completo será o enunciado da regra."[41] Enunciadas completamente (expressas todas a exceções), as regras implicariam uma relação automática entre ocorrência das condições e consequências jurídicas[42].

---

[37] Dworkin, 1991a [1977], p. 34 [trad. bras. 2002, p. 55].
[38] Dworkin, 1991a [1977], p. 39 [trad. bras. 2002, p. 63] (grifei).
[39] Dworkin, 1991a [1977], p. 24 [trad. bras. 2002, p. 39].
[40] Dworkin, 1991a [1977], p. 27 [trad. bras. 2002, p. 43].
[41] Dworkin, 1991a [1977], p. 25 [trad. bras. 2002, p. 40].
[42] *Ibidem.*

Em síntese, o tratamento com regras implica a diferença binária "validade/invalidade", a distinção includente "regra/exceção" e, por fim, a relação condicional automática "se-então".

Os princípios, ao contrário das regras, possuem, segundo Dworkin, "a dimensão do peso ou importância"[43]. Quando há entrecruzamento entre princípios, cumpre definir qual é o mais relevante para a solução do caso. Daí por que dois princípios em colisão podem ser simultaneamente válidos. A isso se associa o argumento de que os princípios opostos a outros não constituem, a rigor, exceções a estes, no seguinte estrito sentido: os "contraexemplos" não são, nem mesmo teoricamente, enumeráveis; eles não podem ser apreendidos mediante um enunciado mais extenso do princípio[44]. Além disso, os princípios não pretendem "estabelecer condições que tornem sua aplicação necessária", pois, antes, enunciam razões que conduzem o argumento "em uma certa direção", *não* necessitando de uma decisão particular[45]. Em suma, os princípios implicam diferenças analógicas de peso, não comportam exceções suscetíveis de enumeração em enunciados mais amplos que as incorporem, tampouco estabelecem uma relação condicional automática "se-então".

---

[43] Dworkin, 1991a [1977], p. 26 [trad. bras. 2002, p. 42]. Por um lado, isso não significa que, do ponto de vista funcional, não haja regras mais importantes do que outras para um determinado jogo ou ordem normativa (cf. Dworkin, 1991a [1977], p. 27 [trad. bras. 2002, p. 43]). Por outro, a dimensão de peso (implicando um possível sopesamento) é afastada por Dworkin ao tratar dos princípios fundamentais da justiça (igual consideração e responsabilidade pessoal) ou da dignidade (autorrespeito e autenticidade) (cf., p. ex., 2011, pp. 3 e 260-4).

[44] Dworkin, 1991a [1977], p. 25 [trad. bras. 2002, p. 41]. Em uma obra supostamente concluída em 1971, mas que permaneceu inédita até recentemente, Luhmann (2013, pp. 275 e 281), apesar dos pressupostos e consequências inteiramente diversas, definia os princípios, de maneira similar, "como regras com exceções a serem adotadas caso a caso no processo decisório de *aplicação do direito*", referindo-se a eles "quando regras são compreendidas de tal maneira que elas, em um número aberto de casos, admitem o seu contrário como exceção".

[45] Dworkin, 1991a [1977], p. 26 [trad. bras. 2002, p. 41, com falha de tradução, ao não incluir a negação "não" contida no original"] (grifei).

54 · ENTRE HIDRA E HÉRCULES

Quanto às suas diferenças em relação às regras, Dworkin emprega, com frequência, o termo "princípios" para abranger também as *policies* como padrões para respostas jurídicas. Mas ele também introduz a distinção entre estas e aqueles. As *policies* são definidas como "aquele tipo de padrão que estabelece um objetivo a ser alcançado, em geral uma melhoria em algum aspecto econômico, político ou social da comunidade (ainda que certos objetivos sejam negativos pelo fato de estipularem que algum estado atual deve ser protegido 'contra mudanças adversas')". Por "princípio" entende-se "um padrão que deve ser observado, não porque vá promover ou assegurar uma situação econômica, política ou social considerada desejável, mas porque é uma exigência de justiça ou equidade ou alguma outra dimensão da moralidade"[46]. Essa distinção é importante para os argumentos que apresentarei mais adiante, mas, por enquanto, interessa-me o princípio em sentido estrito: princípio como exigência da moralidade.

Neste particular, a questão que se põe em relação à teoria de Dworkin refere-se à possibilidade de tratar-se de mais um modelo jusnaturalista: os princípios jurídicos seriam deduzidos de mandamentos morais universais. Parece-me que esse argumento não procede. Os princípios jurídicos assentam-se na "moralidade comunitária", entendida como "a moralidade política que as leis e as instituições da comunidade pressupõem"[47], e a origem deles, embora não resida na "decisão particular de um poder legislativo ou tribunal" nem em uma regra de reconhecimento, encontra-se "na compreensão do que é apropriado, desenvolvida pelos membros da profissão e pelo público ao longo do tempo"[48]. Ou seja,

---

[46] Dworkin, 1991a [1977], p. 22 [trad. bras. 2002, p. 36]. Dworkin esclarece, porém, não ter sido sua intenção reduzir o direito a um conjunto fixo de padrões (1991a [1977], p. 76 [trad. bras. 2002, p. 119]; 2006, p. 234 [trad. bras. 2010, p. 331].

[47] Dworkin, 1991a [1977], p. 126 [trad. bras. 2002, p. 197].

[48] Dworkin, 1991a [1977], p. 40 [trad. bras. 2002, p. 64]. Isso não exclui a presença de elementos de um jusnaturalismo racional *a priori* na obra de Dworkin, como,

em Dworkin, os princípios jurídicos apoiam-se na moralidade de uma *determinada comunidade política* e surgem e transformam-se no *processo histórico*. Além do mais, muito embora Dworkin afirme que, enquanto servem para definir os direitos das pessoas, "todos os princípios de moralidade política vigentes na comunidade em questão são princípios jurídicos"[49], isso não significa que basta uma referência à moralidade comunitária para que um princípio tenha validade jurídico-constitucional. Para isso, é preciso que o princípio originariamente moral passe pela prova da coerência[50], que envolve o trabalho sobre-humano do juiz Hércules: "Os indivíduos têm um direito à aplicação consistente dos princípios sobre os quais se assentam as suas instituições. É esse direito institucional, do modo como o define a moralidade constitucional da comunidade, que Hércules deve defender contra qualquer opinião incoerente, por mais popular que seja."[51] Portanto, pode-se dizer que, no modelo de Dworkin, os princípios jurídicos têm origem em princípios da moralidade comunitária (ou em práticas moralmente assentadas dos juízes e profissionais do direito), mas eles devem passar por um tipo de teste de consistência ou coerência constitucional, para que não se dissipem no meio de conflitos existentes na moralidade comunitária[52]. Não se trata de uma indução ou incorporação imediata à prática dos juízes e tribunais, mas sim de um processo de "descoberta" e de controle da consistência constitucional. Mas, no contexto da teoria de Dworkin, não cabe falar de fronteira clara entre moral e direito, pois a noção de princípios serve, a rigor, para enfraquecer ou mesmo diluir essa fronteira.

---

por exemplo, a ideia de que o direito de igual consideração e respeito constitui um direito natural (1991a [1977], p. 182 [trad. bras. 2002, p. 281]) e a crença de que "há verdades objetivas sobre valor" (2011, p. 7).

[49] Dworkin, 1991a [1977], p. 344 [trad. bras. 2002, p. 527].

[50] Cf. Páscua, 1996, p. 28.

[51] Dworkin, 1991a [1977], p. 126 [trad. bras. 2002, p. 197 – com falha na tradução].

[52] Cf. *ibidem*.

56 · ENTRE HIDRA E HÉRCULES

A partir desses pressupostos principiológicos, Dworkin afirma, conforme já adiantado na Introdução, que o juiz Hércules, orientado pelos princípios e capaz de identificá-los nas controvérsias em torno de direitos, viabiliza praticamente que se chegue a uma única resposta correta ou, no mínimo, ao melhor julgamento de um caso[53]. Embora se trate de um ideal regulativo, a aptidão do juiz Hércules para tomar a única decisão correta ou oferecer o melhor julgamento relaciona-se com um modelo dos princípios como superadores de qualquer discricionariedade nos chamados "casos difíceis". E, muito embora varie pessoal e temporalmente a compreensão de se um caso é "difícil" ou "fácil"[54] e, portanto, diversifique-se também conforme o contexto o que possa definir-se como *a única decisão correta* ou *o melhor* julgamento[55], Hércules tem a capacidade de adequar os princípios ao contexto no modelo de Dworkin.

Não se pretende aqui desprezar ou subestimar a contribuição de Dworkin para a teoria do direito, a teoria da Constituição e a dogmática constitucional em geral e para a teoria dos princípios em especial, com enorme influência e recepção em diversos países, tanto de tradição anglo-americana quanto de origem euro-continental[56]. Parece-me, porém, ser suscetível de críticas fundamentais a concepção moralista de Dworkin.

Em primeiro lugar, cabe retomar o que já adiantamos na Introdução sobre a questão da discricionariedade. A tese segundo a qual os princípios servem para cobrir o espaço da discricionariedade, que, no modelo "positivista" de regras, o juiz disporia para decidir, constitui uma ilusão principiológica. Essa tese, que está

---

[53] Dworkin, 1991a [1977], espec. p. 279 [trad. bras. 2002, p. 429]; 1991b [1986], espec. p. 239 [trad. bras. 2003, pp. 286-7]; 1985, pp. 119 ss. [trad. bras. 2001, pp. 175 ss.]; 2006, pp. 41-3 [trad. bras. 2010, pp. 60-3]. Cf. *supra* p. XVI.

[54] Dworkin, 1991b [1986], p. 354 [trad. bras. 2003, pp. 423-4].

[55] Cf. Dworkin, 1991b [1986], p. 239 [trad. bras. 2003, p. 287].

[56] Em sentido contrário, ver Haba, 2001; 1996, pp. 301 ss.

intimamente associada àquela de uma única decisão correta ou do melhor julgamento, fundamenta-se no argumento de que, ao admitir-se a discricionariedade, impõe-se reconhecer a inexistência de direitos e obrigações antes da decisão judicial. Mas me parece que a questão, vista nos termos do modelo de Dworkin, encobre o problema da complexidade e contingência. Não se trata aqui, como já adiantei acima[57], de afirmar que os princípios necessariamente implicam um maior grau de discricionariedade em comparação com as regras. O problema não reside na discricionariedade, mas sim na forma seletiva de estruturação da complexidade. A produção normativa constituinte ou legislativa (em sentido amplo) importa já uma forte redução ou estruturação seletiva de expectativas normativas existentes na sociedade sobre quais são os direitos e os deveres. Essa seleção pelos procedimentos constituintes ou legislativos não esgota o processo seletivo. A interpretação dos textos constitucionais e legais e a respectiva concretização normativa perante o caso importam uma nova seleção sobre as diversas expectativas normativas e também cognitivas que se desenvolvem em torno de definir-se quais os direitos e deveres estabelecidos na Constituição e nas leis. Nesse sentido, não é correto considerar que os intérpretes "em sentido estrito" (os órgãos encarregados da interpretação-aplicação jurídica) são *apenas* intermediários dos intérpretes "em sentido amplo" (incluindo toda a esfera pública), como pretende Häberle[58]. Eles atuam seletivamente, ao excluir certas expectativas normativas em torno de direitos e deveres constitucionais e legais, incluindo outras como normas atribuíveis aos respectivos textos normativos. No processo de concretização da Constituição, os princípios, de um lado, têm a maior capacidade de estruturar a complexidade desestruturada

---

[57] Cf. *supra* Cap. I.1.
[58] Häberle, 1980, p. 90. Cf. criticamente Neves, 2006, pp. 203-4.

58 · ENTRE HIDRA E HÉRCULES

do ambiente do sistema jurídico, no qual uma diversidade enorme de expectativas normativas pretende afirmar-se na esfera pública como constitucionalmente amparadas. Mas, de outro lado, eles enriquecem os potenciais e alternativas da cadeia argumentativa do ponto de vista interno do direito. O direito se flexibiliza mediante princípios constitucionais para possibilitar uma maior adequação do argumentar jurídico à complexidade da sociedade. Por sua vez, nos casos não rotineiros, as regras, embora pouco flexíveis para enfrentar diretamente a desordem do ambiente, no qual estão presentes expectativas as mais contraditórias em relação aos direitos e deveres constitucionais, reduzem a complexidade dos princípios, possibilitando a passagem de um estado de incerteza inicial para a certeza no final do procedimento de solução do caso.

Essa não é uma questão de discricionariedade (ou de imprecisão como incerteza cognitiva decorrente da vagueza ou ambiguidade de expressões) nem de única decisão correta. É precisamente um problema de como controlar a contingência mediante decisões juridicamente consistentes e complexamente adequadas à sociedade, implicando um permanente paradoxo na busca da justiça do sistema jurídico[59]. Evidentemente, na esfera pública, há atores orientados moralmente no sentido de um "auditório" universal (os que buscam a decisão racionalmente correta para todos), outros, porém, orientam-se de maneira particular na defesa dos valores do seu grupo, assim como há aqueles que atuam na perspectiva estratégica da satisfação de seus interesses e – não se excluam – os que se assumem posturas expressivas, catárticas[60], para influenciar a concretização constitucional ou contra esta

---

[59] Essa questão leva ao conceito de justiça como fórmula de contingência (Luhmann, 1993, pp. 214 ss.), a cuja discussão retornarei na "Observação final".

[60] Ação expressiva caracteriza-se pela confusão entre o agir e a satisfação da necessidade, constituindo-se em "veículo de catarse" (Gusfield, 1986, p. 179; cf. Neves, 2007, p. 22).

protestar. Afirmar que só é moralmente legítima na esfera pública a postura dos primeiros tem um quê de "injusto" em uma sociedade supercomplexa e uma esfera pública caracterizada pelo dissenso estrutural. Mas o ideal regulativo de Dworkin, o juiz Hércules, monológico[61], solipsista e, eu diria, simplista, não é o mais adequado para reconhecer os seus próprios limites.

Essas considerações levam-nos à relação dos princípios jurídicos com a moralidade política da respectiva comunidade ou, mais precisamente, à moralidade comunitária. É verdade que Dworkin, como já observei, reconhece que "a moralidade da comunidade é incoerente", caracterizada por conflitos[62]. Mas aí se trata de um conceito puramente fático da moralidade existente no meio da respectiva comunidade. Quando ele se refere, porém, à moralidade comunitária como a moralidade política pressuposta pelas leis e instituições da comunidade, ele afirma um conceito normativo, dependente do juiz Hércules. Este teria a capacidade de determinar quais os princípios de moralidade servem consistentemente de apoio às instituições e às leis, caracterizando-os como princípios jurídicos[63]. Também a esse respeito, a questão decorre de um normativismo idealista, incompatível com a forma de reprodução de uma sociedade supercomplexa e uma esfera pública pluralista, marcada pelo dissenso. A própria noção de comunidade ou moralidade comunitária é problemática, pois o conceito de comunidade implica a partilha de valores ou repre-

---

[61] Michelman, 1986, p. 76. Cf., no mesmo sentido, Habermas, 1992, pp. 272 ss. [trad. bras. 2003, vol. I, pp. 276 ss.]. E a concepção do "Romance em cadeia" (Dworkin, 1991b [1986], pp. 228 ss. [trad. bras. 2003, pp. 275 ss.]) sugere apenas a temporalização de monólogos.

[62] "se quisermos usar o conceito de uma moralidade comunitária em teoria política, será preciso que também reconheçamos a existência de conflitos no âmbito dessa moralidade" (Dworkin, 1991a [1977], p. 126 [trad. bras. 2002, p. 197]).

[63] Dworkin, 1991a [1977], p. 126 [trad. bras. 2002, pp. 197-8].

60 · ENTRE HIDRA E HÉRCULES

sentações morais comuns, sendo antes adequado às formações sociais pré-modernas[64]. Na sociedade moderna, os pontos de observação se multiplicam cada vez mais, sendo inusitado que se possa falar de um ideal regulativo capaz de descortinar o consenso subjacente na moralidade comunitária. Antes se impõe discutir quais são os processos e estruturas normativos adequados à absorção legítima do dissenso estrutural presente na esfera pública a respeito da determinação dos direitos e deveres constitucionais. A articulação paradoxal de princípios e regras na cadeia (talvez seja melhor na rede) argumentativa da concretização constitucional tem um importante papel nesse contexto.

Por fim, cabe uma breve observação sobre a própria distinção entre regras e princípios proposta por Dworkin do ponto de vista da estrutura lógica. Quanto à tese de que as regras são aplicadas à maneira do "tudo-ou-nada" e, ao menos teoricamente, suscetíveis de ser enunciadas completamente com todas as suas exceções, são oportunas as críticas de Alexy[65]. Um sistema de regras em que todas as exceções são enumeráveis é excessivamente simples. "Em teoria", para usar uma expressão ao gosto de Dworkin, talvez se possa imaginar isso em relação às regras de um jogo, como o beisebol (exemplo típico de Dworkin) e o futebol. Em ordens jurídicas de uma sociedade complexa não cabe falar de exceções enumeráveis, nem mesmo teoricamente. "Nunca é possível ter certeza de que, em um novo caso, não será necessária a introdução de uma nova cláusula de exceção."[66] Por um lado, a proibição genérica de "restrição de regras por meio da introdução de cláu-

---

[64] Nesse sentido, desenvolveu-se a distinção entre comunidade (antiga, tradicional) e sociedade (moderna) a partir de Tönnies (1979, espec. pp. 3-6, 34, 73 ss. e 106 ss.), passando por Weber (1985, espec. pp. 21-3 [trad. bras. 2004, vol. 1, pp. 25-7]). Cf. Neves, 1992, pp. 11 ss.

[65] Alexy, 1979, pp. 68 ss.; 1985, pp. 15 ss.; 1986, pp. 88-9 [trad. bras. 2008, pp. 104-5].

[66] Alexy, 1986, p. 89 [trad. bras. 2008, p. 104]; cf. 1979, p. 68; 1985, pp. 16-7.

sulas de exceção" não parece algo adequado às ordens jurídicas do Estado constitucional contemporâneo[67]. Por outro, é problemática a tentativa de salvar o critério do "tudo-ou-nada" recorrendo-se a cláusulas gerais de reserva, como "e se não estiver juridicamente prescrito algo diverso de acordo com um princípio" ou "e se razões a serem consideradas do ponto de vista do direito não exigirem algo diverso"[68]. Alexy esclarece que também a estratégia de introduzir cláusulas gerais de reserva em relação a princípios, como a cláusula "se um outro princípio com resultados contrários não tiver precedência", tornam os princípios também aplicáveis à maneira do "tudo-ou-nada"[69]. Embora afaste, com esses argumentos, esse critério de distinção das regras em relação aos princípios, Alexy admite, referindo-se ao caso de vagueza, que, "somente quando está fixada a interpretação, o caráter 'tudo-ou-nada' torna-se efetivo"[70]. Mas, a esse respeito, cumpre acrescentar que, excetuados os casos de mera observância ou aplicação rotineira (sem controvérsias ou questionamentos que levem à argumentação), toda e qualquer regra só é aplicável nos termos do "tudo-ou-nada" no final do processo concretizador, quando já foram consideradas (ou excluídas) todas as (possíveis) exceções relevantes para a solução do caso, possibilitando-se a subsunção deste àquela mediante a norma de decisão. Mas isso vale também para o modelo que identifica as regras como normas caracterizadas pela distinção binária entre seu cumprimento (ou sua satisfação) ou descumprimento (ou não satisfação), como proposto por Alexy. Mas a essa questão retornarei adiante.

Também a tese de Dworkin de que os princípios têm uma dimensão de peso, inexistentes nas regras, que valem ou não va-

---

[67] Alexy, 1979, p. 69; 1986, p. 89 [trad. bras. 2008, p. 105].
[68] Alexy, 1979, p. 70.
[69] Alexy, 1979, p. 71; cf. 1985, p. 18.
[70] *Ibidem.*

62 · ENTRE HIDRA E HÉRCULES

lem, merece um esclarecimento e um reparo. O esclarecimento concerne ao fato de que princípios podem ser incompatíveis com uma ordem jurídica determinada e, portanto, não pertencerem a essa ordem ou, se surgirem no seu âmbito, devem ser declarados inválidos em confronto com outros princípios e regras constitucionais[71]. Alexy refere-se ao princípio da segregação racial em relação ao direito constitucional alemão[72], exemplo que igualmente vale para o direito constitucional brasileiro. O sopesamento ou a ponderação entre princípios pressupõe a validade de ambos. Além desse esclarecimento, cabe uma restrição ao modelo de Dworkin, quando afirma a tese de que só os princípios possuem a dimensão de peso. Duas regras tomadas *prima facie*, antes do processo de concretização, podem entrar em colisão na solução de um caso concreto, de tal maneira que a dimensão de peso pode ganhar significado especial para que se determine a que deve prevalecer em uma situação concreta, sem que daí decorra a perda de validade de uma dessas regras[73]. Também cabe considerar que, na relação entre regra e exceção, a determinação de prevalência de uma das alternativas depende da atribuição de peso[74]. Embora em outra vertente de argumentação e sem retirar as consequências que pretendo retirar, Alexy refere-se a regras *não aplicáveis* "independentemente de sopesamentos", caracterizando-a como regras incompletas, que envolvem um recurso ao plano dos princípios[75]. A questão que se põe, tendo como ponto de partida que não se trata de mera observância ou de um caso rotineiro (ainda sem a ocorrência de um questionamento ou uma controvérsia ar-

---

[71] Cf. Alexy, 1986, pp. 93-4 [trad. bras. 2008, p. 110].

[72] *Ibidem*.

[73] Cf. Peczenik, 1989, pp. 249-50; Ávila, 2003, pp. 44-5.

[74] Cf. Ávila, 2003, pp. 45-6.

[75] Alexy, 1986, p. 121 [trad. bras. 2008, p. 140].

gumentativa), diz respeito à possibilidade de uma regra ser completa (ou expressa em um enunciado completo) antes do final do processo de concretização, assim como se é necessário o recurso ao nível dos princípios quando a regra depende de ponderação. Nesse ponto, é oportuno passar a considerar especificamente o modelo de Alexy.

3. Razões definitivas *versus* mandamentos de otimização (Robert Alexy)

Alexy propõe uma reformulação na teoria dos princípios de Dworkin, baseando-se em uma reconstrução da jurisprudência dominante no Tribunal Constitucional Federal alemão nos anos 1970. Embora se possa verificar tratar-se de um modelo relacionado a *uma* reconstrução de *uma* experiência jurídica de um determinado país em momento específico de seu desenvolvimento constitucional, a sua recepção ultrapassou fronteiras, pretendendo-se dar um caráter de "universalidade" ou racionalidade "universal" à concepção principiológica de Alexy, como se fosse imediatamente válida para toda e qualquer ordem jurídica de Estado constitucional. Independentemente de uma restrição a essa ingênua pretensão de universalidade, cumpre-me aqui, tendo em vista a sua ampla repercussão, especialmente no Brasil, apresentar uma breve análise do modelo.

Como já foi adiantado, Alexy critica a tese de que as regras são aplicadas à maneira do "tudo ou nada", com base no argumento de que, nas ordens jurídicas modernas, as exceções às regras não são suscetíveis de enumeração taxativa, inclusive em teoria. Novas exceções podem surgir a cada novo caso. Reformula o modelo do "tudo-ou-nada", para sustentar a tese segundo a qual "as *regras* são normas que são sempre ou satisfeitas [cumpridas]

64 · ENTRE HIDRA E HÉRCULES

ou não satisfeitas [não cumpridas]"[76]. Daí por que, em um verdadeiro conflito entre regras, ou seja, não sendo possível introduzir uma cláusula de exceção para eliminar a contradição, uma das regras deve ser declarada inválida[77]. Os critérios para a solução do conflito podem ser os mais diversos, inclusive a importância de uma das regras, mas a decisão sobre o conflito é uma decisão sobre a validade da norma[78].

Em contraposição, Alexy define os princípios como "mandamentos de otimização, que são caracterizados por poderem ser satisfeitos em graus variados e pelo fato de que a medida devida de sua satisfação não depende somente das possibilidades fáticas, mas também das possibilidades jurídicas", sendo o "âmbito das possibilidades jurídicas determinado pelos princípios e regras colidentes"[79]. À luz de críticas, essa formulação tornar-se-á mais precisa posteriormente quando se definem os princípios como "mandamentos a serem otimizados" ("objetos da ponderação"), considerando que o "mandamento de otimização" estaria localizado em um metanível[80], ou seja, no plano do "mandamento da ponderação". No debate, prevalece a formulação originária no sentido de que "*princípios* são normas que ordenam que algo seja realizado na maior medida possível dentro das possibilidades jurídicas e fáticas existentes", ao contrário das regras válidas, que contêm "*determinações* no âmbito daquilo que é fática e juridicamente possível" e impõem que se faça "exatamente o que elas exigem"[81]. A colisão entre princípios, ao contrário do caráter bi-

---

[76] Alexy, 1986, p. 76 [trad. bras. 2008, p. 91]; 2000, p. 32; cf. também 1979, p. 80.

[77] Alexy, 1979, p. 72; 1986, pp. 77-8 [trad. bras. 2008, pp. 92-3].

[78] Alexy, 1986, p. 78 [trad. bras. 2008, p. 93].

[79] Alexy, 1986, pp. 75-6 [trad. bras. 2008, p. 90]; 1985, pp. 19-20; 2000, p. 32.

[80] Alexy, 2000, pp. 38-9, reagindo a críticas de Aarnio, 1990, p. 187 [trad. esp. 1997a, p. 27], e Sieckmann, 1990, pp. 63-7.

[81] Alexy, 1986, pp. 75-6 [trad. bras. 2008, pp. 90-1]; 2000, p. 32. Nesse sentido, Alexy refere-se aos princípios como "dever-ser ideal" e às regras como "dever-ser

PASSANDO POR DOIS MODELOS AINDA DOMINANTES · 65

nário das distinções "validade/invalidade" e "satisfação/não satisfação" (ou "cumprimento/não cumprimento") das regras, implica uma questão de determinar qual princípio tem maior peso no caso concreto, ou seja, qual princípio "tem precedência em face de outro sob determinadas condições", sem que daí decorra que "o princípio cedente deva ser declarado inválido"[82].

Posta nesses termos, a teoria dos princípios de Alexy está intimamente associada à máxima da proporcionalidade, especialmente à proporcionalidade em sentido estrito, mas não apenas[83]. A primeira e a segunda máximas parciais da proporcionalidade, a saber, os critérios da adequação e da necessidade (ou do meio menos gravoso), "decorrem da natureza dos princípios como mandamentos de otimização em face das possibilidades *fáticas*", enquanto a "*máxima da proporcionalidade em sentido estrito*, ou seja, a exigência de sopesamento, decorre da relativização em face das possibilidades *jurídicas*"[84]. Nesse particular, Alexy sustenta

---

real" (1979, pp. 79-82; 1986, p. 120 [trad. bras. 2008, p. 139], com mais cuidado aqui, considerando os equívocos que pode suscitar a distinção nesses termos; cf. Sieckmann, 1990, pp. 67 ss.).

[82] Alexy, 1986, pp. 79 [trad. bras. 2008, p. 93]. A partir de Alexy, Sieckmann (1990, pp. 18-9) distinguiu as regras dos princípios mediante a diferença, respectivamente, entre aplicação mediante subsunção e aplicação mediante poderação. Cf. também Borowski, 1998, pp. 309-11. Para esse debate nos termos da principiologia de Alexy (a partir de Dworkin), ver Borowski, 2007, pp. 70 ss.

[83] Alexy, 1986, pp. 100-4 [trad. bras. 2008, pp. 116-20]; 2000, pp. 35-6; 2008, pp. 588 ss. A proporcionalidade, formulada nesses termos, relaciona-se com um debate conceitual que já se consolidara na Alemanha à época em que Alexy desenvolveu a sua tese. A respeito, ver, na enorme literatura, Lerche, 1961; Häberle, 1962; Hirschberg, 1981; Schlink, 1976; Haverkate, 1983. Mais tarde, ver Leisner, 1997; Schlink, 2001; Clérico, 2001.

[84] Alexy, 1986, pp. 100-1 [trad. bras. 2008, pp. 117-8]. Alexy refere-se à máxima da proporcionalidade em sentido estrito como "mandamento do sopesamento propriamente dito" (1986, pp. 100 [trad. bras. 2008, p. 117]). Isso se relaciona com o fato de que, no debate constitucional alemão, também se emprega o termo "*Abwägung*" ("ponderação" ou "sopesamento") para se referir aos dois outros critérios da proporcionalidade, a adequação e necessidade (cf., p. ex., Schlink, 1976). Além disso, cabe

66 · ENTRE HIDRA E HÉRCULES

que "a máxima da proporcionalidade em sentido estrito é dedu-zível do caráter principiológico das normas de direito fundamen-tal"[85]. Mas esclarece que o sopesamento não se esgota no plano dos princípios. Ao analisar o caso *Lebach*[86], sustenta que "como resultado de todo sopesamento que seja correto do ponto de vista dos direitos fundamentais pode ser formulada uma norma de di-reito fundamental atribuída, que tem estrutura de uma regra e à qual o caso pode ser subsumido"[87]. Isso significa admitir uma ca-mada normativa intermediária entre os princípios que tomaram a precedência sob as condições do caso concreto e a norma de decisão (norma de julgamento).

Neste ponto cabe passar para outra distinção fundamental entre princípios e regras, referente ao caráter *prima facie* e defini-tivo de ambos esses tipos de norma. Tendo em vista que os prin-

---

observar que o sopesamento propriamente dito não ocorre apenas no âmbito de aplicação da proporcionalidade em sentido estrito (Cf. Silva, V. A., 2009, pp. 178-9).

[85] Alexy, 1986, p. 101 [trad. bras. 2008, p. 118]. De maneira mais abrangente, Alexy (1986, p. 100 [trad. bras. 2008, p. 117]) invoca decisão do Tribunal Constitucional Federal alemão, que reputa "um pouco obscura", na qual se declarou que a máxima da proporcionalidade decorre, "no fundo, já da própria essência dos direitos funda-mentais" (BVerfGE 19, 342, pp. 348-9). Cf. também Alexy, 2008, p. 588.

[86] BVerfGE 35, 202. Trata-se aqui de colisão entre a proteção da personalidade e a liberdade de informar por radiodifusão, na qual teve precedência a primeira, tendo em vista ter sido considerado que a notícia por radiodifusão de assassinato ocorri-do há alguns anos poderia prejudicar ilegitimamente a ressocialização do respectivo condenado, prestes a deixar a prisão (ver a próxima nota). Cf. Alexy, 1986, pp. 84-6 [trad. bras. 2008, pp. 99-102].

[87] Alexy, 1986, p. 87 [trad. bras. 2008, p. 102]. Ele exemplifica com a sua formulação da regra decorrente do sopesamento no caso *Lebach*, considerando quatro elementos da hipótese normativa do fato (*Tatbestand*): "uma notícia repetida ($T1$), não revestida de interesse atual pela informação ($T2$), sobre um grave crime ($T3$), e que põe em risco a ressocialização do autor ($T4$), é proibida do ponto de vista dos direitos fundamentais" (1986, p. 86 [trad. bras. 2008, p. 102]). E acrescenta: "Nesse sentido, mesmo que todas as normas de direitos fundamentais diretamente estabelecidas tivessem a estrutura de princípios – o que, como ainda será demonstrado, não ocorre –, ainda assim haveria normas de direitos fundamentais com a estrutura de princípios e normas de direitos fundamentais com a estrutura de regras" (1986, p. 87 [trad. bras. 2008, p. 102]).

cípios "não dispõem da extensão de seu conteúdo em face dos princípios colidentes e das possibilidades fáticas", "eles não contêm um *mandamento definitivo*, mas apenas *prima facie*". Ao contrário, as regras, por terem "uma determinação da extensão do seu conteúdo no âmbito das possibilidades jurídicas e fáticas", detêm um caráter definitivo para a solução do caso, se eventualmente essa determinação não falhar "diante de impossibilidades jurídicas e fáticas"[88]. Alexy acrescenta que uma regra perderá o seu caráter definitivo para a decisão de um caso, quando se considerar a possibilidade de introduzir uma cláusula de exceção para que se tome essa decisão. Mas o caráter *prima facie* que uma regra adquire ao perder o seu caráter definitivo estrito é bem distinto do caráter *prima facie* de um princípio, pois enquanto este "cede lugar quando, em determinado caso, é conferido um peso maior a um outro princípio antagônico", aquela "não é superada pura e simplesmente quando se atribui, no caso concreto, um peso maior ao princípio contrário ao princípio que sustenta a regra". Para que uma regra seja superada nessas condições, é necessário que sejam superados os princípios (formais) que obrigam o cumprimento das regras criadas pelas autoridades legitimadas para tanto e proíbem atitudes que se desviem, sem fundamento, de uma prática reiterada[89]. E o fortalecimento do caráter *prima facie* de um princípio mediante a introdução de uma carga argumentativa ou "uma regra do ônus argumentativo" a seu favor não implica que o princípio obtenha o mesmo caráter *prima facie* das regras, que se baseia na existência de decisões tomadas por autoridades competentes ou se apoia em práticas reiteradas e, portanto, "continua fundamentalmente diferente e muito mais forte"[90].

---

[88] Alexy, 1986, p. 88 [trad. bras. 2008, p. 104]; cf. 1979, p. 79.

[89] Alexy, 1986, p. 89 [trad. bras. 2008, p. 105].

[90] Alexy, 1986, pp. 89-90 [trad. bras. 2008, pp. 105-6].

68 · ENTRE HIDRA E HÉRCULES

Com base nesses pressupostos, Alexy chega à distinção entre regras e princípios que se apresenta como a que mais se coaduna, no resultado, com o presente trabalho: "Princípios são sempre *razões prima facie* e regras são, se não houver o estabelecimento de alguma exceção, *razões definitivas*."[91] Nesse sentido, regras e princípios são apresentados como razões ou fundamentos para normas, sejam essas universais (gerais-abstratas) ou individuais (juízos concretos de dever-ser), só indiretamente razões ou fundamentos para ações[92]. Alexy vai além e afirma que não só as regras podem servir de razões *diretas* para decisões concretas (normas individuais), mas também os princípios, que, portanto, não atuariam apenas como razões diretas para regras. Aponta para casos em que regra atuaria como razão para outra regra e casos em que princípio se apresentaria com razão para a decisão concreta[93]. Relativiza, porém, essa posição, ao considerar que, tomados isoladamente, os princípios estabelecem apenas direitos *prima facie* e afirmar:

> Decisões sobre direitos pressupõem a identificação de direitos definitivos. O caminho que vai do princípio, isto é, do direito *prima facie*, até o direito definitivo passa pela definição de uma relação de preferência. Mas a definição de uma relação de preferência é, segundo a lei de colisão, a definição de uma regra. Nesse sentido, é possível afirmar que sempre que um princípio for, em última análise, uma razão decisiva para um juízo concreto de dever-ser, então, esse princípio é o fundamento de uma regra,

---

[91] Alexy, 1986, p. 90 [trad. bras. 2008, p. 106].

[92] Alexy, 1986, p. 91 [trad. bras. 2008, p. 107], formulando diferentemente de Raz (1999, p. 15), que relaciona as normas com as razões para ações. Para Raz (1972, p. 841), inclusive os princípios, em alguns casos, operam sem intermediação de regras, como "único fundamento para ação em casos particulares".

[93] Alexy, 1986, p. 91 [trad. bras. 2008, p. 107].

PASSANDO POR DOIS MODELOS AINDA DOMINANTES · 69

que representa uma razão definitiva para esse juízo concreto. Em si mesmos, princípios nunca são razões definitivas.[94]

Com esse trecho, Alexy, a rigor, admite que os princípios só podem ser razões diretas de regras e, por intermédio destas, razões indiretas de juízos concretos de dever-se. Diversamente, as regras, embora delas possam ser deduzidas outras regras e existam metarregras, sempre poderão atuar como fundamento imediato de uma norma de decisão, mesmo que esta seja incidental ou solucione uma controvérsia referente ao controle abstrato de normas.

Por fim, cabe observar que Alexy, alemão, não adota a distinção de Dworkin, americano, entre princípios (referentes aos direitos individuais) e as *policies* (concernentes aos interesses coletivos). Ele admite que os princípios podem abarcar tanto os direitos individuais quanto os interesses coletivos, surgindo também colisão entre eles, sem que se possa *prima facie* determinar a prevalência dos primeiros sobre os segundos e vice-versa[95].

As críticas ao modelo de Alexy foram as mais diversas, não sendo aqui o espaço adequado para apresentar-lhes um panorama. Porém, antes de introduzirmos algumas breves restrições ao seu modelo, parece-me adequada a referência a quatro posições críticas com as quais ele se confrontou diretamente.

Em primeiro lugar, cabe a referência à posição de Klaus Günther[96], o qual afirma que a descrição de Alexy "sugere a suposição de que a distinção entre regras e princípios diz respeito menos à estrutura das normas do que à sua aplicação em situações concre-

---

[94] Alexy, 1986, pp. 92 [trad. bras. 2008, p. 108], corroborando a asserção de Esser (1956, pp. 51-2), segundo a qual o "princípio, conforme a noção continental, não é, ele mesmo, 'diretiva', mas fundamento, critério e justificação da diretiva".

[95] Alexy, 1986, p. 99 [trad. bras. 2008, p. 116].

[96] Günther, 1988, pp. 268 ss. [trad. bras. 2004, pp. 313 ss.]. Cf., em réplica, Alexy, 2000, pp. 36-8.

70 · ENTRE HIDRA E HÉRCULES

tas" e sustenta que a diferença entre princípios e regras não concerne ao conceito de norma, consistindo em uma questão das "condições de conversação" ou "condições da ação sob as quais as normas são aplicadas"[97]. Nesse sentido, uma norma será tratada como regra enquanto for aplicada sem que sejam considerados os "sinais característicos desiguais da situação" ou tratada como princípio desde que aplicada "mediante o exame de todas as circunstâncias (fáticas e jurídicas) de uma situação"[98]. Segundo Günther, esses "diferentes modos de tratamento se originam, portanto, do fato de que, no caso de aplicação de regras, as restrições institucionais e ponderações de adequação ficam excluídas e, no caso da aplicação de princípios, são admitidas"[99]. Segundo Alexy, o núcleo da crítica de Günther consiste na tese de que, independentemente do quadro institucional, "a exigência de aplicar uma norma em função das suas possibilidades fáticas e normativas (jurídicas), em uma situação, poderá, entretanto, ser feita a *qualquer* norma"[100]. Reage a essa crítica ao sustentar que há uma diferença entre a "consideração de todas as circunstâncias" e otimização. Conforme Alexy, "a consideração de todas as circunstâncias também é possível na aplicação de normas que apenas podem ser satisfeitas ou não satisfeitas, enquanto a otimização pressupõe que a norma é satisfazível em graus diversos". Nessa perspectiva, sustenta que a ideia de otimização (e, portanto, a diferença entre princípios e regras) é importante para que se distinga entre a dimensão de peso e a validade de uma norma[101]. Por fim, admite a advertência de Günther em relação ao fato de que há casos em

---

[97] Günther, 1988, pp. 269-70 e 273 [trad. bras. 2004, pp. 315 e 319].

[98] Günther, 1988, p. 270 [trad. bras. 2004, p. 315].

[99] Günther, 1988, p. 270 [trad. bras. 2004, pp. 315-6].

[100] Günther, 1988, p. 272 [trad. bras. 2004, p. 318]. Cf. Alexy, 2000, p. 37.

[101] Alexy, 2000, p. 37.

PASSANDO POR DOIS MODELOS AINDA DOMINANTES · 71

que é difícil determinar se a norma deve ser tratada como princípio ou como regra[102], mas sustenta que essa é uma questão de interpretação e, portanto, não afeta a própria diferença, que estaria ancorada no plano da estrutura normativa: "A própria questão de se uma norma é uma regra ou um princípio pressupõe que normas podem ser princípios."[103]

À crítica de que não seria apropriada para distinguir entre regras e princípios a caracterização destes como "mandamentos de otimização", pois tais mandamentos não poderiam ser satisfeitos ou cumpridos gradualmente[104], Alexy responde com uma definição mais precisa dos princípios como "mandamentos a serem otimizados", que seriam, pois, "objetos da ponderação", ou seja, estariam no "nível do objeto" da otimização, não no "metanível" em que esta é prescrita[105]. Mas como ele afirma que há uma relação necessária entre o "mandamento de otimização" e os "mandamentos a serem otimizados" (os princípios), mantém a sua terminologia, reservando essa distinção mais rigorosa aos contextos em que isso for imprescindível à análise[106].

No mesmo contexto, ele não incorpora a complicada tese proposta por Sieckmann, segundo a qual os princípios são "manda-

---

[102] Günther, 1988, p. 272 [trad. bras. 2004, p. 318].

[103] Alexy, 2000, p. 38.

[104] Sieckmann, 1990, pp. 63-7, definindo os mandamentos de otimização como regras (p. 65); Aarnio, 1990, p. 187 [trad. esp. 1997a, p. 27]; 1997b, p. 181.

[105] Alexy, 2000, pp. 38-9. Nesse sentido, Sieckmann (2006, pp. 129-32) fala de "otimalidade como critério da ponderação" e de "ponderação otimizante" (distinguindo-a da comparativa).

[106] Alexy, 2000, p. 39. Ele refere-se ao seguinte trecho de Peczenik (1989, p. 78): "A diferença entre esses dois modos de falar diz respeito, pois, à questão de se o comando para sopesar, que necessariamente acompanha um princípio, está 'dentro' ou 'fora' do sentido do princípio. Essa diferença não tem nenhuma consequência material na filosofia jurídica ou moral." Mas me parece que a distinção tem um valor analítico para a compreensão dos conceitos, embora os dois níveis se refiram reciprocamente.

72 · ENTRE HIDRA E HÉRCULES

mentos reiterados de validade"[107]. Esse modelo pretende resolver a questão do fundamento e caráter vinculatório dos mandamentos de validade (DVn – a norma *n* deve ser válida) mediante a referência à sua infinita reiteração, conforme a seguinte fórmula: ... DVDVn[108]. Alexy afasta essa formulação, por parecer-lhe que "a tese da reiteração apenas descreve de uma maneira relativamente complicada que os princípios são qualquer coisa que se encontra entre a validade definitiva e a completa falta de caráter obrigatório"[109]. Mas, segundo Alexy, essa tese não acrescentaria nada à sua concepção de que princípios são mandamentos a serem otimizados, aos quais correspondem mandamentos de otimização[110].

A crítica de Atienza e Manero, segundo a qual só constituem mandamentos de otimização os "princípios" referentes a "*policies* ou normas programáticas*", mas não os "princípios em sentido estrito*", referentes especialmente aos direitos declarados constitucionalmente, que teriam o caráter de regra[111], é rejeitada peremptoriamente por Alexy[112]. De certa maneira, essa crítica já estaria respondida na formulação inicial da teoria dos princípios de Alexy,

---

[107] Sieckmann, 1997, pp. 351 ss.; 1994a, pp. 209 ss.; 1994b, espec. pp. 170-1; 2000, pp. 72 ss. Cf., em réplica, Alexy, 2000, pp. 39-43. Ver também Sieckmann, 2006, pp. 82 e 84-103, ao tratar os princípios como argumentos normativos; 2009, pp. 26 ss., referindo-se aos argumentos normativos e definindo os princípios "como premissas fundamentais de um argumento normativo" (p. 24).

[108] Sieckmann, 1997, p. 352; 2000, pp. 75-6; 2006, espec. pp. 88 ss. Cf. Alexy, 2000, p. 42.

[109] Alexy, 2000, p. 42. "Enfim, diz-se apenas que a força argumentativa dos princípios há de ser procurada em qualquer ponto entre a validade estrita e a falta de vinculatoriedade" (p. 43). Para a resposta à crítica de Alexy, cf. Sieckmann, 2006, p. 99.

[110] Alexy, 2000, p. 43.

[111] Atienza e Manero, 1998, pp. 5, 9-11, 25 e 43. Estes acrescentam, porém, outros elementos do conceito de regra (pp. 9-10, nota 1), o que o torna mais estrito do que o proposto por Alexy (cumprimento *ou* descumprimento como singularidade das regras); mas, ao que interessa nesse contexto, a crítica à noção de princípios de Alexy, essa questão não é relevante (cf. Alexy, 2000, p. 44, nota 38).

[112] Alexy, 2000, pp. 43-6.

conforme já foi acima adiantado: caso se introduza uma cláusula geral de reserva ("e se não for prescrito algo diverso em virtude de um princípio contrário de maior peso"), os princípios também seriam normas estruturadas à maneira do tudo-ou-nada. O que Atienza e Manero fazem, ao conferirem o caráter estrutural de regra (no sentido de Alexy) à norma que eles atribuem ao dispositivo da igualdade contido no art. 14 da Constituição espanhola[113], é exatamente introduzir uma cláusula geral de reserva nos termos formulados por Alexy[114].

Por fim, cumpre considerar a crítica feita por Habermas ao modelo de ponderação otimizante proposto por Alexy[115]. Habermas parte de que os princípios como "normas mais elevadas, à luz das quais outras normas podem ser justificadas, possuem um sentido deontológico, ao passo que os valores têm um sentido teleológico"[116]. Com base nessa premissa, ele critica o modelo dos princípios como mandamentos de otimização, porque ele seria antes adequado a um modelo de ponderação de valores. Estes, como preferências compartilhadas intersubjetivamente, são suscetíveis de sopesamento orientado para fins, implicando tensões e concorrências por primazia. Princípios como normas seriam válidos ou inválidos, não comportando "ponderações" e contradições entre si, antes devendo pertencer a uma conexão coerente de sentido, ou seja, a um "sistema". Eles não determinam o que é preferido ou que é bom para nós (ou para mim), como os valores, mas sim o que é devido para toda e qualquer pessoa. Nesse sentido, enfatiza Habermas:

---

[113] Atienza e Manero, 1998, pp. 9-11.

[114] Alexy, 2000, pp. 44-5.

[115] Habermas, 1992, pp. 310 ss. [trad. bras. 2003, vol. I, pp. 316 ss.]; 1996, pp. 366 ss. [trad. bras. 2004, pp. 366 ss.]. Cf. Alexy, 2000, pp. 46-52.

[116] Habermas, 1992, pp. 310-1 [trad. bras. 2003, vol. I, p. 316].

74 · ENTRE HIDRA E HÉRCULES

Portanto, normas e valores distinguem-se, em primeiro lugar, através de suas respectivas referências ao agir obrigatório ou teleológico; em segundo lugar, através da codificação binária ou gradual de sua pretensão de validade; em terceiro lugar, através de sua obrigatoriedade absoluta ou relativa e, em quarto lugar, através dos critérios aos quais o conjunto de sistemas de normas ou de valores devem satisfazer. Por se distinguirem segundo essas qualidades lógicas, eles não podem ser aplicados da mesma maneira.[117]

Nessa perspectiva, embora os princípios jurídicos se refiram a um determinado círculo de destinatários da respectiva ordem jurídica, essa limitação fática do âmbito de validade não deve enfraquecer o seu caráter deontológico enquanto determinam o que é devido para todos os seus destinatários, inclusive porque os conteúdos teleológicos que entram no direito, especialmente as orientações axiológicas do legislador, são "domesticados" mediante a "*primazia* estrita conferida a pontos de vista normativos" pelo sistema de direitos[118]. Por fim, Habermas argumenta que um julgamento não pode ser *fundamentado* (justificado) em uma ponderação de bens, mas apenas dela *resultar*, e sustenta que só em um modelo livre de otimização ou sopesamento pode-se definir uma decisão como correta ou incorreta. Caso contrário, a decisão seria um juízo de valor mais ou menos adequado a uma forma de vida articulada em torno de uma ordem concreta de valores[119].

Alexy reage à crítica de Habermas analisando uma colisão entre direitos fundamentais resolvida pelo Tribunal Constitucional Federal alemão, a saber, entre a liberdade de opinião e o direito geral à personalidade em um caso no qual uma revista satírica

---

[117] Habermas, 1992, p. 311 [trad. bras. 2003, vol. I, p. 317].

[118] Habermas, 1992, p. 312 [trad. bras. 2003, vol. I, pp. 317-8].

[119] Habermas, 1996, p. 369 [trad. bras. 2004, p. 369].

chamou um oficial da reserva hemiplégico de "assassino nato" e, em uma edição posterior, de "aleijado". Quanto à utilização da expressão "assassino nato", não se considerou tão grave a ofensa ao direito de personalidade para dar ensejo a uma limitação da "liberdade de opinião" como princípio colidente. Mas a decisão, considerando a gravidade da ofensa ao direito de personalidade no uso da segunda expressão, determinou o pagamento de uma indenização pela revista. No primeiro contexto, a liberdade de opinião teve primazia sobre o direito à personalidade; no segundo, este prevaleceu sobre aquela[120]. Alexy argui, então, que esses sopesamentos constituem fundamentos e que a decisão, independentemente de ser correta em todos os pontos, tem pretensão de correção[121].

Mas, além da objeção "conceitual-construtiva", Habermas apresenta uma objeção "substantiva", referente não à colisão entre direitos, mas sim à colisão entre direitos individuais e bens coletivos, sugerindo que, no modelo de ponderação e otimização, "os direitos individuais podem ser sacrificados caso a caso em favor de fins coletivos"[122]. Na perspectiva habermasiana, ao contrário, haveria uma primazia estrita dos direitos fundamentais sobre os bens coletivos, conforme uma concepção análoga à de Dworkin. Contra essa objeção, Alexy argumenta que, se houvesse uma primazia estrita de todos os direitos individuais sobre os bens coletivos, não poderia haver uma restrição do direito de propriedade em favor da proteção do meio ambiente nem uma limitação da liberdade profissional em favor da defesa do consumidor, a liberdade científica seria ilimitada em relação aos experimentos com animais, qualquer consideração de aspectos da prevenção geral

---

[120] Alexy, 2000, pp. 48-50, analisando o caso *TITANIC* (BVerfGE 86, 1).
[121] Alexy, 2000, p. 50.
[122] Habermas, 1996, p. 368 [trad. bras. 2004, p. 368]. Cf. Alexy, 2000, p. 50.

76 · ENTRE HIDRA E HÉRCULES

na cominação de penas seria proibida etc.[123] O contra-argumento habermasiano reside na assertiva de que os direitos só cederão perante bens coletivos se estes forem justificados à luz de princípios, ou seja, se forem considerados, por último, do ponto de vista dos direitos individuais a que possam estar associados[124]. Alexy rechaça esse argumento de que os bens coletivos só poderão ter primazia se forem reconduzidos a direitos individuais, alegando que, dessa maneira, o problema mesmo da limitação destes por aqueles perderia o seu sentido prático na cadeia argumentativa do direito[125]. Nesse contexto, enfatiza que o problema da colisão não pode ser solucionado nem com a primazia absoluta dos direitos individuais perante os bens coletivos nem mediante a compreensão de que a limitação daqueles por estes faz parte da formação ou regulação dos primeiros, arguindo que, se assim fosse, os direitos individuais não precisariam de proteção perante os bens coletivos[126]. Entretanto, Alexy argumenta, por fim, que à teoria formal dos princípios deve acrescentar-se uma teoria substancial dos direitos individuais, da qual a "ideia de uma primazia *prima-facie*" destes em relação aos bens coletivos é "um elemento essencial"[127].

Aqui não é o espaço para uma avaliação crítica abrangente do modelo principiológico de Alexy, muito menos para uma discussão sobre as objeções dos principais críticos com o qual ele dialogou. Mas, antes de entrar na apresentação do modelo que pretendo delinear, parece-me oportuno fazer uma breve análise crítica preliminar de alguns aspectos da sua teoria dos princípios, adiantan-

---

[123] Alexy, 2000, pp. 50-1.

[124] Habermas, 1992, pp. 315-6 [trad. bras. 2003, vol. I, pp. 321-2].

[125] Cf. Alexy, 2000, p. 51.

[126] Alexy, 2000, pp. 51-2.

[127] Alexy, 2000, p. 52.

do divergências que se tornarão mais claras no decorrer do próximo capítulo.

Inicialmente, cumpre observar que apenas de um ponto de vista teórico é relevante a distinção entre a formulação de que as regras valem à maneira do tudo-ou-nada e, portanto, não possuem a dimensão de peso dos princípios, por parte de Dworkin, e a definição de que as regras são satisfeitas (cumpridas) ou não satisfeitas (não cumpridas), enquanto os princípios são mais ou menos satisfeitos (cumpridos) conforme as possibilidades fáticas e jurídicas, propostas por Alexy. A diferença restringe-se basicamente a determinar se, ao menos teoricamente, todas as exceções de uma regra podem ser arroladas e fazer parte do enunciado completo dessa regra (Dworkin), ou se as exceções não são numeráveis, nem mesmo em teoria, e não fazem parte da regra, mas apenas poderá restringir o seu significado definitivo em um caso concreto (Alexy). Determinadas as exceções que são relevantes ou a inexistência delas, não há diferença em afirmar que as regras como razões definitivas aplicam-se à maneira do tudo-ou-nada e dizer que elas são necessariamente satisfeitas ou não satisfeitas. A binariedade está presente nas duas formulações.

Daí por que as críticas acima feitas a Dworkin por ele negar uma dimensão de peso às regras também valem, de certa maneira, para Alexy. Embora a regra na sua formulação definitiva e completa, como fundamento imediato de uma norma de decisão, só possa ser aplicada binariamente, ela é *prima facie* suscetível de comportar uma dimensão de peso e, portanto, de submeter-se a critérios de ponderação em um caso concreto. Sem dúvida, isso se relaciona com a existência de exceções, mas não só. Nesse sentido, Alexy deixa uma brecha quando admite a possibilidade, já referida acima, de que uma regra não possa ser aplicável "independentemente de sopesamentos", afirmando que ela, nesse caso,

78 · ENTRE HIDRA E HÉRCULES

é incompleta enquanto regra. Acrescenta, porém: "Na medida em que ela é incompleta nesse sentido, a decisão constitucional pressupõe um recurso ao nível dos princípios, com todas as incertezas que estão a ele vinculadas."[128] Mas a questão que permanece diz respeito ao problema de definir quando uma regra se torna completa e se duas regras incompletas não podem colidir, sem que necessariamente se deva recorrer ao plano dos princípios.

É claro que no caso de mera observância cotidiana e de simples aplicação burocrática rotineira do direito ainda não é relevante a distinção entre o caráter *prima facie* e definitivo da regra. Supõe-se completude da regra. Por exemplo, a determinação pelo órgão competente, na rotina burocrática da administração pública, de que um funcionário ao completar setenta anos de idade deve ser aposentado compulsoriamente nos termos do art. 40, § 1º, inciso II, da Constituição Federal, pressupõe uma regra constitucional nos termos da aplicação à maneira do "tudo-ou-nada", a ser cumprida ou descumprida, sendo irrelevantes as condições específicas do caso.

Se, porém, surgirem controvérsias em torno da regra a aplicar no processo de concretização constitucional, a distinção entre o caráter *prima-facie* e o definitivo das regras invocadas é relevante. O enunciado completo da regra só pode ser formulado no final da cadeia concretizadora, servindo como fundamento definitivo da norma de decisão do caso. Se considerarmos, por exemplo, o art. 37, inciso X, da Constituição Federal, que assegura a "revisão geral anual" da remuneração dos servidores públicos, a que se atribui uma regra cuja determinação tem sido entendida no sentido da exigência de recuperar a perda de valor decorrente da inflação, pode-se confrontá-la com regras constitucionais que

---

[128] Alexy, 1986, p. 121 [trad. bras. 2008, p. 140]. Cf. *supra* pp. 61-3.

exigem uma destinação de um percentual mínimo da receita tributária para a manutenção e o desenvolvimento do ensino nas três esferas federativas (art. 212 da CF). É claro que as possibilidades fáticas são relevantes neste caso, mas não exclusivas. Pode surgir, nessa hipótese, uma situação em que o reajuste, tendo em vista as receitas vinculadas conforme regra constitucional, possa implicar o afastamento dessa regra. A questão depende de considerações de peso. A negação do reajuste no nível do percentual da inflação por força de um maior peso dado à regra que determina o percentual vinculado à educação importa um sopesamento: a consideração de que, na situação, o interesse público protegido por essa regra seria gravemente atingido no âmbito do sistema público de educação altamente precário, enquanto a restrição ao reajuste não trará maiores prejuízos aos servidores, tendo em vista o alto padrão remuneratório já existente. Mas, em outra situação, seria imaginável uma orientação no sentido oposto. Considerando a excelente situação do sistema público de educação, as respectivas regras de vinculação de percentual do orçamento poderiam ceder para que se aplicasse plenamente a revisão da remuneração de servidores públicos em péssimas condições materiais de vida por força do processo inflacionário. Em ambos os casos, a regra que eventualmente cede à outra não perde a sua validade.

O equivalente ocorre na relação entre a regra do art. 19 da Lei da Responsabilidade Fiscal, fundada no art. 169 da Constituição Federal, conforme a qual "a despesa total com pessoal, em cada período de apuração e em cada ente da Federação, não poderá exceder os percentuais da receita corrente líquida" de 50% na União e 60% nos Estados e Municípios, e a regra construída jurisprudencialmente pelo STJ, atribuída ao texto constitucional mediante interpretação extensiva do disposto no art. 37, incisos III e IV, do texto constitucional, segundo a qual, dentro das vagas estabe-

80 · ENTRE HIDRA E HÉRCULES

lecidas no edital de concurso, os classificados devem ser, na ordem, nomeados[129]. É claro que aquela regra pode ser vista como uma exceção para esta. Mas nada exclui que, em certas condições concretas, a regra da responsabilidade fiscal ceda à da obrigatoriedade da nomeação. Isso decorre do fato de que a relação entre regra-regra e regra-exceção sempre pode comportar uma dimensão de peso, até mesmo para que se determine qual é a exceção. Na hipótese ora considerada, pode ser maior o peso dado à regra que impõe a nomeação por se tratar, na situação, de funções referentes a serviços essenciais e imediatamente imprescindíveis (por exemplo, na área da saúde), exigindo profissionais qualificados para exercê-los. A dar-se primazia a essa regra em relação à que determina o total de gastos com pessoal não significa que esta última perdeu a sua validade, mas que ela cedeu momentaneamente na solução do caso. Evidentemente, para sanar a situação o órgão encarregado da interpretação-aplicação dessas regras ao caso poderá, por exemplo, determinar suplementarmente que o órgão público obrigado a proceder à nomeação tome medidas para reduzir o pessoal que ocupa cargos comissionados. Mas isso não exclui o fato de que uma postura de ponderação tenha sido fundamental à imposição de uma regra em detrimento de outra, que, em princípio, constituiria uma exceção. Isso significa que o enunciado completo da regra a aplicar, como fundamento definitivo da

---

[129] "A jurisprudência do Superior Tribunal de Justiça é no sentido de que o candidato aprovado dentro do número de vagas previsto no edital do certame não tem mera expectativa de direito, mas verdadeiro direito subjetivo à nomeação para o cargo a que concorreu e foi classificado" (STJ, RMS 31.611/SP, rel. Min. Humberto Martins, 2ª T., julg. 04/05/2010, DJe 17/05/2010; os precedentes são os seguintes: RMS 27.311/AM, rel. Min. Jorge Mussi, 5ª T., julg. 04/08/2009, DJe 08/09/2009; RMS 27.508/DF, rel. Min. Arnaldo Esteves Lima, 5ª T., julg. 16/04/2009, DJe 18/05/2009; RMS 30.459/PA, rel. Min. Laurita Vaz, 5ª T., julg. 03/12/2009; DJe 08/02/2010; AgRg no RMS 30.308/MS, rel. Min. Felix Fischer, 5ª T., 23/02/2010; DJe 16/03/2010).

decisão, salvo na mera observância cotidiana ou aplicação rotineira do direito, só se alcança no final do processo de concretização, pressupondo uma pluralidade conflituosa de controvérsias argumentativas em torno da solução do caso, onde a dimensão do peso desempenha um certo papel. Parece-me que, de alguma maneira, ao admitir regras incompletas, dependentes de ponderação, Alexy admite implicitamente que, neste particular, a diferença entre princípios e regras é, antes, gradual, embora não seja essa a sua intenção.

Mas não só em relação às possibilidades jurídicas (seu peso em face de regras ou princípios colidentes), senão também perante as possibilidades fáticas, regras constitucionais podem ser avaliadas quanto à sua aplicação no processo de concretização constitucional. Nesse caso, são relevantes em relação a elas também as máximas da adequação e da necessidade. Estabelecida uma cláusula de reserva em relação a uma regra de direito fundamental, constituindo-se como uma exceção à regra, é fundamental que se considere se a aplicação de medida que pretenda satisfazer à cláusula-regra excepcionante é adequada e necessária ao objetivo a que se destina. A esse respeito, cabe considerar um caso de cláusula de reserva explícita e qualificada contida no art. 13, § 3º, da Constituição alemã, que autoriza, entre outras medidas restritivas à inviolabilidade do domicílio, o estabelecimento, com base em lei, de intervenções ou restrições que afetem esta inviolabilidade para "combater ameaças de epidemia"[130]. Em casos como esse, a medida legal fundada na regra-exceção constitucional tem que estabelecer meio adequado e também necessário (por não haver meio menos gravoso) para alcançar o fim[131]. Caso contrário, a regra

---

[130] Cf. Alexy, 1986, pp. 114 ss. e 263 ss. [trad. bras. 2008, pp. 132 ss. e 291 ss.].

[131] Conforme Habermas, seria aplicável nesse contexto o "discurso pragmático", dirigido à procura dos meios adequados para a realização de determinados fins (Habermas, 1992, pp. 197-8 [trad. bras. 2003, vol. I, pp. 200-1]).

82 · ENTRE HIDRA E HÉRCULES

legal restritiva deverá ser considerada inconstitucional por ofender ilegitimamente a regra constitucional do direito fundamental à inviolabilidade do domicílio, nos termos de primeiro e segundo critérios da proporcionalidade, o da adequação e o da necessidade.

Se, por um lado, a calibração, cotejamento ou ponderação de regras constitucionais em face das possibilidades jurídicas e fáticas presentes na situação concreta seja sempre possível no processo de concretização constitucional, não me parece adequada, por outro, a definição dos princípios como mandamentos de otimização ou mandamentos a serem otimizados. Retornarei a essa questão no próximo capítulo, mas parece-me oportuno adiantar um breve comentário. O fato de que as normas *prima facie* podem submeter-se a sopesamentos ou ponderações no processo de concretização não significa que se possa falar de otimização como resultado da prática da ponderação entre princípios. É verdade que o conceito de Alexy não é empírico, mas sim contrafactual. Aponta para um dever-ser ideal. Nesse sentido, ele se assemelha à ideia de uma única decisão correta ou do melhor julgamento, defendida por Dworkin[132]. Mas, inclusive em uma perspectiva contrafactual,

---

[132] Com base em Alexy (1986, p. 149 [trad. bras. 2008, pp. 170-1]), Virgílio Afonso da Silva (Silva, V. A., 2007, pp. 221-2) insiste no sentido contrário com o seguinte argumento: "A mera existência de um catálogo extenso de direitos fundamentais a serem otimizados não permite uma única decisão correta para colisões de direitos fundamentais. Em virtude da diversidade de variáveis e dos graus de insegurança de muitas premissas empíricas e normativas é não apenas possível, mas também provável que a um mesmo problema possam ser dadas várias soluções." Recorre então à "teoria da paridade" para afirmar "que pode haver frequentemente várias soluções para o mesmo problema em uma zona de paridade, dentro da qual qualquer resposta é de considerar-se ótima". Cf. também Silva, V. A., 2002a, pp. 103, 149 e 204-6. Parece-me, porém, que aqui não se distinguem níveis. Em primeiro lugar, a questão de uma única decisão correta ou da melhor decisão (as duas formulações são afins) está não no plano dos "mandamentos a serem otimizados" (os princípios como "objetos da ponderação"), mas sim no nível do "mandamento de otimização" em sentido rigoroso, implícito na noção de "ponderação otimizante" (cf. *supra* p. 71). Nesta, se busca, se não a única decisão correta, a melhor decisão. Baseado

o modelo de otimização deixa a desejar, porque passa por cima do fato de se tratar de uma sociedade complexa, com diversos pontos de observação conforme a esfera social de que se parta (economia, ciência, técnica, política, direito, saúde, religião, arte, esporte, família etc.), e de um sistema jurídico que traduz internamente, conforme seus próprios critérios, essa pluralidade de ângulos. O que é otimizante em uma perspectiva não o é em outra. O modelo de otimização parte de um sujeito (contrafactual) capaz de alcançar o ponto ótimo entre princípios colidentes, à maneira semelhante da teoria da escolha racional, que parte de um indivíduo idealizado apto a maximizar valores no cálculo de custos e benefícios[133]. Mas a colisão entre princípios baseia-se na concorrência entre diversas esferas sociais, que, por sua vez, resulta na concorrência entre diferentes direitos fundamentais e interesses coletivos amparados por normas constitucionais. A articulação entre os princípios e regras constitucionais inclui a prática da ponderação, mas esta ocorre no contexto de um processo social e jurídico complexo, que se dirige a assegurar paradoxalmente a consistência jurídica e a adequação social do direito, mas não serve para garantir, nem mesmo em perspectiva contrafactual, o resultado ótimo que decorreria de um modelo fundado em uma escolha racional do sujeito (ideal) da ponderação.

---

no modelo de Pareto (1965 [1906], pp. 102-4, 110-1, 116, 147-9, 158 ss. e 337 ss.), o próprio Sieckmann (2006, p. 131) observa que "uma ponderação otimizante se aplica quando em ambos os lados da colisão existem fins obrigatórios que devem ser cumpridos pelo ponderador da melhor maneira possível". Em segundo lugar, a noção de uma única decisão correta ou da melhor decisão não é, ao contrário do que sugere a formulação de Silva, um conceito empírico, mas sim uma ideia regulativa (cf. Habermas, 1992, p. 277 [trad. bras. 2003, vol. I, p. 281]). Portanto, pode-se dizer que, no âmbito de uma teoria que trata os princípios como "dever-ser ideal", a ponderação otimizante é orientada para encontrar a melhor solução dentro do contexto do respectivo caso. Sobre "paridade", ver minhas objeções críticas no Cap. III.4, pp. 153-4.

[133] Ver *infra* nota 138 do cap. III.

84 · ENTRE HIDRA E HÉRCULES

Feitas essas restrições à principiologia de Alexy, cumpre considerar um aspecto de sua teoria que é passível de incorporação ao modelo que desenvolverei no próximo capítulo, desde que seja devidamente relido: os princípios, enquanto princípios, são "razões" ou critérios *prima facie*, enquanto as regras são "razões" ou critérios definitivos para que se decidam normativamente questões jurídicas. Mas se deve afastar aqui a dubiedade de Alexy[134], para afirmar que os princípios não podem ser razões diretas de decisões concretas, pois, inclusive no caso da ponderação, tem-se que se definir uma regra de direito constitucional atribuído para a solução do caso. Portanto, os princípios são razões mediatas de decisões de questões jurídicas, pois entre eles e estas sempre haverá uma regra, seja ela atribuível diretamente a texto produzido pelo processo legislativo (inclusive constituinte e reformador), seja ela atribuída (indiretamente) a um texto normativo mediante o órgão encarregado da concretização jurídica, isto é, mediante a construção jurisprudencial. Os princípios, enquanto princípios, balizam regras existentes e servem à construção de regras atribuídas indiretamente à Constituição. As regras, mesmo quando forem metarregras, podem tornar-se razões ou critérios definitivos para a decisão de um caso jurídico específico, sendo irrelevante se essa decisão refere-se à solução de um conflito concreto entre pessoas determinadas, se é incidental ou se resolve uma controvérsia no âmbito de controle abstrato. Em suma, ao passo que os princípios, enquanto razões ou critérios *prima facie*, servem como fundamento mediato de decisões de controvérsias jurídicas, as regras, além do seu caráter *prima facie* no ponto de partida de um processo concretizador, só desempenham sua função plena, quando, no final desse processo, transmudam-se em razão definitiva.

---

[134] Cf. *supra* pp. 68-9.

PASSANDO POR DOIS MODELOS AINDA DOMINANTES · 85

Portanto, a diferença tem um significado funcional-estrutural na passagem da complexidade determinável (estruturável, ordenável, organizável) para a complexidade determinada (estruturada, ordenada, organizada) no interior do sistema jurídico.

A respeito dos críticos com os quais Alexy dialogou no período em que sua teoria estava no auge do desenvolvimento e influência, também me parecem frutíferas algumas notas críticas. Klaus Günther parte de uma diferença estrita entre discurso de fundamentação e discurso de aplicação[135], uma distinção que vale antes sob os pressupostos de uma moral universal fundada em princípios absolutos e incondicionados, mas que se mostra pouco adequada para a análise de uma ordem jurídica positiva determinada. De acordo com o seu modelo, os princípios morais como imperativos ou mandamentos incondicionados no sentido da tradição kantiana, que serviriam ao discurso de fundamentação, estariam fixados em caráter absoluto, mas a sua adequação ao contexto dos sujeitos envolvidos exigiria um discurso de aplicação[136]. No plano do direito, isso significaria que os princípios jurídicos, especialmente constitucionais, valeriam absolutamente e, portanto, já estariam prontos *prima facie*, tratando-se no discurso de aplicação de buscar a adequada subsunção no respectivo contexto. De certa maneira, não haveria, a rigor, uma diferença entre norma *prima facie* e norma enunciada definitiva e completamente no final do processo de concretização. Günther parece não se aperceber que o processo de concretização importa também a construção her-

---

[135] Günther, 1988 [trad. bras. 2004]. A respeito dessa distinção, ver, relativizando-a criticamente, Müller, J. P., 1993, pp. 89 ss.; Alexy, 1995, pp. 52 ss. e 170-2, que sustenta: "O fato de que qualquer discurso de aplicação envolve necessariamente um discurso de fundamentação, do qual depende o seu resultado, impede que se contraponham discursos de aplicação e de fundamentação como duas formas discursivas autônomas" (p. 70; cf. também p. 172).

[136] Cf., p. ex., Günther, 1988, espec. pp. 17-8 [trad. bras. 2004, pp. 27-8].

86 · ENTRE HIDRA E HÉRCULES

menêutica de normas. A produção institucional da norma pelo constituinte e pelo legislador ordinário relaciona-se reciprocamente com a construção hermenêutica da norma pelos órgãos encarregados da concretização jurídica. A rigor, a aplicação, que ocorre no final do processo concretizador e possibilita a subsunção do caso, mediante a norma de decisão, a uma ou mais regras jurídicas (e, eventualmente, de forma indireta, a um ou mais princípios jurídicos), pressupõe uma atividade de construção normativa durante esse processo. Apesar de ter amparo na filosofia moral, a concepção de que a distinção entre regras e princípios diz respeito ao modo de tratar normas no discurso de aplicação e refere-se às "condições da ação", quando transplantada para o direito positivo, assume um certo quê de hermenêutica positivista clássica: a norma já está prefixada de antemão, cabendo ao órgão competente interpretá-la ou descobri-la para aplicá-la adequadamente ao caso. Não se considera, assim, o processo circular entre produção institucional e construção hermenêutica da norma.

Parece-me não só excessivamente complicado, mas um tanto artificial, o modelo de Sieckmann, que recorre à infinita reiteração dos mandamentos de validade para esclarecer o papel dos princípios como argumentos normativos[137]. Trata-se, ao fim e ao cabo, de tentativa de descortinar algo como uma regra de reconhecimento para os princípios enquanto mandamentos de validade. Essa regra seria, então, a infinita reiteração de sua validade. Mas, evidentemente, os princípios constitucionais se constroem e reconstroem no processo circular permanente de autofundamentação constitucional do direito, não me parecendo ter relevância prática nem ser frutífera teoricamente a procura ou a determinação de uma regra de reconhecimento para princípios e regras constitucionais.

---

[137] Cf. *supra* pp. 71-2.

PASSANDO POR DOIS MODELOS AINDA DOMINANTES · 87

Por sua vez, a distinção de Atienza e Manero entre princípios em sentido estrito e "princípios" no sentido de fins políticos ou normas programáticas parece-me um tanto simplista. Segundo ela, os primeiros só poderiam ser cumpridos ou não cumpridos, enquanto os últimos poderiam ser cumpridos gradualmente. Mas a cláusula geral de reserva que Atienza e Manero introduzem no seu enunciado do princípio da igualdade expresso no art. 14 da Constituição espanhola ("e não há nenhum princípio contraposto de maior peso no caso")[138], para chegar à concepção binária desse princípio em relação à imprescindibilidade de seu cumprimento ou descumprimento pleno, teria o mesmo efeito se fosse introduzida no enunciado de qualquer princípio referente a fins coletivos. Em todo caso, porém, uma regra atribuída indiretamente ao texto constitucional teria de ser construída no respectivo processo de concretização em que os princípios colidentes fossem cotejados.

Em relação às objeções de Habermas, impõe-se retomar os comentários feitos à concepção de Klaus Günther. Também a crítica à ponderação dos princípios pressupõe, em Habermas, uma filosofia moral com pretensão universalista, na qual os princípios se apresentam como mandamentos absolutos e incondicionados do que é devido para toda e qualquer pessoa, na tradição que remonta ao imperativo categórico kantiano[139]. É verdade que, em relação aos princípios assim compreendidos, os valores como preferências individuais ou coletivas seriam objetos de ponderação e se transformariam de caso a caso[140]. Mas a compreensão de Habermas de que a colisão de princípios jurídicos implica uma simples pondera-

---

[138] Atienza e Manero, 1998, p. 9. Cf. *supra* pp. 72-3.

[139] Cf., p. ex., Habermas, 1992, p. 200 [trad. bras. 2003, vol. I, p. 203]. Sobre o imperativo categórico, ver Kant, 1965 [1785], pp. 36-7 e 40 ss. [trad. port. 1960, pp. 49-50 e 53].

[140] Habermas, 1992, p. 315 [trad. bras. 2003, vol. I, p. 321]; Habermas, 1996, p. 368 [trad. bras. 2004, p. 368].

88 · ENTRE HIDRA E HÉRCULES

ção de valores não considera a especificidade da principiologia jurídica. Enquanto os princípios jurídicos servem à justificação de normas e, indiretamente, de ação no interior do sistema jurídico, os valores precisam ser incorporados ao direito mediante princípios e regras para ter a força vinculante de um programa ou critério sistêmico de justificação. Portanto, a colisão sistemicamente estruturável entre princípios jurídicos não é a mesma coisa que a colisão desestruturada entre valores que possam orientar ou influenciar o direito. Além do mais, a noção do caráter binário das normas, em contraposição ao caráter gradual dos valores, tem um significado estritamente moral, implicando uma deontologia com pretensão de validade universal. No sistema jurídico, muito embora seja fundamental a binariedade no plano do código "lícito/ilícito", há uma pluralidade de critérios e programas que comportam tensões e conflitos entre si[141]. Embora o direito esteja orientado para determinar, em última instância, se algo é lícito (conforme ao direito) ou ilícito (não conforme ao direito), antes que se chegue a uma resposta sobre essa questão desenvolve-se, em cada caso (exceto na mera observância cotidiana e na pura aplicação rotineira), uma cadeia ou rede complexa de argumentos que se articulam com base nos mais diversos critérios invocados para a solução da controvérsia jurídica. Nesse processo argumentativo, o cotejo entre critérios que se apresentam como apropriados para a tomada de decisão é recorrente, implicando inclusive a ponderação entre normas eventualmente colidentes. Portanto, a binariedade do direito está associada a uma postura seletiva em relação aos diversos critérios normativos invocados para a solução de um caso, comportando o sopesamento de princípios, que, porém, não se destina nem é apropriado a levar à otimização destes.

---

[141] Sobre a combinação entre códigos ("codificação") e critérios ou programas ("programação"), cf. Luhmann, 1986a, pp. 82 s. e 89 ss.; em relação especificamente ao sistema jurídico, 1986b, pp. 194 ss.; 1993, pp. 165 ss.

CAPÍTULO III

.... À PROCURA DE OUTRO MODELO DE DIFERENÇA ENTRE PRINCÍPIOS E REGRAS CONSTITUCIONAIS

1. Localização do problema e contornos conceituais

A distinção entre princípios e regras constitucionais não pode ser definida de maneira ingênua a partir das formulações da norma nas disposições constitucionais, estejam estas contidas em um diploma constitucional codificado, em leis constitucionais diversas não codificadas[1] ou em enunciados esparsos que expressem normas decorrentes de práticas estabelecidas, encontrem-se estes nos precedentes ou em documentos oficiais, inclusive legislativos[2]. Ao se interpretarem as disposições constitucionais, como

---

[1] São constituições escritas, mas formadas por várias leis fundamentais, como a Constituição belga de 1830 e a francesa de 1875 (cf. Hauriou, 1929, pp. 332 ss.; Pinto Ferreira, 1971, p. 80).

[2] É o caso da Constituição juridicamente flexível (mas sociologicamente estável) da Inglaterra, que, embora se chame correntemente, nos manuais, de "consuetudinária", é formada não só pelo *common law* como pano de fundo, mas também por leis escritas votadas pelo parlamento (*statute law*), com já enfatizava Hauriou (1927, p. 301). Cf. Dicey, 1982 [1915], p. CXLIII, advertindo, porém, que algumas normas do *common law* tornaram-se conteúdo do *statute law*, como a que regula a transmissão da coroa (pp. CXLIII-CXLIV). Mas há leis que transformaram radicalmente o sistema constitucional inglês, rompendo com a tradição, como o Ato Parlamentar de 18 de agosto de 1911, que basicamente transferiu o poder legislativo do rei (ou rainha) e das duas casas parlamentares para o rei (ou rainha) e a Casa dos Comuns, reduzindo essencialmente o poder legislativo da Casa dos *Lords* (cf., com outra visão, Dicey, 1982 [1915], pp. XXXVII ss.).

90 · ENTRE HIDRA E HÉRCULES

já foi adiantado no Capítulo I.1, são-lhes atribuídas uma ou mais normas, sejam elas regras ou princípios. A rigor, a discussão hermenêutica reside em estabelecer quais expectativas normativas estão expressas nesses dispositivos como normas constitucionais vigentes. Muitas vezes, a norma, em sua estrutura mínima, só pode ser enunciada por via de interpretação mediante a articulação de várias disposições constitucionais. Por exemplo, ao § 1º do art. 198 da Constituição Federal, enquanto estabelece que "o sistema único de saúde será financiado nos termos do art. 195", não pode, considerado isoladamente, ser atribuída nenhuma norma antes que se levem em conta uma ou mais das disposições contidas no art. 195 da Constituição, que trata do financiamento da seguridade social. Em contrapartida, há disposições constitucionais às quais podem ser atribuídas mais de uma norma, com se dá com as duas regras derivadas diretamente do art. 8º, inciso VII, da Constituição, o qual dispõe que "o aposentado filiado tem direito a votar e ser votado nas organizações sindicais", e o art. 1º, *caput*, da Constituição Federal, mesmo quando tomamos apenas a parte em que se determina que a República Federativa "constitui-se em um Estado Democrático de Direito", pois a esse dispositivo parcial podem ser atribuídos imediatamente tanto o princípio do Estado de direito quanto o princípio democrático, que se encontram em relação paradoxal de complementaridade e tensão.

Os exemplos mencionados são menos problemáticos, pois se referem a normas atribuídas imediatamente a disposições constitucionais. A questão ganha maior relevância quando se trata de normas imputadas indiretamente a textos constitucionais, sobretudo de princípios constitucionais. Nesse caso, não se trata apenas de normas atribuídas a disposições constitucionais específicas, mas também a imputação de normas ao diploma constitucional como um todo (ou conjunto dos enunciados considerados constitucionais quando não houver Constituição codificada). Dos dispositivos referentes ao Estado de direito, podem derivar indiretamente subprincípios e regras as mais diversas. Ao art. 5º, *caput*, que cuida do tratamento isonômico, não se atribui apenas o princípio da igualdade, mas também, indiretamente, *sub*princípios, conforme a esfera social, como, por exemplo, o da isonomia tributária, independentemente de que este esteja consagrado expressamente na Constituição. Também podem desenvolver-se regras a partir do dispositivo da igualdade, como as que determinem serem permitidas (ou proibidas!) constitucionalmente as políticas de ação afirmativa. Mas a relação frouxa entre normas e disposições constitucionais torna-se mais patente e constitui problema constitucional sobremaneira difícil, quando se trata de regras e especialmente de princípios atribuídos indiretamente ao texto constitucional em seu todo, sem que se possa especificar um determinado dispositivo ou uma conjunção precisamente delimitada de disposições, como ocorre com o princípio da razoabilidade e o critério da proporcionalidade[3]. A esse respeito, vale a

---

[3] Não se devem confundir os três critérios parciais da proporcionalidade (adequação, necessidade e proporcionalidade em sentido estrito) com o princípio da razoabilidade, que proíbe medidas extremamente irrazoáveis ou absurdas (cf. Silva, V. A., 2002b, espec. pp. 29-30; Guerra Filho, 2001, p. 283), embora também se fale em "extrema desproporcionalidade" para se referir à razoabilidade nesse sentido (cf. Holländer, 2007, p. 194, referindo-se à jurisprudência da Suprema Corte americana). Já se a razoabilidade é entendida como uma exigência baseada no devido processo legal substantivo, ou seja, como exigência da compatibilidade entre meios e fins, assim como da legitimidade dos fins (Barroso, 1996, p. 200; 1998, p. 66), ela fica associada ao primeiro critério da proporcionalidade, isto é, à adequação (Silva, V. A., 2002b, pp. 32-3). Também se distingue a razoabilidade como "dever de congruência" da proporcionalidade (Ávila, 2003, p. 102). Cabe cautela, porém, para que essa discussão não se restrinja a um mero debate terminológico. Inclusive na Alemanha, o termo "*Verhältnismässigkeit*" ["proporcionalidade"] foi utilizado inicialmente apenas para se referir à exigência de adequação entre meios e fins (Lerche, 1961, p. 19). Nos Estados Unidos, também há o emprego de "*proportionality*" para se referir especificamente à relação apropriada entre meios e fins (cf. Hamilton e Schoenbrod, 1999-2000, p. 473). Zoller (2003, pp. 579 ss.) critica esse uso por entender que o "princípio da proporcionalidade" (em contraposição à doutrina

92 · ENTRE HIDRA E HÉRCULES

velha máxima de que o ordenamento jurídico deve ser interpretado como um todo de sentido ("sistema") ou que a Constituição deve ser considerada em sua unidade[4]. A questão que se torna delicada, nesse caso, concerne aos limites dessa atribuição indireta de norma ao texto constitucional (ou, enquanto funcional equivalente, ao conjunto de disposições ou enunciados constitucionais em sistemas sem Constituição codificada nos termos de uma decisão constituinte).

Como já afirmei, é relativa a distinção entre norma atribuída diretamente e norma atribuída indiretamente ao texto constitucional, analogamente à diferença entre significado implícito e explícito de dispositivos e textos normativos. Mas cumpre ser cuidadoso a esse respeito, para que não caiamos em nominalismos estéreis. Em um extremo, pode-se observar que a atribuição direta significa que a reconstrução do dispositivo pelo enunciado interpretativo é apenas uma questão de reestruturação da forma gramatical da disposição. Assim, por exemplo, o art. 5º, inciso XLVII,

---

americana da "*overbreadth*") comporta uma dimensão de sopesamento, mas argumenta com base na experiência alemã e europeia. Acrescente-se que, em referência à jurisprudência americana, Zoller fala indistintamente de "teste de congruência e proporcionalidade". A respeito da proporcionalidade nos Estados Unidos, ver também Thomas, 2007; em perspectiva comparativa, Jackson, 2004.

[4] E aqui ressurge o problema do chamado "princípio da unidade" da Constituição (Hesse, 1969, p. 28; Canotilho, 1998, pp. 1096-7; Barroso, 1996, pp. 181-98), que antes se refere a uma condição de possibilidade do funcionamento consistente da Constituição. A respeito, ver Silva, V. A., 2005, pp. 121-7, criticando tanto a compreensão do princípio da unidade como exigência de interpretação sistemática (não haveria nada de novo em relação a esta) quanto a seu entendimento como expressão da ausência de hierarquia entre as normas constitucionais (haveria hierarquia formal entre normas protegidas pela cláusula de inalterabilidade e as concernentes ao procedimento de emenda constitucional, assim como hierarquia material em virtude de ser possível sopesamento entre normas constitucionais). Embora se possa concordar com Silva nos termos em que ele põe a questão, o "princípio da unidade", ao menos nessa última acepção ("unidade hierárquica"), já faz parte de nossa jurisprudência constitucional (cf. STF, ADI 4.097-AgR/DF, rel. Min. Cezar Peluso, julg. 08/10/2008, TP, DJe 07/11/2008).

À PROCURA DE OUTRO MODELO · 93

alínea *a*, ao determinar que *"não haverá"* pena de morte ("salvo em caso de guerra declarada"), engendra o enunciado interpretativo *"é proibida* a pena de morte"[5]. No outro extremo, a atribuição de um princípio de maneira genérica ao texto constitucional não pode ser algo arbitrário, ao sabor do intérprete-aplicador. Nesse caso, os órgãos encarregados oficialmente da interpretação-aplicação vinculante do texto constitucional, ou melhor, da concretização normativa da Constituição, constroem enunciados que desempenham a função de disposições constitucionais, mas eles devem ser, no mínimo, compatíveis com a conexão de disposições constitucionais. É claro que a prova de coerência é difícil[6], implicando, então, uma sobrecarga argumentativa. Essa dificuldade, comum a toda e qualquer questão constitucional complexa, não inquina a exigência de que o eventual princípio que se pretende introduzir por atribuição indireta ao conjunto do texto constitucional não seja um corpo estranho, destrutivo da consistência do sistema jurídico. Nesse sentido, o princípio da segregação racial em um Estado democrático de direito e o princípio parlamentar da respon-

---

[5] A intensidade *prima facie* da força normativa desse dispositivo manisfestou-se, levando a um embrião de controle jurisdicional preventivo, no Mandado de Segurança nº 21.231/DF, impetrado pelo Deputado José Genoíno e outros parlamentares "contra ato da Mesa da Câmara dos Deputados, que tornou possível o exame da 'Proposta de Emenda à Constituição Federal nº 1, de 1988', de autoria do falecido Deputado Amaral Netto, 'instituindo a pena de morte, nos casos de roubo, sequestro e estupro, seguidos de morte, o que se deverá submeter ao eleitorado, através de plebiscito, dentro de 18 (dezoito) meses de aprovação da Emenda'". O então Procurador Geral da República "opinou pela concessão da segurança, para que o órgão legislativo impetrado sustasse em definitivo o procedimento destinado à votação da emenda em causa". Em decisão monocrática, o Ministro Neri da Silveira, considerando que a Comissão de Constituição e Justiça e de Redação da Câmara dos Deputados arquivara a proposta por sua inconstitucionalidade, julgou prejudicado o mandado de segurança, pela perda do objeto, determinando seu arquivamento MS 21.231/DF, julg. 13/05/1999, decisão monocrática, DJ 25/05/1999.
[6] A prova de coerência relaciona-se com a segurança jurídica e constitui *o* discurso especificamente jurídico para Habermas (1992, p. 207 [trad. bras. 2003, vol. I, p. 210]), mas há outras dimensões da argumentação jurídica.

94 · ENTRE HIDRA E HÉRCULES

sabilidade da chefia de governo perante o parlamento em um Estado estritamente presidencialista não podem ser atribuídos indiretamente à Constituição, devendo ser afastados por não pertencerem ao respectivo sistema jurídico ou serem decretados inválidos por neste terem entrado irregularmente. Em caso contrário, configura-se a "impotência" do "legislador constitucional" (constituinte e reformador) por um "positivismo constitucional judicial" que o torna invisível e o marginaliza[7]. Rompe-se, então, a dupla contingência entre a instância que produz institucionalmente a norma, atribuindo-lhe um sentido (o constituinte ou o reformador como *alter*), e a instância que constrói hermeneuticamente, com força vinculatória, a norma a aplicar (o juiz ou tribunal constitucional como *ego*). A questão da atribuição direta ou indireta de regras e princípios ao texto constitucional implica exatamente como manter a identidade constitucional nos termos da alteridade paradoxal entre o legislador constituinte ou reformador e os órgãos encarregados da concretização constitucional. A concentração na mera identidade entre ambos levaria a um positivismo constitucional-legalista ingênuo, que despreza a adequação social do direito, aferrando-se a um modelo puro de regras como expressão direta de dispositivos constitucionais. A negação completa da identidade, com foco exclusivo nos órgãos da concretização constitucional, especialmente naqueles que têm a última palavra, os tribunais constitucionais, conduziria a um positivismo constitucional realista ou a um decisionismo judicial, que despreza a consistência jurídica. Nos dois extremos, seria impossível o funcionamento de uma ordem constitucional que se desenvolve mediante a dinâmica da relação paradoxal entre regras e princípios, no âmbito de uma sociedade supercomplexa.

---

[7] Jestaedt, 2002, pp. 188 ss.

À PROCURA DE OUTRO MODELO · 95

Outro aspecto a ser considerado diz respeito ao plano de ação e comunicação jurídica em que a distinção entre princípios e regras como categorias de normas torna-se relevante. Já se disse acima que, quando se trata da mera observância cotidiana e também da pura aplicação burocrática, a diferença entre princípios e regras não tem significado prático[8]. Pode acrescentar-se que, no âmbito do uso de ofertas legais de regulação no exercício corriqueiro da autonomia privada[9], essa distinção também permanece sem importância. Nessas situações, as pessoas envolvidas cumprem ou descumprem normas sem questionar a maneira como elas são vinculatórias. Sem que se distingam quais os princípios e regras que estão sendo satisfeitos, as normas como padrões de comportamento são seguidas seja por hábito, seja por terem sido internalizadas ou por haver uma identificação do agente com os seus valores, ou são respeitadas por um cálculo racional de custos e benefícios orientado pelo peso da sanção em caso de descumprimento[10]. Faltando qualquer motivo para serem seguidas, as normas tendem a ser descumpridas, igualmente sem que se diferencie entre os princípios e as regras violadas. Só quando surge a controvérsia sobre a norma a aplicar ao caso, no contexto de um conflito interpessoal concreto ou no âmbito de um controle abstrato de normas, a diferença entre regras e princípios ganha relevância prática e teórica. Portanto, apenas quando se passa para o plano da argumentação jurídica essa distinção pode ser problematizada.

---

[8] Cf. *supra* p. 78.

[9] Aqui distingo analiticamente o uso de ofertas de regulação no direito privado tanto da observância (cumprimento autônomo) e da execução (imposição heterônoma) quanto da aplicação em sentido estrito (produção de uma norma de decisão do caso) (cf. Neves, 2007, pp. 43-6; 1992, pp. 83-5; Blankenburg, 1977, pp. 36-7).

[10] Rehbinder (2000, pp. 141-3) define a orientação pela sanção, a identificação e a internalização como os motivos do cumprimento de normas.

96 · ENTRE HIDRA E HÉRCULES

A questão de estabelecer o plano em que se apresenta a distinção entre princípios e regras pode ser compreendida a partir da diferença entre ação e discurso, nos termos da teoria habermasiana do agir comunicativo. Segundo essa concepção, no plano da ação, que faz parte de nossa prática cotidiana, as pretensões de validade[11] são aceitas ingenuamente, não sendo problematizadas[12]. A ação, nesse sentido, desenvolve-se na prática cotidiana, tendo como pano de fundo o "mundo da vida", que constitui "o horizonte em que os agentes comunicativos movimentam-se"[13], partilhando recíproca e tacitamente as pretensões de validade envolvidas em suas manifestações e afirmações, sem questioná-las. Nessa perspectiva, as afirmações de que a terra é redonda e que os corpos estão sujeitos à lei da gravidade terrestre fazem parte das verdades inquestionáveis em nossa prática cotidiana; a assertiva de que devemos combater a pedofilia corresponde a uma norma cuja legitimidade é inquestionável no contexto de nosso mundo da vida contemporâneo. Quando, porém, as pretensões de validade sustentadas implicitamente em ações ou atos de fala são problematizadas na interação concreta e exige-se justificação do respectivo agente ou falante, entra-se no plano do discurso, no qual, diversamente do plano da ação, não se ganham novas informações, mas há intercâmbio de argumentos[14]. Então, as próprias pretensões de validade que foram problematizadas tornam-se o

---

[11] Sobre a distinção entre três pretensões de validade, a de verdade (referente ao mundo objetivo), a de retidão (relativa ao mundo social ou intersubjetivo) e a de sinceridade (concernente ao mundo subjetivo), cf. Habermas, 1982a, vol. 1, pp. 427 ss.; 1983, pp. 147 ss. [trad. bras. 1989, pp. 167 ss.]; 1986, pp. 137 ss., 426-7, 462 ss. e 588-9.

[12] Habermas, 1978, p. 25; 1986, p. 131. Cf. também Alexy, 1983, pp. 138-9.

[13] Habermas, 1982a, vol. 2, p. 182; cf. 1986, p. 593. A respeito, ver Neves, 2006, pp. 67-78.

[14] Habermas, 1978, p. 25; 1986, pp. 130-1. Cf. também Alexy, 1983, pp. 139-40.

objeto ou tema da discussão e precisam ser fundamentadas. O que era ingenuamente suposto como verdadeiro ou justo no plano da ação passa ser suscetível de questionamento e crítica. Nessa perspectiva, pode-se observar que ações e atos de fala que supunham implicitamente a retidão da conduta dos pais que batiam nos filhos de forma vigorosa, parte de nossa vida cotidiana algumas décadas atrás, passaram a ser questionadas por um novo discurso pedagógico, que se desenvolveu paulatinamente durante a segunda metade do século XX. Portanto, o discurso rompe com o consenso ingênuo presente na prática cotidiana e fundado no mundo da vida como pano de fundo, introduzindo o dissenso. Entretanto, nos termos da teoria da ação comunicativa, ele é orientado para a busca de um novo consenso sobre as pretensões de validade questionadas[15].

Como o discurso exige fundamentos ou justificações, implicando a argumentação, é claro que, do ponto de vista habermasiano, a distinção entre regras e princípios só pode ser tematizada no plano discursivo. A rigor, só no nível do discurso os princípios podem ser articulados. Não obstante, o modelo habermasiano, que pressupõe ação e discurso orientados para a busca do consenso, parece-me inadequado para uma sociedade complexa, na qual o dissenso estrutural em torno de expectativas normativas é marcante[16]. Além disso, Habermas parte de agentes comunicativos em relações intersubjetivas, não considerando adequadamente o envolvimento da argumentação em uma conexão sistêmica de comunicações. Os princípios constitucionais são artefatos nor-

---

[15] Nesse sentido, o tratamento do dissenso que o discurso, "no interesse da formação fundamental do consenso", deixa "aflorar" (Apel, 1987, p. 71) reduz-se a um meio da formação do consenso (cf. Müller, J. P., 1993, espec. pp. 27, 35, 65, 79-80 e 84; 1999, pp. 25-6 e 41).

[16] Cf. Neves, 2006, pp. 125 ss.

98 · ENTRE HIDRA E HÉRCULES

mativos que servem precisamente para absorver o dissenso e, paradoxalmente, possibilitar-lhe e estimular-lhe a emergência sob as condições de um sistema jurídico complexo.

Daí por que se me afigura mais apropriada a noção sistêmica da observação de primeira e de segunda ordem[17] para que se compreenda a localização da distinção entre princípios e regras no plano da argumentação jurídica[18]. No âmbito da mera observância cotidiana do direito, da pura aplicação rotineira de normas jurídicas pela burocracia estatal ou dos usos de ofertas legais de regulação no exercício corriqueiro da autonomia privada, os envolvidos agem e se comunicam no nível de uma observação de primeira ordem dos padrões a serem aplicados. Eles não questionam o sentido ou a validade das normas a serem seguidas, aplicadas ou usadas no respectivo contexto[19]. *Alter* e *ego* supõem um sentido habitual, mas isso não implica necessariamente consenso. Assim, *ego* (pessoa qualquer) não fuma no local porque há uma proibição, expressa inclusive em uma placa, ou *alter* (o policial ou outra autoridade administrativa) ordena e impõe a ordem de interrupção do ato de fumar. *Ego* (funcionário ordenador de despesas) aplica a norma rotineira que determina o pagamento do vencimento até um certo dia do mês ou *alter* (servidor da respectiva repartição pública) entra com uma reclamação administrativa. *Ego* (locador) elabora o contrato de locação prevendo reajuste do aluguel nos limites da respectiva lei do inquilinato ou *alter* (locatário) não celebra contrato. Essas alternativas são relativamente simples. Só quando surgem controvérsias sobre as normas a apli-

---

[17] Luhmann, 1997, t. 2, pp. 766 ss. [trad. esp. 2007, pp. 607 ss.].

[18] Luhmann, 1993, pp. 339 ss. e 403 ss.

[19] Nesse nível, as pessoas podem "conduzir-se pela noção de aplicar corretamente o direito na forma textualmente determinada das normas dadas" (Luhmann, 1993, p. 340).

À PROCURA DE OUTRO MODELO · 99

car, entrando-se no plano da argumentação, descortina-se a diferença jurídico-sistêmica entre princípios e regras. Isso implica uma observação de segunda ordem.

Na observação de segunda ordem, os envolvidos na comunicação jurídica galgam outro plano, a partir do qual discutem sobre as normas a serem aplicadas, a sua validade, o seu sentido, as condições de seu cumprimento etc. No que concerne à sociedade e ao direito contemporâneos em um Estado constitucional, não se trata de alcançar uma realidade última, "ontológica", que estaria subjacente. A observação de segunda ordem com esse pressuposto valia no mundo antigo, especialmente na tradição aristotélico-tomista[20]. No campo jurídico, isso pode ter significado em um modelo jusnaturalista clássico. O recurso a um plano de verdades e princípios últimos, metajurídicos ou "jurídicos" metapositivos, possibilitava uma observação de segunda ordem dos padrões orientadores da conduta. Mas, nessa hipótese, há uma externalização da observação, não se tratando, a rigor, de uma observação de segunda ordem como auto-observação no interior do sistema jurídico. Isso só se torna possível, como será visto adiante[21], com a diferenciação funcional do direito.

Em um sistema jurídico funcionalmente diferenciado, a observação de segunda ordem possibilita que se rediscuta permanentemente as normas a aplicar e as condições de seu cumprimento. Dessa maneira, pode-se questionar a proibição de fumar à luz das liberdades constitucionais, inclusive da liberdade econômica, discutir o não pagamento do servidor à luz da moralidade e impessoalidade administrativa ou do princípio da legalidade[22] e re-

---

[20] Cf. Luhmann, 1997, t. 2, pp. 766-7 [trad. esp. 2007, pp. 607-8].

[21] Ver *infra* item 2 deste capítulo.

[22] Nesse sentido, um exemplo interessante é a decisão liminar do Conselheiro José Adônis de Araújo, ratificada pelo pleno do Conselho Nacional de Justiça, determinando,

100 · ENTRE HIDRA E HÉRCULES

ver o reajuste do aluguel, afastando regras legais, à luz da exigência do equilíbrio financeiro. Assim, o sistema fica constrangido a aumentar a sua irritabilidade e a construir e reconstruir permanentemente sua própria realidade, o seu próprio mundo[23]. Os princípios e regras são normas reconstruídas à luz da observação de segunda ordem dos processos de argumentação jurídica[24]. Disso não decorre que os princípios e regras não são categorias de normas, como questionaria Klaus Günther[25]. Não há norma pronta e previamente acabada, a ser aplicada de maneira diversa como regra ou princípio. Isso pressuporia uma externalização da justificação normativa para uma ordem moral com pretensão de validade pragmática universal. O que se passa é que, na observação de primeira ordem, a diferença entre regras e princípios ainda é irrelevante. Quando, na observação de segunda ordem, instaura-se a controvérsia argumentativa em torno do sentido, da validade e das condições de aplicação das respectivas normas, a diferença entre princípios e regras ganha um significado imprescindível para o desenvolvimento consistente e adequado do direito. A argumentação jurídica ocorre na intersecção entre a justificação e a aplicação das normas. Com ela, ao contrário do que pretende Günther, saímos do plano da mera aplicação ou observância (que também ocorre em modos e condições diversas conforme a situa-

---

com base nos princípios da legalidade, da impessoalidade e da moralidade administrativa, que fosse suspenso o pagamento de adicionais de função concedidos pelo Tribunal de Justiça da Bahia com base em lei estadual que atribuía amplíssimos poderes à direção do Tribunal para a concessão dessas vantagens (PCA n.º 0005230-38.2009.200.0000). Contra essa decisão foi concedida liminar pelo Ministro Carlos Britto, nos autos do Mandado de Segurança n.º 28.924, em 7 de julho de 2010.

[23] Luhmann, 1997, t. 2, pp. 766-7 [trad. esp. 2007, pp. 607-8].

[24] "A argumentação compreende-se sempre no contexto da observação de segunda ordem. Trata-se sempre da elaboração de um argumento para outro observador" (Luhmann, 1993, p. 403).

[25] Cf. *supra* pp. 69-71 e 85-6.

À PROCURA DE OUTRO MODELO · **101**

ção) e procuramos dar uma nova luz à aplicação mediante a discussão sobre a justificação sistêmico-interna das normas a aplicar. E isso é especialmente relevante no caso do direito constitucional, ou seja, na determinação dos princípios e regras constitucionais aplicáveis à solução de questões jurídicas controversas.

O terceiro aspecto a ser considerado diz respeito ao caráter da classificação entre princípio e regra como categorias de normas: trata-se de uma demarcação frágil (quantitativa) ou forte (qualitativa)? Parece-me que essa questão foi posta em termos inadequados. Caso se trate da possibilidade de extrair do material jurídico (repertórios de legislação, jurisprudência, atos administrativos e práticas jurídicas estabelecidas) a dicotomia "princípios/regras", não teria sentido nenhuma demarcação, seja ela forte ou frágil, qualitativa ou quantitativa. Aquilo que se chama de princípios ou regras nos textos normativos não corresponde à diferença entre princípios e regras na cadeia argumentativa.

A distinção entre princípios e regras poderia ser apresentada como uma diferença no sentido estrito da teoria sistêmica, ou seja, uma "forma-de-dois-lados", como sistema/ambiente, igual/desigual, validade/invalidade, lícito/ilícito[26]. Assim sendo, ou algo seria formalmente um princípio ou uma regra. Mas a diferença entre princípio e regra é construída e operacionalizada mediante dois conceitos de conteúdo, não sendo propriamente uma *forma-de-dois-lados*[27]. Mais adequado é admitir que se trata *aproximativamente* de conceitos típico-ideal nos termos da tradição weberiana[28]. Os tipos ideais, definidos por Weber como "utopias" gnosiológi-

---

[26] Cf. Luhmann, 1997, t. 1, pp. 60 ss. [trad. esp. 2007, pp. 40 ss.]; 1993, pp. 104, 111 ss. e 174. Luhmann recorre ao conceito de forma de Spencer Brown, 1971, espec. pp. 1 ss. A respeito, cf. Foerster, 1993.

[27] Cf. Luhmann, 1997, t. 1, p. 62 [trad. esp. 2007, p. 42].

[28] Weber, 1973, pp. 190-212; 1968a, pp. 67-9, 157-9 e 163-5.

102 · ENTRE HIDRA E HÉRCULES

cas, nunca são encontrados em forma pura na realidade social, servindo antes como esquemas de sua interpretação com ênfase unilateral em determinados elementos mais relevantes ao conhecimento que se pretende obter[29]. Na concepção weberiana de tipo ideal, "os elementos considerados não essenciais ou casuais para a constituição da hipótese" não são tomados em conta[30]. Mas, enquanto em Weber o conceito de tipo ideal baseia-se na "noção fundamental da teoria do conhecimento moderna que remonta a Kant, de que os conceitos são e apenas podem ser meios mentais para o controle espiritual do empiricamente dado"[31], ou seja, remonta à noção do sujeito transcendental, concebo o "tipo ideal" como estrutura cognitiva de seleção das ciências sociais em relação à realidade-ambiente, que, diante delas, apresenta-se mais complexa e desestruturada[32]. Isso significa que toda área de saber constrói esquemas conceituais que ordenam a realidade, a princípio caótica, que se pretende conhecer. Essa ordenação seletiva implica a construção do seu próprio objeto de conhecimento, ou seja, da sua realidade. A distinção kantiana entre o dado e o objeto do sujeito transcendental é aqui transformada na diferença entre dados desordenados do ambiente da ciência e objetos construídos seletiva e ordenadamente pela ciência. Em sua distinção entre dominação legal-racional, tradicional e carismática, Weber deixa claro isso, ao afirmar que esses tipos não se encontram puros na realidade[33]. Também o conceito tão caro à tradição marxista como o de capitalismo, em contraposição ao de socialismo, é um esquema que serve à interpretação de uma pluralidade de

---

[29] Weber, 1973, pp. 190-1 e 194.
[30] Weber, 1973, pp. 201-2; 1968a, pp. 163-4.
[31] Weber, 1973, p. 208.
[32] Cf. Neves, 1992, pp. 110-1.
[33] Weber, 1985, p. 124 [trad. bras. 2004, vol. 1, p. 141].

experiências econômicas bem diversas: nos Estados Unidos, nos países escandinavos, na África etc.

No âmbito normativo, porém, os "tipos ideais" não servem primariamente para orientar expectativas cognitivas, mas sim para estabilizar expectativas normativas e, portanto, destinam--se à ordenação seletiva de disposições e enunciados normativos. Em face dos repertórios de legislação, jurisprudência, atos administrativos e práticas estabelecidas (costumes jurídicos), impõe-se tanto ao teórico ou doutrinador quanto ao intérprete--aplicador do direito, especialmente em caso de controvérsias sobre o padrão a ser seguido, estruturar o material normativo[34]. Princípios e regras desempenham esse papel no plano da argumentação jurídica. Esquematicamente, algo se apresenta como princípio ou como regra. Os princípios são normas no plano reflexivo, possibilitando o balizamento e a construção ou reconstrução de regras. Estas, enquanto razões imediatas para normas de decisão, são condições da aplicação dos princípios à solução dos casos[35]. Na cadeia argumentativa, uma norma afirma-se tipicamente como princípio ou como regra. De antemão, não se pode definir qual padrão constitui um princípio ou uma regra. Vai depender do modo mediante o qual a norma será incorporada do ponto de vista funcional-estrutural no processo argumentativo. Evidentemente, um padrão pode ser estabilizado como princípio ou regra no sistema (a dignidade da pessoa humana, a proibição da tortura)[36], e essa estabilização pode estar relacionada, não

---

[34] Nesse sentido, Bydlinski (1996, pp. 5-9) fala do "'material jurídico' a ser estruturado".

[35] Voltarei a esse assunto no item 3 deste capítulo.

[36] Em relação à dignidade humana, Alexy distingue uma regra e um princípio (1986, pp. 95 ss. [trad. bras. 2008, pp. 111 ss.]; no mesmo sentido, cf. Barcellos, 2005, pp. 193-4). Mas, se "o princípio da dignidade humana é sopesado diante de outros princípios, com a finalidade de determinar o conteúdo da regra da dignidade hu-

104 · ENTRE HIDRA E HÉRCULES

raramente, à sua textualização constitucional. Mas o surgimento de novos princípios ou regras na cadeia argumentativa é, de início, inexaurível. Além disso, cabe observar que, por se tratar de conceitos normativos análogos aos tipos ideais como categorias gnosiológicas, eles, a rigor, não podem ser imunizados de qualquer contaminação recíproca na prática jurídica. Daí por que se pode falar em híbridos, normas que se encontram em uma situação intermediária entre princípios e regras.

Os híbridos são admitidos inclusive por autores que estabelecem uma demarcação forte entre princípios e regras. Nesse sentido, Dworkin sustenta: "Às vezes, regras ou princípios podem desempenhar papéis bastante semelhantes e a diferença entre eles reduz-se quase a uma questão de forma."[37] A esse respeito, ele se refere à interpretação que a Suprema Corte dos Estados Unidos deu à primeira Seção do *Sherman Act*, que determina ser nulo todo contrato que implique a proibição do comércio. A Suprema Corte interpretou a disposição como regra, mas, ao ter introduzido a expressão "não razoável" no enunciado da regra ("a proibição de comércio não razoável")[38], teria dado a esta uma dimensão de princípio:

> Isso permitiu que tal disposição funcionasse, do ponto de vista lógico, como uma regra (sempre que um tribunal considera que

---

mana" (Alexy, 1986, p. 96 [trad. bras. 2008, p. 113]), isso não modifica nada na distinção entre princípios e regras, valendo para qualquer princípio: depois do processo de concretização, pode-se extrair uma regra correspondente para qualquer princípio. A propósito, ver as objeções de Silva, V. A. (2009, pp. 201-2) à formulação de Alexy, antes chamando atenção para regras imediatamente constitucionais, como a proibição da tortura e do tratamento degradante (art. 5º, inciso III, da CF), que estabelecem limitações absolutas à intervenção no âmbito da dignidade da pessoa humana.

[37] Dworkin, 1991a [1977], p. 27 [trad. bras. 2002, p. 44].

[38] Dworkin (1991a [1977], p. 28 [trad. bras. 2002, p. 45]) cita as seguintes decisões: Standard Oil *v.* United States, 221 U.S. 1, 60 (1911); United States *v.* American Tobacco Co., 221 U.S. 106, 180 (1911).

À PROCURA DE OUTRO MODELO · 105

uma proibição é "não razoável" está obrigado a considerar o contrato inválido) e, do ponto de vista substantivo, como um princípio (o tribunal deve levar em consideração vários outros princípios e políticas para determinar se uma proibição particular em circunstâncias econômicas particulares é "não razoável"). Palavras como "razoável", "negligente", "injusto" e "significativo" desempenham frequentemente essa função. Quando uma regra inclui um desses termos, isso faz com que sua aplicação dependa, até certo ponto, de princípios e políticas que extrapolam a [própria] regra. A utilização desses termos faz com que essa regra se assemelhe mais a um princípio.[39]

Essas hipóteses correspondem àquilo que Aarnio chamou de "regras que são como princípios", apontando para as "regras jurídicas flexíveis que têm um âmbito de aplicação cognitiva ou valorativamente aberto". Mas ele acrescenta outra categoria de híbrido, os chamados "princípios que são como regras", exemplificando com o princípio da liberdade de expressão, que, quando aplicado isoladamente, sem entrar em colisão com outro princípio, como o da proteção à vida privada, pode ser diretamente aplicado à solução de um caso, como na afirmação do direito concreto de publicar um artigo sem sofrer censura[40]. Analogamente, Larenz refere-se a "princípios com a forma de proposições jurídicas" (em contraposição aos "princípios abertos"), "que estão condensados em uma regra imediatamente aplicável"[41]. A esse conceito,

---

[39] Dworkin, 1991a [1977], p. 28 [trad. bras. 2002, p. 45]. Alexy (1979, pp. 70-1) refere-se a essas situações, citando o mesmo trecho, para criticar a tese do tudo-ou-nada.

[40] Aarnio, 1990, pp. 184 e 186 [trad. esp. 1997a, pp. 23 e 25]; cf. também 1997b, pp. 179-80.

[41] Larenz, 1983, p. 461; 1969, pp. 465-6 [trad. bras. 1978, p. 576]. Ele dá o exemplo da máxima constitucional *"nulla poena sine lege"* (*ibidem*), que Alexy, mais tarde, define simplesmente como regra (Alexy, 1986, pp. 92-3 [trad. bras. 2008, p. 109]). Cf. *supra* p. 23.

106 · ENTRE HIDRA E HÉRCULES

recorre o próprio Alexy na formulação inicial de sua teoria dos princípios[42].

Pode-se afirmar que as normas a que Dworkin se refere como sendo "logicamente" regras e "substancialmente" princípios e Aarnio designa "regras que são como princípios" constituem regras incompletas no sentido estrito de Alexy, pois, em parte, no que diz respeito às exceções ou às condições de aplicação que estabelecem explícita ou implicitamente, são suscetíveis de sopesamento com princípios para que seja aplicada imediatamente à solução de um caso. Isso implica claramente a possibilidade de uma colisão da regra com o princípio[43]. Mas, de qualquer maneira, dimensões de princípios estão presentes em uma norma desse tipo. Na prática, portanto, parece-me não ter sentido afirmar que o tipo ideal "regra" se encontre completamente correspondido em situações como essas. É claro que, no final do processo de concretização, após a eventual ponderação da cláusula-exceção ou da cláusula-condição com os princípios colidentes, temos uma regra completa, à qual o caso é subsumível mediante uma norma de decisão. Mas, *prima facie*, trata-se de híbridos, pois há uma dimensão da regra que colide com princípios.

Da mesma maneira, pode-se afirmar que os "princípios que são como regras" no sentido de Aarnio e os "princípios com a for-

---

[42] Alexy, 1979, p. 67, nota 62.

[43] Alexy, 1986, pp. 121 [trad. bras. 2008, p. 140]. Em sentido diverso, ver Silva, V. A., 2009, pp. 51-6, sobretudo por entender que "criada a exceção, vale para ela também o raciocínio de *direito ou dever definitivo*, típico das regras" (p. 56). Parece-me, porém, que nada exclui que a definição de uma exceção prevista na regra dependa de um sopesamento com um princípio colidente no caso concreto, caracterizando-se a regra *prima facie* como incompleta em sentido estrito. Então, o seu caráter definitivo só pode ser fixado no final da cadeia de concretização, com o enunciado completo da regra a aplicar. Mas cabe esclarecer: nos casos controversos, dependentes da argumentação jurídica em torno da definição das normas a aplicar, a regra determinante do direito ou dever definitivo (completa) só surge no final do processo de concretização, para fins de subsunção.

ma de proposições" no sentido de Larenz são, em última instância, regras. Mas, nesse caso, a situação se inverte. Embora *prima facie* a norma possa ser concebida como uma regra imediatamente aplicável (que determina o direito de publicar sem censura o artigo, no caso da liberdade de expressão), ela pode transmudar-se em princípio no decorrer do processo de concretização, desde que haja recurso a princípios colidentes, exigindo uma regra de solução da colisão para que se decida o caso. Nesse sentido, também nos chamados "princípios-regra", trata-se de híbridos normativos no âmbito da diferença típico-ideal entre princípios e regras constitucionais.

Essa referência aos híbridos pode sugerir a busca de outras categorias. Nesse sentido Humberto Ávila introduz a categoria dos "postulados normativos aplicativos", definidos como metanormas ou "normas de segundo grau" que estruturam a aplicação de princípios e regras, estabelecendo a vinculação entre elementos e impondo uma determinada relação entre estes[44]. Nesses termos, distingue entre postulados inespecíficos, que "são aplicáveis independentemente dos elementos que serão objeto de relacionamento" (ponderação, concordância prática, proibição de excesso), e postulados específicos, cuja aplicação "já depende da existência de determinados elementos e é pautada por determinados critérios" (igualdade, razoabilidade, proporcionalidade)[45].

Ávila, na sua própria formulação, não se refere a toda e qualquer metanorma, pois não inclui, por exemplo, os sobreprincípios na categoria dos postulados[46]. Deles se podem deduzir ou mediante eles podem ser fundamentados outros princípios. Assim, por exemplo, ocorre em relação ao "princípio da operacio-

---

[44] Ávila, 2003, pp. 79 ss.
[45] Ávila, 2003, pp. 85 ss.
[46] Ávila, 2003, p. 80.

108 · ENTRE HIDRA E HÉRCULES

nalidade do direito penal como subprincípio do princípio do Estado de direito"[47]. Cabe lembrar também as metarregras, que se referem a outras regras, incluindo várias espécies: regras que dizem respeito imediatamente à *solução* de conflitos internormativos temporais (*lex posterior derogat legi priori*), hierárquicos (*lex superior derogat legi inferiori*), espaciais (normas de reenvio no direito internacional privado) e concernentes ao grau de generalidade (*lex specialis derogat legi generali*); regras de reenvio em geral e de reserva em especial[48]; regras constitucionais de ressalvas (reservas) de direitos fundamentais, remetendo a normas que podem restringi-los[49]; regras de sobredireito processual; e, inclusive, regras superiores em relação às normas que são criadas de acordo com elas (norma constitucional em relação à legal, esta em relação à regulamentar etc.). Essas regras servem de critério imediato de solução de conflitos internormativos ou para a solução do próprio conflito concreto interpessoal. Não se confundem, portanto, com os princípios, pois elas podem ser razões definitivas de normas de decisão de controvérsias jurídicas, ocorram estas na forma de litígios interpessoais concretos, de questões incidentais concernentes à norma a aplicar ou de conflitos no controle abstrato de normas.

Mas também a categoria dos chamados "postulados normativos aplicativos" implica uma diversidade de normas, que tanto podem ser caracterizadas como princípios, como regras ou como híbridos. A introdução dessa categoria decorre da definição estreita dos princípios como "normas imediatamente finalísticas", referentes a "estados ideais de coisa", tal como formulada por Ávila

---

[47] Alexy, 2000, pp. 33-4.
[48] Cf. Guastini, 1995, pp. 67 ss.
[49] Cf. Alexy, 1986, pp. 112 ss. e 263 ss. [trad. bras. 2008, pp. 130 ss. e 291 ss.].

À PROCURA DE OUTRO MODELO · **109**

a partir de Von Wright, Aarnio e Hage[50]. O enquadramento conceitual proposto no presente trabalho não comporta um terceiro "tipo ideal" de normas (sem que se negue aqui a existência de outros padrões no sistema jurídico além das normas). Ou as normas estão no nível reflexivo da ordem jurídica, servindo tanto para o balizamento ou a construção hermenêutica de outras normas, mas não sendo razão definitiva para uma norma de decisão de questões jurídicas, e, portanto, devem ser classificadas primariamente como princípios; ou elas são normas suscetíveis de atuar como razão definitiva de questões jurídicas, não atuando como mecanismo reflexivo, e, portanto, devem ser classificadas primariamente como regras. Se não for possível enquadrá-la primariamente em nenhuma das categorias, cabe falar de híbridos.

Tomemos como exemplo o critério da proporcionalidade. Em relação a este, não interessa aqui a discussão terminológica em torno da correta versão do termo alemão "*Grundsatz*"[51], que tanto pode ser traduzido por princípio quanto por máxima ou postulado[52]. O próprio Alexy, no passado, referia-se à proporcionalidade literalmente como um princípio (*Verhältnismässigkeits*prinzip e não *Verhältnismässigkeits*grundsatz)[53]. Mais tarde, ele sustenta que a proporcionalidade é uma regra, que é satisfeita ou não satisfeita[54]. Parece-me que, a rigor, a proporcionalidade pode ser considerada uma *condição de possibilidade* do funcionamento efetivo e consistente de

---

[50] Cf. *supra* pp. 26-7 e 31-2.

[51] Cf. Silva, V. A., 2009, pp. 168-9.

[52] Jakab (2006, p. 57, nota 36) adverte que, na maioria das línguas europeias, a distinção entre os termos "*Grundsatz*" e "*Prinzip*" seria intraduzível. Cabe acrescentar que, no alemão, às vezes esses termos são sinônimos, às vezes implicam conceitos diversos.

[53] Alexy, 1979, p. 80.

[54] Alexy, 1986, p. 100, nota 84 [trad. bras. 2008, p. 117, nota 84], invocando, a esse respeito, Haverkate, 1983, p. 11.

110 · ENTRE HIDRA E HÉRCULES

uma ordem de regras e princípios, assim como, especialmente, de um ordenamento de direitos fundamentais. Em última instância, ela se apresenta como condição de possibilidade do funcionamento da Constituição de um Estado constitucional. Dizer que ela é uma norma soa, à primeira vista, inadequado. Uma condição de possibilidade de algo não pode constituir esse algo. Mas se, dentro do sistema jurídico, a utilização do critério de proporcionalidade passa a ser concebido como um dever dos encarregados da interpretação-aplicação normativa, a imposição deste dever passa a ser uma norma do sistema. Determina-se a obediência ao critério da proporcionalidade mediante *reentry*: o que é condição de possibilidade da ordem passa a ser norma da própria ordem. Mas essa norma apresenta-se como princípio ou como regra? Aqui cabe uma distinção.

As normas que impõem o uso dos critérios da adequação e da necessidade, normas que exigem a racionalidade pragmática de meios e fins[55] em relação à aplicação dos direitos fundamentais, podem ser vistas claramente como regras. Elas servem imediatamente à solução da controvérsia, apresentando-se como razão definitiva para que se decida se a medida de restrição a direitos fundamentais (ou a interesses coletivos constitucionalmente protegidos) é adequada e necessária ao fim que dispõe a realizar. Quanto à proporcionalidade em sentido estrito, que inclui no seu conteúdo o mandamento do sopesamento ou da ponderação (embora com ele não se confunda[56]), a situação não me parece tão simples. É claro que, se a medida foi desproporcional em sentido

---

[55] Aqui cabe lembrar do conceito de questões pragmáticas de Habermas, que se colocam "na perspectiva de um autor que, perante fins e meios dados, procura os meios adequados à realização de seus fins" (Habermas, 1992, p. 197 [trad. bras. 2003, vol. I, p. 200]). Caberia acrescentar, no nosso contexto, de meios "*mais* adequados" e, portanto, menos gravosos para os interessados (necessidade da medida restritiva de direitos).

[56] Cf. Silva, V. A., 2009, pp. 178-9.

estrito, impõe-se a declaração da respectiva inconstitucionalidade. Isso implica a característica típica de uma regra. Mas proporcionalidade em sentido estrito importa a incidência do mandamento do sopesamento. Na formulação do próprio Alexy, há uma relação recíproca entre esse mandamento, que, segundo ele, implica o mandamento de otimização no sentido mais rigoroso, e os princípios, que ele denomina, em termos mais precisos, "mandamentos a serem otimizados"[57]. Retirada a pretensão otimizante, como será visto mais adiante[58], pode-se observar que, entre o mandamento de ponderação, que é parte constitutiva do critério da proporcionalidade em sentido estrito, e os princípios, há uma circularidade, que implica certa contaminação dos níveis: a determinação pelo mandamento da ponderação de qual princípio tem maior peso ou precedência supõe o maior peso ou a precedência do respectivo princípio no caso e vice-versa. Isso nos leva a crer que a proporcionalidade em sentido estrito, que inclui o próprio mandamento da ponderação, é um híbrido: do ponto de vista estrutural, é uma regra, ou seja, um critério ou uma razão definitiva para a solução do caso; sob o aspecto funcional, é um princípio, pois atua no nível reflexivo do sistema jurídico, articulado com os princípios que pretende sopesar.

Por fim, cabe observar que nem todas as *condições de possibilidade* do funcionamento de uma ordem normativa ou da aplicação de uma norma passam a ser normas mediante *reentry*. Assim como os conceitos de matéria e energia enquanto condições de possibilidade da própria física não constituem uma lei física, o princípio lógico da não contradição enquanto condição de possibilidade da aplicação consistente de normas (pois eu não posso

---

[57] Alexy, 2000, pp. 38-9. Ver *supra* p. 71.
[58] Cf. *infra* item 4 deste capítulo.

112 · ENTRE HIDRA E HÉRCULES

fazer e não fazer algo ao mesmo tempo), não é, em si mesmo, norma, atuando antes como critério para que se definam normas para a solução de conflitos normativos. Da mesma maneira, há critérios para aplicação do princípio da igualdade (por exemplo, definir o que é igual e desigual e a relação entre o igual e o desigual) que não são, eles mesmos, normas, mas sim condições de possibilidade para aplicação desse princípio. Mas isso vale para todo e qualquer princípio (ou regra): sempre se podem apresentar critérios que constituem condições de possibilidade intrínsecas de sua aplicação, sem que disso resulte impreterivelmente que eles configurem normas jurídicas. E, caso contrário, serão, do ponto de vista da estática jurídica, tipicamente regras, tipicamente princípios ou atipicamente híbridos. E a relevância prática e teórica dessa diferença é maior no plano constitucional.

2. Princípios constitucionais como resultantes da positivação do direito: princípios e regras como diferença interna do sistema jurídico

Os princípios constitucionais não podem ser concebidos sem o fenômeno da positivação do direito na sociedade moderna. Isso significa que eles só surgem e têm um significado prático quando ocorre a diferenciação funcional do direito como sistema social.

Em formas arcaicas de sociedade, não estava presente sequer a diferença entre ação e norma nem, correspondentemente, a diferença entre o cognitivo e o normativo. O direito, a rigor, não era *aplicado* por procedimentos, mas sim *afirmado* expressivamente pela represália ou pela reciprocidade, seja diretamente pelos envolvidos ou mediante os rituais tribais[59]. Isso implicava a noção

---

[59] Cf. Weber, 1985, pp. 445-6 [trad. bras. 2004, vol. 2, p. 73]; Schluchter, 1979, p. 146; Habermas, 1982a, vol. 1, pp. 349 e 351; vol. 2, pp. 261 s.; 1982b, p. 135; Luhmann, 1993, p. 257; 1987b, pp. 150 e 154-7; Neves, 1992, p. 25; 2006, pp. 20-1 e 54.

de um direito evidente, mesclado não só com a moral, mas também com as pretensões inquestionáveis sobre o mundo objetivo. Verdade e validade normativa não se distinguiam.

As culturas e civilizações antigas já concebem a distinção entre norma e ação, mas o direito permanece vinculado a uma moral religiosa que está inseparavelmente associada a representações sobre a verdade[60]. Isso leva a uma situação em que as regras convencionais da coletividade são inquestionáveis[61], pois elas estavam diretamente vinculadas a valores *verdadeiros* e imutáveis[62]. Nesse sentido, a imutabilidade do direito tradicional impede uma clara distinção entre regras e princípios. Os procedimentos de aplicação se cingem às normas dogmaticamente partilhadas, diretamente ancoradas nos valores morais e religiosos da respectiva comunidade[63].

Com a introdução da noção de direito natural na evolução da sociedade antiga, passando pelo medievo, e chegando ao limiar da sociedade moderna, torna-se possível a distinção entre regras e princípios. De certa maneira, essa distinção é coincidente com a diferença entre direito natural e direito positivo. Nesse novo contexto, já se admite um direito mutável, o que significa uma transformação na estrutura social. Mas o direito mutável, o positivo, fica subordinado ao imutável, o direito natural[64].

Só quando o direito passa a ser posto basicamente por decisões, ou seja, com a sua positivação na sociedade moderna, ele se

---

[60] Cf. Luhmann, 1987b, p. 185.

[61] Cf. Habermas, 1982a, vol. 2, p. 290.

[62] Cf. Luhmann, 1987b, p. 183.

[63] Inclusive no direito romano, no qual se desenvolvem intensamente procedimentos complexos de solução de casos jurídicos, o direito "permanece assentado na ordem social geral, permanece dependente de estruturas que servem também a outras funções (por exemplo, da família e de uma moral protegida religiosamente)" (Luhmann, 1993, p. 58).

[64] Cf. Luhmann, 1987b, p. 186; 1981, pp. 119-20; Teubner, 1989, p. 73.

114 · ENTRE HIDRA E HÉRCULES

torna permanentemente alterável[65]. À decidibilidade e à mutabilidade do direito associa-se o problema de sua diferenciação funcional e autonomia na sociedade moderna[66]. Diferenciado o direito da moral, superado, institucionalmente, o seu apoio nas noções jusnaturalistas, surge a questão de sua fundamentação como sistema social operativamente autônomo. Em síntese, surgiram três tipos de respostas ao problema da fundamentação do direito após a sua positivação.

Habermas admite que a positivação implica a diferença entre direito e moral, assim como a fundamentação direta das normas jurídicas em princípios jurídicos[67]. Não obstante, ele relaciona o princípio da positivação ao princípio da fundamentação[68]. O direito precisa ser justificado, nessa perspectiva, no âmbito de uma moral pós-convencional ou universalista. No âmbito da tensão entre "faticidade" e "validade", a instrumentalidade política do direito tem como contraponto a sua indisponibilidade moral[69]. Superado o seu "fundamento sacro"[70], o direito precisa ser legitimado por procedimentos racionais, moralmente justificáveis. Esse modelo pode ser concebido como um modelo de fundamentação[71]. Do ponto de vista dos princípios jurídicos, isso significa que sua

---

[65] Cf. Luhmann, 1987b, p. 203; 1983b, p. 141; 1981, p. 125; Neves, 1992, pp. 27-30; em sentido análogo, Weber, 1968b, pp. 215-6; 1985, p. 125 [trad. bras. 2004, vol. 1, p. 142]; Schluchter, 1979, p. 146.

[66] Cf. Luhmann, 1993, espec. pp. 38-123; 1988; 1983a; Neves, 1992, pp. 34 ss.; 2006, pp. 79-85.

[67] Cf. Habermas, 1982a, vol. 1, pp. 351-4; 1992, p. 565 [trad. bras. 2003, vol. II, p. 216].

[68] Habermas, 1982a, vol. 1, pp. 354 ss.; vol. 2, p. 266; 1992, p. 97 [trad. bras. 2003, vol. I, p. 101].

[69] Habermas, 1992, espec. pp. 582 ss.

[70] Cf. Habermas, 1992, pp. 582-3.

[71] Cf. Habermas, 1982a, vol. 1, p. 354; vol. 2, p. 536; 1992, p. 599. A respeito, ver Neves, 2006, pp. 106 ss.

À PROCURA DE OUTRO MODELO · **115**

validade está intimamente relacionada à sua compatibilização com princípios morais.

O modelo oposto é o da desfundamentação. Autores como Derrida e Lyotard podem ser classificados nessa corrente. Na perspectiva de desconstrução de Derrida, um ato de força estaria presente no ponto de partida de qualquer ordem constitucional. Toda tentativa de fundamentação moral da Constituição, do direito e da política configuraria antes um mito a ser desconstruído[72]. Do ponto de vista pós-moderno de Lyotard, os diversos "jogos de linguagem" se fechariam hermeticamente e desenvolveriam uma "agonística" entre si, tendendo a causar "danos" e "vitimar" uns aos outros[73]. A política não seria um jogo de linguagem, muito menos um "estatuto supremo", mas sim "multiplicidade dos gêneros" e, pois, a "ameaça da diferença"[74]. Portanto, nessa orientação não cabe uma referência à fundamentação da ordem constitucional em princípios morais, éticos ou políticos.

Também a teoria sistêmica luhmanniana pode ser enquadrada no modelo de desfundamentação[75]. A positivação levaria à autopoiese e, portanto, ao fechamento operativo do direito, não havendo espaço para questões sobre fundamentos do direito. Mas é possível outra leitura do modelo sistêmico. Nesse sentido, cumpre observar que o fechamento do sistema jurídico decorre da Constituição no sentido moderno, que tem a função de "substituir apoios externos, tais como os que foram postulados pelo direito natural"[76]. Assim sendo, o constitucionalismo aponta para a pre-

---

[72] Derrida 1994, pp. 32 ss. [trad. bras. 2007, pp. 24 ss.].

[73] Lyotard, 1983, espec. pp. 29 e 52; 1979, pp. 20 ss. Cf. Teubner, 1996b, pp. 903-4; 1996a, p. 210; Welsch, 1996, pp. 303 ss.

[74] Lyotard, 1983, p. 200.

[75] Assim a classificou Kasprzik, 1985, pp. 368 ss.

[76] Luhmann, 1990a, p. 187.

116 · ENTRE HIDRA E HÉRCULES

tensão de autofundamentação constitucional do direito. Embora a Constituição possa ser vista como o acoplamento estrutural[77] entre direito e política ou como um mecanismo da racionalidade transversal entre esses sistemas[78], ela atua, do ponto de vista do direito, como o mecanismo reflexivo (normatização de processos de normatização) mais abrangente do sistema jurídico[79]. Evidentemente, essa noção de Constituição é incompatível com as formações sociais pré-modernas, nas quais o direito estava subordinado diretamente ao amálgama formado pela estrutura de dominação política e pela semântica moral-religiosa, como também com as formas autocráticas contemporâneas, em que o direito fica subordinado imediatamente à ideologia eventual do detentor fático de poder. E a Constituição, como aqui entendida, não funciona satisfatoriamente nos casos de simbolismo constitucional, em que há um baixíssimo grau de eficácia social das normas constitucionais, combinada com a forte invocação ao seu texto na retórica jurídico-política. Nessas circunstâncias, a reprodução consistente do direito é bloqueada por intrusões difusas de fatores políticos, econômicos e relacionais no processo de concretização do direito. Portanto a autofundamentação constitucional do direito supõe o funcionamento satisfatório do Estado de direito (ou *rule of law*, de maneira mais abrangente) no plano jurídico e democracia no âmbito político.

A questão da autofundamentação apresenta-se, em primeiro lugar, no plano da dinâmica jurídica, no sentido da tradição kel-

---

[77] Luhmann, 1990a, pp. 193 ss.; 1993, espec. pp. 470 ss.

[78] Neves, 2009, pp. 62 ss.

[79] Em trabalhos anteriores, referi-me antes à *constitucionalidade* como mecanismo reflexivo ou como reflexividade mais abrangente do sistema jurídico (cf., respectivamente, Neves, 2007, pp. 153-5; 1992, pp. 193-5).

seniana[80]. Além da distinção entre legislação e jurisdição ou execução, torna-se, então, relevante a distinção entre constituição e lei.
Dessa maneira, há uma duplicação do código "lícito/ilícito" mediante a introdução da diferença interna "constitucional/incons-
titucional". A autofundamentação constitucional do sistema não
deve, porém, levar a uma compreensão hierárquica linear do sistema jurídico, pois, embora as normas constitucionais sirvam
como fundamento de validade das demais normas jurídicas, os
sentidos normativos da Constituição dependem tanto da legislação quanto dos atos de interpretação-aplicação da Constituição.
Portanto, a partir da própria autofundamentação constitucional
do sistema jurídico, desenvolve-se uma hierarquia entrelaçada no
processo dinâmico de concretização normativa.

Enquanto do ponto de vista da dinâmica jurídica a diferença
primária decorrente da positivação e correspondente autofundamentação constitucional do direito reside na distinção entre
Constituição e lei, a diferença básica que resulta do mesmo processo histórico, do ponto de vista da estática jurídica, consiste na
distinção entre princípios e regras constitucionais, embora esta
seja menos evidente. A partir do momento em que os modelos de
direito natural perdem o seu significado institucional, no âmbito
de uma sociedade cada vez mais complexa, marcada por um dissenso enorme entre perspectivas morais e valorativas, os princípios metajurídicos deixam de atuar praticamente como critério
de orientação normativa. A resposta a esse problema se dá com a
construção paulatina de princípios constitucionais. Dessa manei-

---

[80] A noção kelseniana de "dinâmica jurídica" interessa-me aqui enquanto se refere
aos processos de produção normativa (em contraposição à "estática jurídica", concernente às estruturas normativas), não no que diz respeito à estrutura escalonada
(cf. Kelsen, 1960, pp. 72 ss., 114 ss. e 196 ss. [trad. bras. 2006, pp. 79-80, 121 ss. e
215 ss.]).

118 · ENTRE HIDRA E HÉRCULES

ra, os princípios constitucionais, enquanto normas de normas do ponto de vista da estática jurídica, passam a ser um filtro fundamental em face da pluralidade de expectativas normativas existentes no ambiente do sistema jurídico, com pretensão de abrangência moral. As regras, inclusive as constitucionais, destinadas a atuar, por fim, como razões definitivas de solução de controvérsias jurídicas, mostraram-se insuscetíveis de realizar plenamente essa tarefa seletiva de maneira imediata. Elas, de certa maneira, são subcomplexas para oferecer critérios seletivos perante uma pluralidade desordenada e conflituosa de expectativas normativas no âmbito da moral, dos valores e dos diversos sistemas funcionais da sociedade. Uma Constituição formada apenas de regras seria, perante um contexto social hipercomplexo, inadequada. Os princípios constitucionais, por implicarem certa distância do caso a decidir e uma relação mais flexível entre o antecedente e o consequente, são mais adequados a enfrentar a diversidade de expectativas normativas que circulam na sociedade. Por outro lado, os princípios apresentam-se subcomplexos perante o caso a decidir. As regras, em sua estruturação, mostram-se mais adequadas para oferecer fundamento imediato ao caso a decidir.

Podemos considerar a questão do ponto de vista da estática jurídica retomando a distinção entre complexidade desestruturada (indeterminada, desordenada, desorganizada), estruturável (determinável, ordenável, organizável) e estruturada (determinada, ordenada, organizada)[81]. Essa distinção refere-se à relação entre os elementos: ela poderá ser demasiadamente flexível, permitindo as mais diversas combinações e possibilidades (o caso-limite é o caos), ou pouco flexível, estabelecendo e especificando as combinações admissíveis entre os elementos. A respeito, é oportuna a

---

[81] Cf. *supra* p. 85.

metáfora "fumaça e cristal", na formulação de Henri Atlan[82]. Os sistemas, em geral, se reproduziriam entre variedade (fumaça) e redundância (cristal). No que se refere aos princípios e regras constitucionais no âmbito do sistema jurídico do Estado democrático de direito, a complexidade desestruturada do ambiente, que implica uma pluralidade de valores, interesses e expectativas normativas contraditórias, passaria por um crivo seletivo dos princípios, tornando-se complexidade estruturável. Porém, só com a determinação da regra a aplicar ao caso a complexidade passa a ser estruturada, tornando-se possível a subsunção mediante uma norma de decisão.

Aqui cabe um parêntese. Pode-se afirmar, em outra perspectiva, que os princípios e regras constitucionais são categorias jurídico-dogmáticas. Mas isso não significa dizer que eles estejam apenas no plano da proposição descritiva da "ciência do direito" ou da "doutrina jurídica". A rigor, a distinção radical entre metalinguagem descritiva (da ciência do direito) e linguagem objeto (do direito) é insustentável[83]. A dogmática jurídica é uma forma de reflexão do sistema jurídico dentro do próprio sistema, pretendendo refletir-lhe a identidade[84]. Princípios e regras funcionam na prática argumentativa como normas jurídicas, mas são definidos conceitualmente de forma precisa pela dogmática jurídico-constitucional, entendida como instância do próprio sistema jurídico. Dilui-se, assim, a distinção rigidamente hierárquica entre metalinguagem e linguagem-objeto, pois há uma referência recíproca entre a linguagem do órgão de interpretação-aplicação jurídica e a linguagem dogmático-jurídica a respeito dos princí-

---

[82] Atlan, 1979.

[83] No sentido da crítica de Hofstadter à teoria dos tipos de Russel (cf. *supra* nota 7 do capítulo I). A respeito, ver Neves, 2009, pp. 295-7; 2007, p. 70; 2006, pp. 191-2.

[84] Luhmann, 1974. Cf. Neves, 1992, pp. 204 ss.

120 · ENTRE HIDRA E HÉRCULES

pios e regras constitucionais: a dogmática refere-se à prática jurídica (especialmente dos tribunais e juízes com funções constitucionais) de aplicação de princípios e regras constitucionais para conceituar essas categorias normativas; os órgãos encarregados da concretização constitucional recorrem aos conceitos jurídico-dogmáticos dos princípios e regras constitucionais para aplicar as respectivas normas.

Fechado esse parêntese, pode-se afirmar que, assim como a relação entre Constituição e lei, do ponto de vista da dinâmica jurídica, não importa uma hierarquia linear, mas sim uma relação circular, a diferença entre princípios e regras constitucionais, do ponto de vista de estática jurídica, envolve uma relação de pressuposição recíproca, como será visto a seguir.

3. A relação circular entre princípios e regras constitucionais

Com base no pressuposto de que a distinção entre princípios e regras constitucionais é uma diferença interna do sistema jurídico, configurando duas categorias jurídico-dogmáticas, pode-se observar que regras são normas (gerais) de primeiro grau, estando no plano de observação da primeira ordem em relação ao caso a ser decidido e à norma de decisão. Aqui não se trata de observação de primeira e segunda ordem na dimensão dos elementos (comunicações), de que tratei quando considerei a argumentação jurídica como observação de segunda ordem em face da observância cotidiana e a aplicação burocrática rotineira do direito. A questão diz respeito à observação de primeira e segunda ordem no nível das estruturas (expectativas). As regras condensam expectativas normativas que se dirigem imediatamente à solução do caso.

Considere-se a regra diretamente atribuída ao art. 5º, XLVII, alínea *b*, da Constituição Federal, que proíbe, sem exceção, a pri-

À PROCURA DE OUTRO MODELO · **121**

são perpétua. Da observação do caso a decidir a partir dessa regra pode-se extrair, sem intermediação, a norma de decisão, inclusive quando se trata da análise de outras ordens jurídicas, como tem ocorrido nas inumeráveis decisões sobre extradição para países onde é prevista a pena de prisão perpétua: a extradição só deve ser concedida sob a condição de que o Estado que requer a extradição se comprometa a comutar prisão perpétua para a reclusão por, no máximo, trinta anos, dentro do limite da legislação penal brasileira[85]. E parece-me que essa proibição constitucional não pode ser mitigada em casos subordinados ao Estatuto de Roma do Tribunal Penal Internacional[86], cujo art. 77, nº 1, alínea *b*, prevê a prisão perpétua, "se o elevado grau da ilicitude do fato e as condições pessoais do condenado a justificarem". É claro que, nesse contexto, a situação torna-se um pouco complicada, pois entram em jogo duas outras regras constitucionais: o art. 5º, § 4º, da Constituição Federal, introduzido pela Emenda nº 45, de 2004, que estabelece: "O Brasil se submete à jurisdição de Tribunal Penal Internacional a cuja criação tenha manifestado adesão"; o art. 60, § 4º, inciso IV, do diploma constitucional brasileiro, que veda qualquer emenda tendente a abolir os direitos e garantias individuais. Mas, se considerarmos que a proibição de prisão perpétua inclui-se entre as cláusulas pétreas, ou melhor, faz parte do núcleo de identidade constitucional previsto no art. 60, § 4º, inciso IV,

---

[85] Confirmando os precedentes na experiência jurisprudencial mais recente, cf. os seguintes casos de extradição, todos decididos por unanimidade pelo Pleno do STF: Ext. 1104/UK – Reino Unido da Grã-Bretanha e da Irlanda do Norte, julg. 14/04/2008, DJe 23/05/2008; Ext. 1103/Estados Unidos da América, julg. 13/03/2008, DJe 07/11/2008; Ext. 1060/PU – Peru, julg. 15/10/2007, DJe 31/10/2007; Ext. 1069/ EU – Estados Unidos da América, julg. 09/08/2007, DJe 14/09/2007 e promulgado pelo Decreto nº 4.388, de 25/09/2002. Entrou em vigor no Brasil em 1º/09/2002.
[86] O Estatuto foi adotado em 17 de julho de 1998 e entrou em vigor na ordem internacional em 1º de julho de 2002, tendo sido aprovado pelo Brasil mediante o Decreto Legislativo nº 112, de 2002.

122 · ENTRE HIDRA E HÉRCULES

então não prevalecerá o art. 77, n? 1, do Estatuto de Roma, mesmo se formos além da posição firmada pelo STF no julgamento conjunto do RE 466.343/SP, RE 349.703/RS e HC 87.585/TO[87], no qual se definiu a supralegalidade, mas, simultaneamente, a infraconstitucionalidade dos dispositivos de tratados de direitos humanos ratificados pelo Brasil, caso não passem pelo procedimento previsto no art. 5?, § 3?, da Constituição Federal, equivalente ao de uma Emenda Constitucional. A interpretação pela hierarquia constitucional do tratado de direitos humanos ou a adoção do procedimento previsto no art. 5?, § 3?, em nada modificaria o caráter de cláusula pétrea do art. 5?, XLVII, alínea *b*, da Constituição Federal. Só seria possível a superação dessa regra como inválida se adotássemos a posição da supraconstitucionalidade dos Tratados de Direitos Humanos, que implicaria uma absorção do direito doméstico pelo direito internacional, uma situação insustentável em uma sociedade mundial com perspectivas as mais diversas dos direitos humanos.

Em todo caso, apesar de a argumentação da proibição da prisão perpétua por regra constitucional poder envolver conflitos com regras de direito internacional público, tornando a questão mais complexa, os argumentos à luz exclusivamente de regras tornam viável uma observação de primeira ordem do caso a decidir. Mediante determinação da incidência de uma regra excluem-se do seu âmbito de incidência outras regras, possibilitando-se imediatamente a construção de um fundamento definitivo da norma de decisão do caso, ou seja, a construção de um enunciado completo da regra a ser aplicada.

A situação se torna bem mais complexa, ou melhor, reduz-se o grau de estruturação da complexidade do caso, quando se recorre ao nível dos princípios. A invocação de princípios leva a uma

---

[87] RE 466.343/SP, RE 349.703/RS, HC 87.585/TO, julg. 03/12/2008, TP, DJ 12/12/2008.

observação de segunda ordem em relação ao caso a decidir e da norma de decisão. Não se trata aqui de negar que os princípios constitucionais, inclusive os chamados princípios "abertos", tenham estrutura ou "caráter proposicional"[88], isto é, possam ser expressos em um enunciado em que constem um antecedente e um consequente[89]. Se não pudessem ser expressos em enunciados normativos, não teriam o caráter de norma jurídica. Ocorre que a relação entre antecedente (hipótese normativa do fato) e consequente (hipótese normativa do efeito jurídico) é flexível, importando uma "causalidade jurídica" incompleta. Apenas à luz do princípio, enquanto princípio, não se consegue observar e determinar diretamente a relação entre o fato jurídico e sua eficácia jurídica concreta. Nesse sentido, pode-se dizer que os princípios *prima facie* contam apenas com a hipótese normativa ampla[90]. Só

---

[88] Em sentido contrário, Larenz, 1983, p. 461; 1969, pp. 465-6 [trad. port. 1978, p. 576]. Cf. também Sieckmann, 2006, espec. p. 85.

[89] Canaris, 1983, p. 51 [trad. port., 1989, p. 86]. Cf. *supra* pp. 40-1.

[90] Aqui se poderia apontar para uma aproximação com a noção de hipótese normativa ("suporte fático" abstrato) ampla em contraposição à hipótese normativa restrita das normas de direitos fundamentais, a que se vincula intimamente a distinção entre "teoria externa" e "teoria interna" da restrição dos direitos fundamentais, associadas, respectivamente, à compatibilidade ou incompatibilidade com a ponderação (Alexy, 1986, pp. 290 ss. [trad. bras. 2008, pp. 321 ss.]; Borowoski, 2007, pp. 315 ss.; Silva, V. A.; 2009, pp. 79 ss.; 2006, pp. 31 ss.). Não estou convencido de que haja uma relação intrínseca entre as chamadas "teorias interna e externa" com a ponderação. Quem parte de uma hipótese normativa restrita também pode admitir a ponderação. Nessa orientação, seriam ponderados os limites imanentes (referentes ao campo do restringível) com o "núcleo" relativo. Por exemplo, nada exclui que um defensor da chamada "teoria interna" possa sopesar a função social da propriedade como limite imanente ao direito de propriedade com um "núcleo" relativo desse direito, para determinar a sua dimensão não restringível pela função social. A questão diria respeito a estabelecer, em casos concretos, a medida ou peso da função social como limite imanente. Seria apenas outra roupagem terminológica e conceitual, distinta da usada por um defensor da teoria externa que admitisse a ponderação nos mesmos termos. Nesse sentido, a distinção em si mesmo não teria nenhum significado prático para o problema da ponderação. Ao contrário desse modelo que parte da obra de Alexy, utilizo a distinção entre hipótese normativa

124 · ENTRE HIDRA E HÉRCULES

no desenvolvimento do processo concretizador delimita-se, à luz de regra, a hipótese normativa, possibilitando a transformação do suporte fático (concreto) em fato jurídico irradiador de efeitos jurídicos concretos. Mas a questão de uma estrutura "proposicional" flexível no estabelecimento do vínculo entre antecedente e consequente normativo e, portanto, sempre incompleta para fins de subsunção do fato à norma não significa a carência de uma dimensão "proposicional" nos princípios. Enquanto norma, eles precisam ser expressos em enunciados normativos com estrutura "proposicional".

A essa questão deve ser relacionada a distinção entre princípios e metarregras, já acima adiantada. As metarregras são normas que se referem a normas e, portanto, também são normas de normas, como, por exemplo: *lex posterior derogat legi priori, lex superior derogat legi inferiori, lex specialis derogat legi generali*, regras de reenvio em geral e de reserva em especial, regras constitucionais de ressalvas (reservas) de direitos fundamentais, regras de sobredireito processual e regras superiores em relação às normas que são criadas de acordo com elas na dinâmica jurídica (norma constitucional em relação à legal, esta em relação à regulamentar etc.)[91], assim com as regras referentes ao primeiro e segundo critério da proporcionalidade (da adequação e da necessidade). Mas, em relação às regras desse tipo, embora se fale de "norma de segundo grau"[92], não se trata, no sentido rigoroso da teoria dos sistemas, de observação de segunda ordem de casos a decidir ou de normas de decisão. As metarregras (ou, em formulação mais abran-

---

ampla e restrita apenas para distinguir entre a hipótese normativa no início do processo de concretização (*prima facie*) e a hipótese normativa no final desse processo, importando esta última a construção de uma regra definitiva e completa, atribuída direta ou indiretamente ao texto constitucional.

[91] Cf. *supra* p. 108.

[92] Ávila, 2003, p. 80.

À PROCURA DE OUTRO MODELO · 125

gente, as regras que se referem a normas gerais) servem como fundamento definitivo para a solução de uma controvérsia jurídica: solução incidental ou abstrata de um conflito internormativo, solução de uma controvérsia sobre a norma a aplicar a um caso, solução de uma questão referente ao âmbito de incidência de outras normas, solução processual do conflito normativo de direito substantivo ou mesmo de direito processual etc. A partir delas, é sempre possível construir imediatamente uma norma de decisão do caso, podendo este inclusive configurar um conflito abstrato de normas. Nesse sentido, à luz delas, sempre é possível uma observação de primeira ordem do caso a decidir e da norma de decisão. Os princípios, ao contrário, permanecem, na dimensão estrutural, sempre no plano da observação de segunda ordem, não oferecendo critérios definitivos para a solução do caso.

Da caracterização dos princípios como normas de normas no plano da observação de segunda ordem não se deve inferir que os princípios são argumentos normativos, ao contrário das asserções normativas, que expressariam normas definitivamente válidas[93]. Cabe distinguir entre argumentos como elementos do sistema, ou seja, no plano das comunicações, dos princípios, que se encontram como normas no plano da estrutura do sistema. É claro, como já foi afirmado acima, que a argumentação implica a observação de segunda ordem na dimensão dos elementos sistêmicos, isto é, no plano da comunicação jurídica. Os princípios importam observação de segunda ordem no nível das estruturas, a saber, das expectativas normativas estabilizadas como normas jurídicas. De fato, a distinção entre princípios e regras só se torna relevante no plano da argumentação. Os argumentos, embora sir-

---

[93] Sieckmann, 2006, espec. p. 85. Posteriormente, ele formula de outra maneira, afirmando que os princípios são "premissas fundamentais de um argumento normativo" (2009, p. 24), em um estilo conceitualmente confuso.

126 · ENTRE HIDRA E HÉRCULES

vam à redundância do sistema por diminuir o "valor-surpresa" de outros argumentos e, por fim, das decisões, dela se distingue por levar à sua assimetrização mediante a referência a fundamentos ou razões[94]. Nesse sentido, eles constituem comunicações que se referem tanto aos princípios quanto às regras, que constituem programas como razões de decidir.

Um caminho seria sustentar, simplesmente, que os princípios constitucionais não são normas jurídicas, pois estas só surgiriam no final do processo de concretização[95]. Nessa perspectiva, as normas jurídicas só seriam as regras completas como razões definitivas de normas de decisão do caso. Essa tese, que já enfrentei acima a respeito das normas em geral[96], embora tenha uma força de sedução, parece-me desconsiderar uma questão importante: se a norma jurídica só surgisse no final do processo de concretização, os juízes e órgãos de interpretação-aplicação em geral não estariam subordinados a nenhuma norma jurídica em sua atividade de concretização do direito; a dupla contingência entre a instância institucional de *produção* normativa (legislador em sentido amplo) e a instância de *construção* hermenêutica vinculante da norma (juiz no sentido amplo) implica remissões recíprocas na dação de sentido (*alter*: "eu digo que tu dirás isso"; *ego*: "eu digo que tu disseste isso"). O órgão de interpretação-aplicação normativa não pode romper com essa dupla contingência, desconhecendo o órgão de produção institucional do direito. A interpretação e a argumentação jurídica são dependentes de texto[97]. E aquele que produz texto normativo sempre lhe atribui um sentido. O legislador ou o constituinte não produzem apenas significantes (assim

---

[94] Luhmann, 1986c, pp. 35 e 37.
[95] Cf. Müller, F., 1994, p. 202. Ver *supra* pp. 8-9.
[96] Ver *supra* pp. 8-11.
[97] Luhmann, 1993, p. 342.

À PROCURA DE OUTRO MODELO · 127

como o juiz não cria apenas o texto sentencial de tal maneira que a norma sentencial só surgiria com a sua interpretação pelas partes ou pelo órgão de execução). Pressupõe-se que ele dê um sentido ao texto, que, então, será discutido no processo de concretização normativa como construtivo de normas jurídicas. É nesse contexto que o órgão de interpretação-aplicação normativa atribui princípios à Constituição, definindo-os como normas jurídicas a que está vinculado na determinação da regra jurídica que servirá de razão definitiva da solução do caso: "eu devo, à luz dos princípios válidos na ordem constitucional, determinar essa regra como razão definitiva do presente caso".

Os princípios constitucionais como normas no plano da observação de segunda ordem de casos a decidir e de normas de decisão apresentam, na cadeia argumentativa, uma maior capacidade de desenvolver a heterorreferência. De certa maneira, eles sempre apontam para algo que já existiria fora do sistema jurídico (valores, princípios morais, interesses gerais etc.). Mas essa formulação pode levar a equívocos, no sentido de negar a autonomia do sistema jurídico como característica do Estado constitucional[98]. A esse respeito, é comum a formulação paradoxal de que os princípios estão fora, mas só se tornam jurídicos quando recebem uma chancela por órgão com competência determinada pela respectiva ordem jurídica. Nesse sentido, Esser, por um lado, afirma: "o precedente não é apenas meio pelo qual um princípio até então desconhecido torna-se visível – não, este não existiria sem aquele"[99]. Por outro, ele sustenta, em relação especificamente ao "sistema continental europeu", que o precedente não é "vinculante por força da autoridade formal do 'Stare Decisis', mas sim

---

[98] Cf. Luhmann, 1993, p. 347.
[99] Esser, 1956, p. 284.

128 · ENTRE HIDRA E HÉRCULES

por força da imposição nele confirmada de um princípio"[100]. Esse modelo circular[101], porém, sugere certa relação imediata na absorção de elementos externos pela ordem jurídica[102]. O juiz teria a competência de reconhecer os princípios preexistentes dando-lhes força jurídica. Mas, vista dessa maneira, a questão implica uma postura que desconsidera a exigência funcional de autonomia do sistema jurídico em uma sociedade complexa. Os princípios jurídicos, sobretudo os constitucionais, têm uma tarefa fundamental de selecionar, do ponto de vista interno do direito, expectativas normativas com pretensão de validade moral, valores-preferência ou valores-identidade de grupos, interesses por estabelecimento de padrões normativos, assim como expectativas normativas atípicas as mais diversas, que circulam de forma conflituosa no ambiente ou contexto do sistema jurídico. O que é princípio moral para um grupo não o é para outros; os valores de um grupo são antagônicos aos de outros; não só o interesse de um grupo se opõe ao de outro, mas também o que é interesse geral para certos setores da sociedade contradiz o que seja interesse geral na perspectiva de outros. Tanto em relação às regras em geral (na estática jurídica) quanto em relação aos princípios infraconstitucionais (na dinâmica jurídica), os princípios constitucionais apresentam, respectivamente, maior mobilidade para exercer um papel seletivo perante essa diversidade contraditória, em uma esfera pública caracterizada pelo dissenso estrutural. E eles não são apenas *construídos* hermeneuticamente mediante os precedentes. Eles podem decorrer imediatamente do texto constitucional, ou seja, ser atribuídos diretamente a uma disposição normativa da Constituição. Mas a mobilidade e a abrangência dos princípios

---

[100] Esser, 1956, p. 275.

[101] Pascua (2005, p. 21) fala em "círculo vicioso".

[102] "Princípio e casuística formam uma unidade funcional" (Esser, 1956, p. 275).

constitucionais não excluem que os conflitos externos sejam reproduzidos internamente, de tal maneira que, com um mesmo princípio, frequentemente, podem ser fundamentadas decisões antagônicas[103]. A isso se relaciona o perigo do abuso de princípios, que decorre da probabilidade de que, em certos contextos, eles sirvam retoricamente para encobrir manipulações que bloqueiam a autoconsistência constitucional da respectiva ordem jurídica[104].

Do ponto de vista da estática jurídica, os princípios constitucionais, enquanto normas jurídicas gerais com base nas quais se desenvolve a observação de segunda ordem dos casos constitucionais a decidir e das respectivas normas de decisão, constituem mecanismos reflexivos ou, mais precisamente, são as estruturas mais abrangentes de reflexividade do sistema jurídico[105]. A reflexividade diz respeito à referência de um processo a processos sistêmicos da mesma espécie. Assim, pode-se apontar para a decisão sobre a tomada de decisão nas organizações, a normatização da normatização no direito, o ensino do ensino (ou a educação do educador), o aprendizado do aprendizado na educação, o poder sobre o poder na política, a troca referente à troca (monetarização ou, em outro plano, o financiamento do uso do dinheiro) na economia, a comunicação amorosa sobre o próprio amor[106]. A reflexividade relaciona-se imediatamente à autorreferência de processos, mas ela tem um significado no plano das estruturas. Por exemplo, a troca (processo), ao implicar a moeda (estrutura), relaciona-se com a reflexividade no plano estrutural, um ter de segunda ordem (dinheiro) referente ao ter de primeira ordem (bens).

---

[103] Luhmann, 1993, p. 347.

[104] Retornarei a esse problema no Cap. IV.

[105] Na perspectiva da dinâmica jurídica, a Constituição apresenta-se como instância reflexiva mais abrangente do sistema jurídico (cf. *supra* p. 116).

[106] Luhmann, 1984, pp. 93-9; 1987a, espec. pp. 612-3.

130 · ENTRE HIDRA E HÉRCULES

Os argumentos referentes aos princípios são processos reflexivos à luz dos princípios como estrutura de reflexidade, ou seja, como normas reflexivas em relação a normas.

Os mecanismos ou processos reflexivos e as respectivas estruturas de reflexividade incrementam a dinâmica do sistema correspondente em um ambiente supercomplexo. Em sociedades menos complexas, o desenvolvimento de mecanismos reflexivos é muito limitado[107]. A troca de bens era suficiente para a dinâmica da economia. A falta de educação formal na escola tornava irrelevante educar o educador. A dominação fundada religiosamente não era suscetível de subordinar-se a controles por outro poder político. A fundamentação do direito em verdades imutáveis tornava dispensável uma normatização de processos de produção de normas gerais. As decisões ocorriam fora de estruturas organizacionais, dependendo seja de padrões fixados na tradição, seja de critérios concretos e difusos do eventual detentor do poder. O próprio amor não refletia sobre si mesmo, pois, paradoxalmente, de um lado, tinha o caráter da espontaneidade e, de outro, estava subordinado imediatamente a determinações religiosas, familiares e políticas[108].

Com o aumento da complexidade social, que implica a exigência de diferenciação e especificação funcional, a autonomia dos respectivos sistemas sociais passa a depender do desenvolvimento de estruturas e processos reflexivos. Diante a hipercomplexidade social, os mecanismos e estruturas de observação de

---

[107] Luhmann, 1984, p. 92.

[108] A tragédia "Romeu e Julieta", de William Shakespeare, pode ser lida também como expressão artística da crise de passagem para a forma institucionalizada do "amor moderno", caracterizado pela pretensão de autonomia em relação à religião, à política e à família (embora sirva para fundar uma família), o que implica o desenvolvimento de mecanismos reflexivos sobre a própria relação amorosa e a romantização do amor (o amor do amor).

primeira ordem tornam-se insuficientes para viabilizar uma reprodução socialmente adequada dos respectivos sistemas. Se considerarmos o mecanismo monetário, essa situação ficará muito clara. O que seria da abolição do mecanismo monetário na economia contemporânea? Sem dúvida, o retrocesso ao escambo em um mundo de transações intensas no plano financeiro significaria uma catástrofe global. Mas a moeda e as transações financeiras, como qualquer estrutura e processo reflexivo, têm um lado diabólico. Se o mecanismo monetário ou financeiro desvincula-se demasiadamente do ter bens que satisfaçam diretamente necessidades humanas, ele leva a uma crise social grave: a economia não só perde sua consistência, mas também se torna socialmente inadequada. O excesso de orientação para os bens destinados à satisfação de necessidades diretas tende a prejudicar a consistência monetária do sistema econômico; a orientação excessiva pelos mecanismos monetários e financeiros pode levar à inadequação da economia perante o seu ambiente social (e – por que não dizer – natural). Nesses contextos, surgem inflação, deflação, redução do setor produtivo, "bolhas" etc.

Analogamente se passa com os princípios constitucionais como estrutura reflexiva do sistema jurídico. É claro que aqui as implicações são diversas, pois, ao contrário da economia, sistema primariamente cognitivo, o direito é primariamente normativo. Os princípios são mecanismos reflexivos em relação às regras. Eles podem servir ao balizamento, à construção, ao desenvolvimento, à fortificação ou ao enfraquecimento, à restrição ou ampliação de conteúdo de regras. Em relação às regras diretamente atribuídas a texto constitucional ou legal, sobressai sua função de balizamento, fortificação ou enfraquecimento e ampliação ou restrição de seu conteúdo. A respeito de regras atribuídas indiretamente a texto constitucional ou legal, destaca-se sua função como

132 · ENTRE HIDRA E HÉRCULES

critério de construção ou desenvolvimento hermenêutico de regras. Dessa maneira, os princípios constitucionais fortificam a capacidade de reprodução adequada do sistema jurídico. As regras – sobretudo as constitucionais, por sua pretensão de abrangência –, sem a reflexividade dos princípios constitucionais, apresentam-se subcomplexas como critérios isolados para o tratamento e solução dos casos constitucionais que são marcados por uma alta complexidade. Elas servem melhor à consistência ou autorreferência do sistema jurídico, mas são limitadas no que diz respeito à adequação social do direito. Os princípios constitucionais, ao contrário, embora não possam desprezar a consistência do sistema jurídico, desempenham sua função especialmente em relação à adequação social do direito, em particular nos casos controversos mais complexos. Pode-se dizer que a argumentação orientada primariamente pelas regras constitucionais é uma argumentação formal, mediante a qual o sistema jurídico pratica a autorreferência, sendo-lhe fundamental "a necessidade de se chegar a uma decisão e de evitar um mergulho em toda a complexidade dos dados de fato do mundo [*Weltsachverhalte*]"[109]. Já a argumentação orientada primariamente por princípios constitucionais pode ser vista como uma argumentação substancial, na qual o sistema pratica heterorreferência, inclusive com respeito a "uma dada moral da sociedade", evitando isolar-se mediante a argumentação formal[110]. Portanto, a importância dos princípios constitucionais relaciona-se com capacidade de viabilizar uma reprodução complexamente adequada do sistema jurídico em relação à sociedade como um todo, ou melhor, ao ambiente social (e natural, ao menos como conteúdo de comunicações) do direito.

---

[109] Luhmann, 1993, pp. 393-4.

[110] Luhmann, 1993, p. 394; 2013, p. 281. A respeito desses dois modos da argumentação, ver Summers, 1992, que caracteriza a relação entre eles como "um mistério complexo e intrigante" (p. 153).

Mas assim como o dinheiro na economia, os princípios constitucionais (e outras estruturas reflexivas de sistemas sociais) também são diabólicos. É verdade que um sistema jurídico moderno que superestime as regras em detrimento dos princípios constitucionais tende a uma consistência excessivamente rígida, isolando-se do seu ambiente: a rigidez do cristal torna-o socialmente inadequado perante uma sociedade altamente dinâmica e complexa. Entretanto, a fascinação pelos princípios constitucionais, em detrimento das regras, tende a bloquear a consistência jurídica, dissolvendo o direito amorfamente em seu ambiente e subordinando-o imediatamente às intrusões particularistas do poder, do dinheiro, dos moralismos intolerantes, dos valores excludentes inegociáveis etc. O caráter amorfo da fumaça principialista torna o direito inconsistente e, simultaneamente, não adequado aos fatores sociais do seu ambiente, mas sim subordinado imediatamente a eles. Daí resulta a inflação de princípios, que pode levar, no limite, à desestabilização das expectativas normativas, à insegurança jurídica e à desconfiança no funcionamento da própria ordem constitucional. Nesse contexto, os princípios apresentam-se como *topoi* argumentativos de uma retórica que encobre a inconsistências do direito. Essa situação relaciona-se com o fato de que os princípios podem ser vistos como fórmulas de redundância (eles reduzem o grau de surpresa das decisões) que "parecem ser compatíveis com qualquer medida de variedade do sistema"[111]. Essa característica não deve, porém, levar a um desprezo aos princípios, na defesa a um retorno formalista ao modelo de regras[112],

---

[111] Luhmann, 1993, p. 348.

[112] De certa maneira, pode-se afirmar que a defesa do formalismo jurídico reaparece como reação ao excesso substantivista da invocação a princípio e, correspondentemente, ao uso do sopesamento. Nesse sentido pode ser compreendida a contribuição de Schauer, 1998b. Por sua vez, no plano do direito internacional, Koskenniemi (2002, pp. 494 ss.) defende "uma cultura do formalismo" em contraposição ao realismo das relações internacionais.

134 · ENTRE HIDRA E HÉRCULES

pois isso levaria à hiperconsistência jurídica e à inadequação social do direito. À principialização do direito constitucional no plano estático (do conteúdo normativo), entendida como um modelo que despreza as regras constitucionais (ao lado da constitucionalização do direito no nível dinâmico, compreendida como um modelo que subestima a legislação infraconstitucional[113]) cabe, antes, contrapor um modelo de articulação entre princípios e regras constitucionais (ao lado de uma articulação construtiva entre direito constitucional e direito infraconstitucional).

Nessa perspectiva, apresenta-se a questão da circularidade entre princípios e regras no processo de concretização constitucional. Não há uma relação linear entre estruturas ou processos reflexivos e estruturas e processos "reflexionados". A reflexividade em geral implica uma relação circular. Tome-se, novamente, a moeda como exemplo: O que vale a moeda sem os bens ou sem poder de comprá-los? E o que valem os bens, em uma sociedade complexa, sem valor monetário? Essa implicação recíproca encontra-se analogamente na relação entre princípios e regras constitucionais no plano da estática jurídica (assim como entre Constituição e lei ou entre Constituição e decisão judicial em matéria constitucional na dinâmica jurídica). Os princípios constitucionais servem ao balizamento, construção, desenvolvimento, enfraquecimento e fortalecimento de regras, assim como, eventualmente, para restrição e ampliação do seu conteúdo. Em suma, pode-se dizer, com o devido cuidado, que eles atuam como razão ou fundamento de regras, inclusive de regras constitucionais, nas controvérsias jurídicas complexas. Mas as regras são condições de aplicação dos princípios na solução de casos constitucionais (ver figura 1). Ou seja, caso não haja uma regra diretamente atribuída

---

[113] De certa forma, pode-se verificar certa afinidade e cooriginariedade entre principialismo constitucional e constitucionalização do direito.

a texto constitucional ou legal nem seja construída judicialmente uma regra à qual o caso possa ser subsumido mediante uma norma de decisão, os princípios perdem o seu significado prático ou servem apenas à manipulação retórica para afastar a aplicação de regras completas, encobrindo a inconsistência do sistema jurídico. A inflação de argumentos principialistas implica a perda de importância dos princípios constitucionais como critério de solução de casos. A relação reflexiva circular entre princípios e regras implica uma fortificação recíproca das respectivas estruturas (normas) e processos (argumentos).

Figura 1
Relação de circularidade reflexiva entre princípios e regras constitucionais

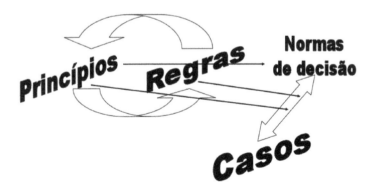

Quando, porém, as regras constitucionais precisam ser articuladas à luz de princípios constitucionais na cadeia de concretização, elas se tornam incompletas no sentido estrito, pois dimensões delas tornam-se passíveis de ser cotejadas e ponderadas com os respectivos princípios. Essa situação traz à tona novamente a questão da norma que se apresenta como critério imediato para a

136 · ENTRE HIDRA E HÉRCULES

solução do caso e a construção da respectiva norma de decisão[114]. Em casos constitucionais mais complexos, nos quais são articulados diversos princípios e regras constitucionais na cadeia argumentativa, há as normas que são invocadas e a(s) norma(s) que é (são) aplicada(s) direta e indiretamente como razão ou critério definitivo para a solução do conflito. Nos termos da figura 2, apresenta-se no ambiente social do processo de concretização constitucional uma diversidade contraditória de valores, pretensões morais, interesses e expectativas normativas atípicas. Na rede ou cadeia da argumentação constitucional, invocam-se princípios e regras constitucionais. Mediante a invocação de princípios, inicia-se um primeiro passo seletivo na estruturação da complexidade do caso em face dos valores, pretensões morais e interesses que circulam no ambiente social do processo de concretização: busca-se um caminho de passagem da complexidade desestruturada à estruturável. Por meio da invocação de regras, dá-se um passo além: procura-se tornar estruturada a complexidade do caso. Mas as regras e os princípios invocados, sobretudo em um colegiado no qual os votos são exarados individualmente, são insuscetíveis de oferecer critérios de solução. No interior do processo de concretização, surge uma nova seleção, determinando-se quais princípios e regras devem ser aplicados. Os primeiros são aplicados mediatamente, ou seja, mediante regras completas como razões ou critérios definitivos de solução do caso e construção da respectiva norma de decisão. A estratégia teórica de que só a regra completa e definitiva é norma jurídica, sendo os princípios e regras incompletas apenas sentidos normativos de argumentos e enunciados, parece-me, como já afirmei anteriormente, problemática, pois pode levar ao equívoco de que o processo de concretização

---

[114] Cf. *supra* Cap. II.3, espec. pp. 84-5.

constitucional e os juízes nele envolvidos não estariam subordinados a nenhuma norma jurídica, o que importa a invisibilização do legislador constituinte e, portanto, a negação da dupla contingência entre instância de produção institucional da norma e instância de sua construção hermenêutica com força vinculante.

Figura 2
Concretização constitucional por princípios e regras

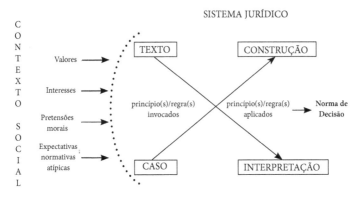

Consideremos o Habeas Corpus n.º 82.424/RS, em que o pleno do STF caracterizou como crime de racismo a publicação de livro de conteúdo antissemítico (a negação do holocausto), para concluir pela sua imprescritibilidade[115]. Nesse caso, tratava-se da controvérsia da aplicação da regra penal atribuída ao art. 20 da Lei n.º 7.716, de 5 de janeiro de 1989, na redação dada pela Lei n.º 8.081, de 21 de setembro de 1990, que estabelecia: "Praticar, induzir ou incitar, pelos meios de comunicação social ou por publicação de qualquer natureza, a discriminação ou preconceito de raça, por religião, etnia ou precedência nacional. Pena: reclusão

---
[115] HC 82.424/RS, julg. 17/11/2003, TP, DJ 19/03/2004.

138 · ENTRE HIDRA E HÉRCULES

de dois a cinco anos."[116] Além disso, tratava-se do enquadramento dessa regra à hipótese prevista no art. 5º, inciso XLII, da Constituição Federal, que determina a imprescritibilidade do crime de racismo. Em primeiro lugar, cabia indagar se o suporte fático (concreto), a publicação de um livro negando o holocausto, enquadrava-se na regra penal. Em segundo lugar, caso fosse enquadrado, se essa regra tipificava crime de racismo, imprescritível nos termos do art. 5º, inciso XLII. A questão, à primeira vista, poderia converter-se em um caso "fácil" de subsunção a regras constitucionais e legais. Mas se recorreu ao plano dos princípios. O condenado invocou o princípio da liberdade de expressão. Na discussão judicial no STF foram invocados princípios colidentes, como o da dignidade da pessoa humana e o da não discriminação[117]. Mediante a invocação desses princípios, as respectivas regras constitucionais e legais tornaram-se incompletas. A questão poderia ser considerada sob três aspectos: 1) a constitucionalidade da regra legal com base em princípios, para definir se esta, ao incluir na hipótese de crime de racismo a publicação de livros com conteúdo discriminatório de grupos étnicos ou religiosos, teria ultrapassado ou não o âmbito de incidência do art. 5º, inciso XLII, da Constituição, interpretado à luz do princípio da dignidade humana e da não discriminação ou do princípio da liberdade de expressão; 2) a exclusão ou inclusão do suporte fático concreto do âmbito de incidência da regra legal, também definível à luz de princípios constitucionais; 3) admitido o enquadramento legal, a inclusão ou exclusão da hipótese normativa da regra penal (pressuposta a sua constitucionalidade) no âmbito de incidência da regra constitucional referente ao crime imprescritível de racismo

---

[116] Esse dispositivo foi novamente alterado pela Lei 9.459, de 15 de maio de 1997.
[117] Ver *infra* pp. 212-3.

(seria crime de discriminação, mas não crime de racismo), igualmente definível à luz de princípios constitucionais. Na primeira e terceira possibilidades de tratamento do caso, pode caracterizar-se a mediatidade dos princípios em relação à norma de decisão, pois se trata de definir a constitucionalidade da regra legal diretamente em face do art. 5º, inciso XLII, interpretado à luz dos princípios constitucionais, ou o enquadramento da hipótese legal no âmbito de incidência da regra atribuída a esse dispositivo constitucional, interpretado também com base nos princípios a aplicar. Mas, inclusive na segunda alternativa, independente de haver o dispositivo constitucional sobre o crime de racismo, é possível falar-se de uma mediatidade, pois a solução da questão não pode decorrer diretamente dos princípios, mas sim da regra penal, concretizada à luz de princípios constitucionais. Além disso, cabe sustentar que a solução da própria controvérsia sobre a constitucionalidade, o enquadramento legal do suporte fático (completo) ou o enquadramento constitucional da hipótese legal exige a construção de uma regra atribuída indiretamente ao texto constitucional, nos seguintes termos: "O enquadramento penal [como crime de racismo nas alternativas 1 e 3] da publicação de livros que neguem o holocausto é permitido do ponto de vista do princípio constitucional da dignidade da pessoa humana [ou da não discriminação]." De certa maneira, regra com esse conteúdo foi construída pela maioria dos ministros do STF no caso "Ellwanger", tendo sido atribuída indiretamente ao texto constitucional. Como norma geral definida por precedente, ela reduz o "valor-surpresa" da decisão de futuros casos em que o suporte fático tenha o mesmo núcleo do suporte fático do crime de Ellwanger: publicação negadora do holocausto. Mas nada exclui que, em futuros casos, fatos jurídicos com características idênticas e as respectivas regras legais e constitucionais sejam compreendidos de

140 · ENTRE HIDRA E HÉRCULES

maneira inversa, à luz, por exemplo, da liberdade de expressão ou da liberdade científica. A isso se relaciona que, sobretudo as decisões tomadas com base em princípios a que se contrapõem outros, expressam uma racionalidade que é fortemente marcada pela falibilidade[118], sendo superável com a introdução de novos argumentos principialistas: Hidra gera novas cabeças.

Em suma, pode-se concluir a respeito do exposto neste item: os princípios constitucionais como normas no plano da observação de segunda ordem de casos a decidir e normas de decisão são estruturas reflexivas com respeito às regras; a relação entre princípios e regras implica uma relação circular reflexiva na dimensão da estática jurídica; a concretização constitucional exige uma regra completa ("norma geral") como critério imediato para a solução do caso mediante a norma de decisão; há uma impossibilidade prática de aplicação imediata de princípios sem intermediação de regras, sejam estas (atribuídas diretamente a dispositivos) legais ou constitucionais ou construídas (atribuídas indiretamente ao texto constitucional) jurisprudencialmente[119]; a argumentação focada excessivamente em princípios constitucionais é sobre-

---

[118] O termo "falibilidade" não deve ser compreendido aqui no sentido de "*defeasibility*" ou "*derrotabilidade*", amplamente empregado no debate em torno de regras, princípios e argumentos jurídicos, com uma forte carga normativa e um apelo à lógica (a respeito, cf., entre muitos, Hart, 1948-1949; Baker, 1977; Alchourrón, 1996; Schauer, 1998a; Weinberger, 1999, pp. 246-8; Hage e Peczenik, 2000; Tur, 2001; Atria, 2001, pp. 37-44, 122-40 e 172-84; Prakken e Sartor, 2004; MacCormick, 2005, espec. pp. 239-53 [trad. bras. 2008, pp. 309-28]; Sartor, 2008; 1994, pp. 185 ss.; Vale, 2009, pp. 116-20). Eu o emprego aqui no âmbito do conceito sistêmico de contingência, referente abrangentemente à estrutura social: "Por *contingência* entendemos o fato de que as possibilidades apontadas para as demais experiências poderiam ser diferentes das esperadas", significando "perigo de desapontamento e necessidade de assumir riscos" (Luhmann, 1987b, p. 31).

[119] No mesmo sentido, mas com base em pressupostos diversos, ver Larenz, 1983, pp. 405 e 461; 1969, pp. 465-6 [trad. port. 1978, p. 576], em relação aos "princípios abertos" (em contraposição aos "princípios com a forma de proposições jurídicas").

À PROCURA DE OUTRO MODELO · 141

maneira falível, deixando amplo espaço para que se superem as próprias regras constitucionais desenvolvidas a partir dela.

4. Da otimização à concorrência: limites da "ponderação"

Não há dúvida de que a exigência de ponderação ou sopesamento em caso de colisão entre princípios constitucionais (e, em geral, entre normas) é, *tout court*, inafastável. Mas a ponderação é apenas uma entre as técnicas que possibilitam a aplicação consistente de princípios constitucionais. Além disso, o vínculo entre ponderação e otimização, ou seja, a noção idealista do mandamento de ponderação otimizante, subestima a complexidade de casos constitucionais em que se argumenta primariamente à luz de princípios.

Alexy parte de um modelo contrafactual de ponderação otimizante. Nesse sentido, como já afirmado acima, a sua concepção se aproxima da noção de uma única decisão correta ou da melhor decisão, no sentido de Dworkin[120]. Otimizar significa encontrar a melhor decisão dentro das condições jurídicas e fáticas que envolvem o caso. Esse mandamento só poderia ter um significado prático se partíssemos de um juiz monológico (Hércules em Dworkin), sujeito soberano da decisão do caso, ou de uma intersubjetividade orientada consensualmente para a busca de solução do caso mediante argumentação racional, tendo como referência as condições ideais do discurso[121]. Essas duas perspectivas parecem muito simples, tanto descritiva quanto prescritivamente, para a compreensão e a intervenção em conexões sociais (em geral) e jurídicas (em especial) de ações e comunicações em uma sociedade hiper-

---

[120] Cf. *supra* pp. 82-3, espec. nota 132.
[121] Nesse sentido, cf. Alexy, 1983, pp. 155 ss., a partir de Habermas, 1986, pp. 127-83 (artigo "*Wahrheitstheorien*" ["Teorias da verdade"], publicado originariamente em 1972).

142 · ENTRE HIDRA E HÉRCULES

complexa. As variáveis sociais e jurídicas que levam à determinação da solução dos chamados casos difíceis são as mais diversas. A dupla contingência que se manifesta nas comunicações dos vários envolvidos nas controvérsias jurídicas em que a discussão e a argumentação em torno de princípios constitucionais colidentes são predominantes importa sempre perspectivas diferentes e antagônicas do caso, sem que se possa contar nem com o convencimento (do "auditório universal") de todos os destinatários atuais e potenciais da Constituição nem com a persuasão (do "auditório particular") dos envolvidos efetivamente na solução do caso[122].

Essa questão da dupla contingência pode ser relacionada a perspectivas diversas de observação da ordem jurídica pelas pessoas e grupos. Sob esse aspecto, a questão de valores, interesses e expectativas morais entre si contraditórios e conflituosos leva a um dissenso estrutural possibilitando várias leituras dos princípios. Desenvolve-se, em certa medida, uma agonística em torno de princípios colidentes. Isso não é apenas uma questão presente na relação entre as partes do processo constitucionais, necessariamente parciais do ponto de vista jurídico. Nem mesmo restringe-se à esfera pública como arena do dissenso. Ela envolve frequentemente os próprios membros do judiciário e de um mesmo tribunal com a função de concretizar em última instância a Constituição. A questão que se põe, nessas circunstâncias, refere-se à capacidade seletiva de absorção de dissenso e a reorientação das expectativas normativas em face das decisões, deixando-se, porém, aberto o espaço para críticas e a possibilidade de futuras

---

[122] Sobre a distinção entre "auditório universal" e "auditório particular", ver Perelman e Olbrechts-Tyteca, 1988, pp. 34 ss.; Perelman, 1979, pp. 107-8 e 122 ss. Conforme observa Alexy (1983, p. 206), o "auditório universal" em Perelman corresponde à "situação ideal de discurso" em Habermas. Alexy acrescenta (*ibidem*): "O que em Perelman é o consentimento do auditório universal é, em Habermas, o consenso alcançado sob condições ideais."

transformações de perspectiva da instância decisória. É evidente que isso implica, na dupla contingência, a abertura para a posição do outro, com disposição de aprendizado (alteridade); mas não deve levar à ilusão de um consenso otimizante, pois a unidade de alteridade e identidade (*alter-ego*) em torno da compreensão dos princípios pressupõe a *diferença* de perspectivas de *alter* e *ego* a respeito da Constituição. Em vez de otimização, o que se impõe no cotejamento ou ponderação de princípios constitucionais colidentes, considerada a dupla contingência em relação a pessoas e grupos, é a dificílima tarefa de impedir a expansão da perspectiva de *alter* no sentido da eliminação ou subordinação definitiva da perspectiva de *ego* e vice-versa. Portanto, a ponderação é, nesses termos, uma das técnicas constitucionais de absorção do dissenso e, simultaneamente, de sua viabilização e promoção.

Além de relacionarem-se à pluralidade de perspectivas de grupos e pessoas, os princípios constitucionais como estrutura reflexiva do direito, sob o aspecto tanto da estática (por serem princípios) quanto da dinâmica (por serem constitucionais), correspondem a perspectivas diversas de observação da ordem jurídica. Nesse particular, há uma afinidade entre os princípios e os direitos fundamentais. Estes se relacionam com o "perigo da desdiferenciação" ou, exprimindo positivamente, com "manutenção de uma ordem diferenciada de comunicação"[123] e, pode-se acrescentar, com a promoção dessa ordem. Em outras palavras, os direitos fundamentais podem ser vistos como respostas do sistema jurídico à diferenciação funcional da sociedade: liberdades econômicas e direito ao trabalho, direitos políticos, liberdade religiosa, liberdade científica, direto à educação, direito à saúde etc. E também como uma resposta da diferenciação entre sociedade e homem: direitos

---

[123] Luhmann, 1965, pp. 23-5.

144 · ENTRE HIDRA E HÉRCULES

da personalidade, dignidade da pessoa humana. A negação expressa dos direitos fundamentais está diretamente associada às experiências da desdiferenciação, especialmente à politização ideológica do direito (autoritarismo) e de todas as esferas da sociedade (totalitarismo)[124]. Mas também a ineficácia no processo de concretização relaciona-se com o bloqueio da autoconsistência constitucional do direito por intrusões desdiferenciantes de variáveis sociais as mais diversas, como os fatores políticos (governo/oposição, poder/não poder), econômicos (ter/não ter), relacionais (amigo/inimigo), familiais (parente/não parente).

Os princípios constitucionais – que, em parte, estão aquém (pois há regras que fixam direitos fundamentais) e, em parte, vão além (pois há princípios referentes à estrutura do Estado e do direito e princípios referentes a fins políticos e institucionais) dos direitos fundamentais – estão associados igualmente à diferenciação funcional da sociedade em sistemas operativamente autônomos, assim como à diferenciação entre homem e sociedade. Eles são constituídos e compreendidos a partir das exigências de cada um dos sistemas sociais, que se relacionam conflituosamente em uma sociedade hipercomplexa. Além disso, eles envolvem a contraposição entre demandas da pessoa e da sociedade ou, mais especificamente, do indivíduo e da coletividade. Considerem-se questões básicas relacionadas a direitos fundamentais, como, por

---

[124] Loewenstein (1957, pp. 55 ss.) distinguiu na autocracia dois tipos básicos: o autoritarismo, que se refere à estrutura governamental e contenta-se com o controle político do Estado (p. 56); o totalitarismo, que diz respeito à ordem total da sociedade (p. 58). Na perspectiva da teoria dos sistemas, pode-se afirmar correspondentemente: enquanto o autoritarismo implica diretamente a sobreposição desdiferenciante do sistema político ao jurídico, só atingindo a autonomia dos demais sistemas sociais à medida que, no âmbito deles, o poder político seja posto criticamente em questão, o totalitarismo importa a direta politização desdiferenciante de todos os domínios sociais, com a pretensão manifesta de eliminar-lhes qualquer autonomia (Neves, 1992, p. 70).

exemplo, referentes à colisão entre liberdade econômica e direito à saúde e a um meio ambiente ecologicamente equilibrado[125], entre liberdade de imprensa ou de expressão e dignidade da pessoa humana[126]. Nesses casos, a colisão entre princípios está vinculada aos conflitos entre esferas de comunicação ou, no limite, ao conflito "homem/sociedade". Há casos em que o debate público em torno da questão implica uma pluralidade de perspectivas sociais presentes simultaneamente. Tome-se como exemplo o julgamento da Ação Direta de Inconstitucionalidade n? 3.510/DF, em 29 de maio de 2008, no qual se decidiu favoravelmente à utilização de células-tronco embrionárias para fins de pesquisa e terapia, rejeitando-se o pedido de declaração de inconstitucionalidade do art. 5? da Lei n? 11.505, de 24 de maio de 2005 (Lei da Biossegurança)[127]. Nesse caso, envolveram-se diretamente perspectivas da religião, do sistema de saúde, da família e da ciência. Ao direito à vida compreendido a partir da religião contrapôs-se tanto o direito à saúde nos termos da medicina e o direito ao planejamento familiar quanto à liberdade científica. Pode-se dizer, de maneira simplificada, que, na solução constitucional do caso, prevaleceram a ciência, a saúde e a família sobre a religião. É claro que a esse resultado não se chegou considerando-se apenas as exigências dos respectivos sistemas sociais. A questão era jurídico-constitucional e, portanto, implicou uma releitura do ponto de vista da Constituição. Por um lado, afirmou-se o direito ao planejamento familiar como fundamentado nos princípios da "dignidade da pessoa humana" e da "paternidade responsável", associando-o também à "autonomia da vontade" e ao "direito à maternidade"; fixou-se o

---

[125] ADPF 101/DF, julg. 24/06/2009, TP, DJ 05/08/2009.

[126] HC 82.424/RS, julg. 17/11/2003, TP, DJ 19/03/2004; ADPF 130/DF, julg. 30/04/2009, TP, DJe 06/11/2009.

[127] ADI 3.510/DF, julg. 29/05/2008, TP, DJ 05/06/2008.

146 · ENTRE HIDRA E HÉRCULES

"direito à saúde como corolário do direito fundamental à vida digna"; invocou-se "o direito constitucional à liberdade de expressão científica e a Lei de Biossegurança como densificação dessa liberdade", definindo essa Lei "como instrumento de encontro do direito à saúde com a própria ciência". Por outro lado, rejeitou-se a concepção religiosa da vida nos termos da "teoria concepcionista", adotando-se a teoria "natalista", segundo a qual a vida inicia-se com o nascimento, ou seja, é a vida da pessoa humana, com a seguinte asserção peremptória: "o embrião é o embrião, o feto é o feto e a pessoa humana é a pessoa humana"[128]. Fica evidente que, nesse julgamento, não se levaram em conta apenas aspectos dos direitos subjetivos a serem eventualmente alcançados pela decisão, mas também o impacto desta nas diversas esferas sociais envolvidas.

A questão que se põe em casos dessa natureza é se tem sentido falar em otimização mediante a ponderação dos princípios invocados. Parece-me que a questão deve ser vista antes na perspectiva de limitação de expansão de esferas da sociedade. No caso, a tendência expansiva da religião poderia levar à sufocação da ciência, do sistema de saúde e da família. Além de já ter havido uma "ponderação" política pelo legislador democrático, cabe observar que o perigo da desdiferenciação religiosa da sociedade estaria sendo estimulado por uma decisão contrária, no sentido de regresso a formas pré-modernas de estrutura e semântica social, em detrimento dos direitos fundamentais. Trata-se de ponto decisivo para compatibilizar a adequação social com a consistência jurídica em casos constitucionais complexos como esse.

O exemplo da expansão religiosa aponta antes para a exigência de limite à tendência à desdiferenciação "regressiva". Mas a

---

[128] Os trechos citados fazem parte da Ementa do Acórdão do referido julgamento.

expansão da racionalidade econômica em detrimento de outras racionalidades sociais importa uma tendência de desdiferenciação "progressiva", que repercute, com frequência, na concretização constitucional à luz de princípios. O caso da ADPF nº 101/DF, referente à importação de pneumático usado, em cujo julgamento decidiu-se expressamente com base na ponderação entre as exigências para preservação da saúde e do meio ambiente e o livre exercício da atividade econômica (livre iniciativa e livre concorrência), determinando-se a prevalência daquelas sobre este, aponta para uma reação do sistema jurídico estatal à expansão do sistema econômico internacional. É claro que houve mitigação, considerando-se variáveis de normas regionais do Mercosul, que levaram a permitir uma exceção. Mas, inclusive a respeito dessa exceção, o elemento quantitativo e o impacto não significativo do uso de pneumático recauchutado foram levados em consideração. Também aqui não cabe falar de uma otimização de princípios, mas sim de reação ao perigo e à tendência de desdiferenciação econômica da sociedade, em detrimento de uma ordem de direitos fundamentais. Novamente, nesse caso, a questão não se limitou aos interesses individuais dos eventuais envolvidos (direito econômico *versus* direito à saúde), mas também ao seu impacto na relação entre esferas sociais: o sistema de saúde, indissociável de um ambiente saudável, em face da economia. Nesse sentido, assiste razão a Ladeur, quando, em crítica ao modelo de ponderação dominante, acentua a importância de garantir os direitos fundamentais mediante uma práxis constitucional que assegure a "auto-organização da sociedade em diversos âmbitos funcionais" (e não funcionais, acrescento, como organizações não vinculadas a uma esfera funcional específica, movimentos de protesto etc.), de tal modo que as respectivas autonomias sejam

148 · ENTRE HIDRA E HÉRCULES

mantidas por meio de "redes de relação" entre eles[129]. Nessa perspectiva, ele afirma que o paradigma da ponderação otimizante está fortemente vinculado à posição de grupos e, portanto, "concentra a atenção, tanto cognitiva quanto normativamente, sobretudo nos efeitos de curto prazo, negligenciando os de longo prazo"[130]. E aponta criticamente para a "desvalorização dos direitos fundamentais mediante uma ponderação sem limites"[131].

É claro que toda estratégia ponderadora de princípios constitucionais, mesmo sem a pretensão otimizante, é falível. De certa maneira, esse problema está relacionado com a *incomensurabilidade* das perspectivas no processo de argumentação jurídica[132]. Tratada originariamente no âmbito da ciência, a incomensurabilidade relaciona-se, em primeiro lugar, com o fato de que "os proponentes de paradigmas concorrentes discordarão frequentemente sobre a lista de problemas que qualquer candidato a paradigma deve resolver", apresentando padrões ou definições de ciência "que não são os mesmos". Além disso, ela está associada com a incorporação de vocabulário e técnicas do novo paradigma, causando equívocos, mal-entendimento. Por fim, sendo este aspecto

---

[129] Ladeur, 2004, p. 79.

[130] Ladeur, 2007b, p. 367.

[131] Ladeur, 2007b, p. 343. Ele parece-me equivocado, porém, quando vincula intrinsecamente o modelo de "ponderação sem limites" ao Estado social e fixa-se muito estreitamente no paradigma liberal da sociedade (cf. 2007b, espec. p. 371). Jestaedt (1999, pp. 49 ss.) usa a formulação semelhante ("ponderação ilimitada") para criticar a impotência do legislador e do constituinte em face do positivismo judicial (cf. também Jestaedt, 2002). Para a crítica do modelo de ponderação, ver ainda, entre muitos, a partir de diversos pressupostos e com consequências diversas, Ladeur e Augsberg, 2005, pp. 158 ss.; Christensen e Fischer-Lescano, 2007, pp. 148 ss.; Schlink, 1976, pp. 127 ss.; 2001, pp. 458 ss.; Müller, F., 1995, pp. 62-3 e 67-8; 1994, pp. 208 ss.; Leisner, 1997; Böckenförde, 2003, espec. p. 190; Porcher, 2003, pp. 94-96.

[132] Christensen e Fischer-Lescano, 2007, pp. 199 ss., com base em Kuhn, 1996, espec. pp. 148 ss. e 198 ss.

À PROCURA DE OUTRO MODELO · **149**

o mais fundamental para Kuhn, a incomensurabilidade diz respeito ao fato de que os cientistas realizam suas atividades e práticas em mundos diferentes, vendo "diferentes coisas quando eles olham do mesmo ponto na mesma direção"[133]. Deixados de lado aqui os pressupostos de que parte Kuhn e as consequências que ele dá a esse problema no campo da ciência[134], cabe acrescentar que a incomensurabilidade não ocorre apenas no plano dos paradigmas científicos, mas também na relação entre ordens de valores, sistemas de racionalidade, modelos de argumentação e, enfim, entre sistemas sociais[135]. Não é uma questão apenas referente à diversidade de perspectivas individuais, mas envolve sobretudo conexões complexas de comunicação. E não há uma instância suprema para resolver ou intermediar os conflitos e mal-entendidos entre as esferas parciais de uma sociedade multicêntrica[136]. O que pode ocorrer é o desenvolvimento de racionalidades transversais entre elas, com a construção de "pontes de transição"[137], que implicam sempre filtragens recíprocas.

Um modelo de ponderação otimizante de princípios constitucionais colidentes não leva em conta o problema da incomensurabilidade, pois parte de uma instância subjetiva ou intersubjetiva supraordenada, capaz de determinar o que cabe definitivamente a cada esfera de vida[138]. Não leva em conta que os princípios

---

[133] Kuhn, 1996, pp. 148-50.

[134] Kuhn, p. ex., vincula a mudança de paradigmas científicos exclusivamente às técnicas de persuasão real no plano "subjetivo", desprezando inteiramente a questão "objetiva" das provas (cf. Kuhn, 1996, p. 152).

[135] Cf. Christensen e Ficher-Lescano, 2007, pp. 200-1.

[136] Cf. Teubner, 1996a [trad. bras. 2002]; 2008.

[137] Welsch, 1996, espec. pp. 754 ss., no âmbito do conceito de "razão transversal". Cf. Neves, 2009, pp. 39 ss.

[138] Alexy reage a essa crítica, sustentando que haveria comensurabilidade e comparabilidade dos direitos fundamentais a partir de um "ponto de vista unitário: o ponto de vista da Constituição" (2003, p. 781). Mas o problema da incomensurabi-

150 · ENTRE HIDRA E HÉRCULES

constitucionais emergem e desenvolvem-se a partir de expectativas normativas que circulam em diversas esferas sociais diferenciadas, nas quais estão presentes compreensões entre si incomensuráveis do significado e valor de cada princípio, seja do ponto de vista abstrato, seja nas condições concretas de um caso a decidir. Da incomensurabilidade resulta que os princípios sempre poderão fazer "injustiça" a outros princípios no processo de concretização constitucional, possibilitando que um "jogo de linguagem" se sobreponha destrutivamente a outro, em detrimento da "heterogeneidade dos jogos de linguagem"[139]. A argumentação jurídica é, nesse particular, sempre falível. Ela pode apenas estabelecer limites à expansão da "lógica" de um jogo de linguagem ou da "racionalidade" de um sistema social, afastando o perigo da desdiferenciação, ou *oferecer* meios e parâmetro de *re-entry* entre os respectivos jogos de linguagem que subjazem aos princípios colidentes. Mas não há garantia de sucesso e um modelo de ponderação otimizante é subcomplexo para enfrentar a delicada questão da colisão de princípios. Isso não deve levar à tese simplista do regresso

---

lidade surge exatamente em virtude das diversas perspectivas em que a Constituição pode ser observada, numa sociedade diferenciada em uma multiplicidade de esferas sociais, cada uma delas com pretensão de autonomia. A esse respeito, é oportuno acrescentar que, segundo o próprio modelo de Alexy (2000, p. 38), a Constituição (os seus princípios) é objeto da ponderação (cf. *supra* p. 64). E o problema da incomensurabilidade surge precisamente por força desse paradoxo: a Constituição é, ao mesmo tempo, critério e objeto da ponderação. É verdade que, com uma "fórmula do peso", na qual as variáveis são formalizadas ("escala triádica"), é possível tornar estas comensuráveis (cf. Alexy, 2003, espec. p. 782; ver também 2008, pp. 599 ss.). No entanto, se retornarmos à dimensão do conteúdo, o problema da incomensurabilidade, então reprimido, reaparecerá de forma incontrolável. Para a análise crítica da "fórmula do peso" proposta por Alexy, ver Schuartz, 2005, pp. 218 ss. Sobre os limites dos modelos matemáticos de otimização e maximização orientados racionalmente para busca da melhor decisão ou da única decisão correta, ver Simon, 1956a, pp. 136 ss.; 1956b; 1955, pp. 110 ss.

[139] Teubner, 1996b, pp. 903-4, a partir de Lyotard, 1983, espec. pp. 29 e 52; 1979, espec. pp. 20 ss. Cf. também Welsch, 1996, pp. 312 ss.; Teubner, 1996a, p. 210.

À PROCURA DE OUTRO MODELO · 151

a um modelo de regras, incompatível com uma sociedade complexa[140], mas, antes, apontar para o fato de que o recurso ao nível dos princípios não deve levar a ilusões, exigindo cuidado e contenção: os princípios são remédios que se apresentam como panaceia, mas o seu uso descomedido pode levar ao envenenamento. Eles têm, repitamos, um quê de diabólico.

Evidentemente, não se deve confundir incomensurabilidade com a incomparabilidade[141]. Entretanto, daí não decorre que o comparável seja sempre otimizável. Para se falar de otimização impõe-se que se pressuponha não apenas comparabilidade, mas também comensurabilidade. Assim sendo, o conceito de ponderação ou sopesamento não deve ser vinculado necessariamente à otimização[142]. É possível falar de uma ponderação comparativa, em contraposição à ponderação com pretensão otimizante[143]. Mas, nesse caso, considerando a diferenciação da sociedade, constroem-se, a partir de cada perspectiva de observação, as respectivas comparações[144], não sendo possível uma superinstância racional (monológica ou dialógica) para definir em caráter último os critérios de comparação (ideais ou normas), nem mesmo como "medidas de aproximação"[145]. O que se pode desenvolver são entrelaçamentos que viabilizem a emergência de racionalidades transversais, mediante as quais há a possibilidade de se construírem mecanismos de *reentries* entre as diversas comparações. Nes-

---

[140] Ver *supra* nota 112 deste capítulo.

[141] Nesse sentido, cf. Silva, V. A., 2002a, pp. 173 ss., com apoio em Chang, 1997, pp. 2 e 18.

[142] Em sentido diverso, Alexy, 2008, p. 594.

[143] Com base em outros pressupostos, Sieckmann (2006, pp. 131-2) refere-se a uma "ponderação comparativa", mas atribui-lhe um caráter secundário em relação à ponderação otimizante.

[144] Cf. Luhmann, 1987a, pp. 16-7.

[145] Luhmann, 1997, t. 1, pp. 42-3 [trad. esp. 2007, p. 26].

152 · ENTRE HIDRA E HÉRCULES

se contexto, ao observar-se (de uma perspectiva também parcial) diversas perspectivas de comparação entre si conflitantes, pode--se oferecer um caminho para a "compatilização de dissensos"[146] e promoção da heterogeneidade. Mas essa comparação não é otimizante, ela está disposta a enfrentar uma pluralidade de possibilidades comparativas, não podendo frear o surgimento de novas possibilidades imprevisíveis no contexto contingente do direito da sociedade moderna (ou pós-moderna?!). Nesses termos, admitido o problema da incomensurabilidade das diversas leituras da Constituição e dos direitos fundamentais, pode-se admitir uma ponderação comparativa que encontre caminhos além da autor-referência, viabilizando a observação recíproca a partir de perspectivas diversas. A argumentação, dentro desses parâmetros, reduz o "valor-surpresa" da decisão, mas implica sempre uma solução contingente, que não só pode provocar desilusão, mas também desencadear uma avalanche de críticas a partir de outras leituras da Constituição.

Essas observações não implicam que seja necessário adotar um modelo da Constituição como moldura em contraposição à concepção de Constituição em termos de mandamentos de otimização[147]. A opção por um desses dois extremos parece-me simplista. A incomensurabilidade dos modelos de argumentação e interpretação constitucional relaciona-se, especialmente na perspectiva dos princípios constitucionais, com a permanente "mudança da moldura"[148]. A variação da "moldura" constitucional, significando que estruturas (normas) e operações (comunica-

---

[146] Ladeur, 1986, p. 273.

[147] Sobre a compreensão da Constituição como moldura, ver Wahl, 1981, espec. p. 507; Grimm, 1991, pp. 17-8; Starck, 1992, pp. 193-4; Isensee, 1992, pp. 128 ss.; Jestaedt, 1999, pp. 72 ss.; Böckenförde, 2003, pp. 186-7.

[148] Cf. Christensen e Fischer-Lescano, 2007, pp. 212-7.

À PROCURA DE OUTRO MODELO · 153

ções, atos) ou processos (procedimentos) constitucionais condicionam-se circularmente, não se relaciona com nenhuma orientação otimizante de sujeitos ou discursos intersujetivos, mas sim com as condições de reprodução de uma conexão complexa e contingente de comunicações. Sob essas condições, desenvolve-se uma permanente concorrência entre esferas ("objetivas") da sociedade em torno de princípios constitucionais, assim como variam as perspectivas de indivíduos e grupos em face da "dupla contingência" na leitura dos princípios. A estrutura constitucional reconstrói-se, em certa medida, a cada operação ou processo constitucional. Nesse contexto, o recurso à "paridade" entre a solução legislativa e a judicial como "ideia regulativa"[149] (uma noção concernente a ordens morais ideais, conforme um modelo transcendental ou universal), parece-me um tanto simplista. A dupla contingência entre legislador e juiz importa sempre um *plus* na comunicação, ou uma "triangulação" no sentido de Davidson[150], insuscetível de ser reduzida a uma das perspectivas ou a uma convergência delas. A "intertextualidade" da interpretação implica que esta seja compreendida "como produção de novo texto com base em um texto mais antigo, como ampliação do fundamento do texto"[151]. Na relação entre *alter* (o legislador) e *ego* (o tribunal constitucio-

---

[149] Silva, V.A., 2007, pp. 221 ss. (230); cf. 2002a, pp. 194 ss. Silva invoca o conceito de paridade de Chang (2002; 2001), que se relaciona, antes, com a procura – além de "epistemicistas", "incomparatistas" e "indeterministas semânticos", no campo da ética da comparação na atribuição de valores – de "uma quarta relação de comparabilidade além de 'melhor que', 'pior que' e 'igualmente bom'" (2002, p. 688), mas não se refere propriamente à relação entre instâncias institucionais.

[150] Embora Davidson parta de outros pressupostos, sua ideia de "triangulação", que implica um outro nível além dos comunicadores, ou seja, o social ou da comunicação (Davidson, 1982, p. 327; 1991, pp. 159-60), tem algo de semelhante ao conceito de comunicação de Luhmann (1987a, pp. 193 ss.), entendida como "processo seletivo triádico" de informação, mensagem e compreensão, que emerge "de cima" (1987a, pp. 43-4), no âmbito da dupla contingência entre *alter* e *ego* (cf. *supra* pp. 9-11).

[151] Luhmann, 1993, p. 340.

154 · ENTRE HIDRA E HÉRCULES

nal), cada um dos lados parte da linguagem e dos critérios de cada um dos sistemas a que está primariamente vinculado, a política e o direito. A "paridade" poderia ser entendida como horizontalidade de democracia e Estado de direito, implicando a Constituição como acoplamento estrutural entre política e direito[152]. Mas isso em nada favoreceria uma concepção otimizante (idealista) de Constituição, antes apontaria para relações de tensão e complementaridade entre ambos os sistemas e, portanto, entre legislador e juízes ou tribunais, implicando a constante transformação da estrutura constitucional.

O modelo de ponderação otimizante de princípios constitucionais torna-se ainda mais problemático quando se vai além do Estado constitucional e da relação entre legislativo e judiciário no seu âmbito específico, para levar em conta a variação de compreensões dos princípios em tribunais de diversas ordens jurídicas envolvidas simultaneamente na solução do mesmo problema constitucional, no âmbito do transconstitucionalismo[153]. A questão do transconstitucionalismo é ampla, envolvendo a transversalidade entre ordens jurídicas da mesma espécie e entre ordens de tipos diferentes, a saber, estatais, internacionais, supranacionais, transnacionais e locais extraestatais, assim como diversos níveis entrelaçados na relação entre princípios e regras: princípio-princípio, regra-regra, princípio-regra (havendo mais de duas ordens envolvidas, amplia-se a possibilidade de entrelaçamentos)[154]. Aqui não é o espaço para retornar de maneira abrangente a esse tema. Não obstante, cabe chamar a atenção para o fato de que a busca

---

[152] Luhmann, 1990a, pp. 193 ss.; 1993, espec. pp. 470 ss. Cf. Neves, 2006, pp. 95 ss. Indo além, pode-se definir a Constituição do Estado democrático de direito como racionalidade transversal entre política e direito (Neves, 2009, pp. 62 ss.).

[153] Neves, 2009.

[154] Neves, 2009, p. 275.

À PROCURA DE OUTRO MODELO · 155

da ponderação otimizante, na relação entre "identidades constitucionais" radicalmente diversas, pode conduzir não apenas a ilusões, mas também a paralisações narcisistas recíprocas. O fundamental nesse caso é a construção de mecanismos que sirvam à rearticulação da identidade mediante a observação da solução oferecida pela outra ordem para um determinado problema. Torna-se indispensável a reconstrução permanente da "identidade constitucional" por força de uma consideração permanente da alteridade[155]. Isso não significa a negação da identidade conforme um modelo ingênuo de pura convergência[156], mas a prontidão para uma abertura não apenas cognitiva, mas também normativa para outra(s) ordem(ns) entrelaçada(s) em casos concretos. Evidentemente, permanece uma incerteza acerca dos resultados, mas só mediante essa disposição é possível absorver o dissenso originário. O caminho contrário leva ao bloqueio recíproco na solução de relevantes problemas constitucionais, tanto no plano dos direitos humanos e fundamentais, quanto no âmbito da organização (controle e limitação) do poder. Portanto, antes de afirmar a otimização, cabe falar, no primeiro passo do método transconstitucional, em contenção[157]. Mas essa contenção não é um fim em si mesmo. Ela se relaciona com a dupla contingência, com a capacidade de surpreender-se com os outros, na admissão de um futuro aberto, que não pode ser predefinido por nenhuma

---

[155] Em perspectiva inteiramente diversa, partindo de pressupostos psicanalíticos, Rosenfeld (1998, pp. 144 ss. [trad. bras. 2003]) associa a "identidade do sujeito constitucional" com a perspectiva do "outro".

[156] Sobre a distinção entre modelo de convergência, resistência e articulação [engagement] nas relação entre ordens jurídicas e seus respectivos tribunais, ver Jackson, 2005. A respeito, cf. Neves, 2009, pp. 258-60.

[157] Aqui cabe lembrar a tendência das diversas esferas sociais ou discursos em maximizar suas racionalidades em detrimento de outras, como vêm enfatizando Fischer-Lescano e Teubner (2006, pp. 25 ss.). Cf. também Teubner, 2008, pp. 32 s.

156 · ENTRE HIDRA E HÉRCULES

das ordens entrelaçadas no caso. É fundamental a disposição de procurar as "descobertas" normativas dos outros[158], para fortificar a própria capacidade de oferecer solução para problemas comuns. Dentro da pluralidade de casos que considerei em meu trabalho sobre o tema, há um emblemático, no qual se trata estritamente da aplicação da técnica da ponderação otimizante. No julgamento do caso Caroline de Mônaco II, em 15 de dezembro de 1999, o Tribunal Constitucional Federal alemão deu maior peso à liberdade de imprensa na consideração da divulgação de fotos de Caroline de Mônaco, estabelecendo restrições à proteção da intimidade de pessoas proeminentes[159]. Esse julgamento foi rejeitado frontalmente pelo Tribunal Europeu de Direitos Humanos no processo Caroline von Hannover *v.* Germany, no qual se decidiu favoravelmente à proteção da intimidade da autora em detrimento da liberdade de imprensa[160]. Posteriormente, o Tribunal Constitucional Federal alemão consolidou, no julgamento do caso Görgülü, de 14 de outubro de 2004[161], sua posição no sentido de estabelecer limites para a aplicação interna de decisões do Tribunal Europeu de Direitos Humanos, considerando a hipótese de que sejam julgadas contrárias aos direitos fundamentais e aos

---

[158] Waldron (2005, pp. 133 ss.), a partir de outros pressupostos ("moderno *jus gentium*"), mas no mesmo sentido, aponta para o desafio a que juristas de diversas ordens estão expostos hoje: partilhar experiências e conhecimentos, assim como os cientistas de diversas partes do mundo o fazem, partilhando suas "descobertas" empíricas. A respeito, cf. Neves, 2009, pp. 260-1.

[159] BVerG 101, 361 (1999). A respeito dessa decisão, ver a crítica de Ladeur (2007a), sustentando a discutível tese segundo a qual "o direito de proeminência deve ser considerado fundamentalmente como um direito patrimonial" (p. 146).

[160] Caso Caroline von Hannover *v.* Germany (*Application*, n? 59.320/00). A respeito, ver Rudolf, 2006; Hedigan, 2007.

[161] BverfGE 111, 307 (2004). A questão relaciona-se com a aplicação por tribunal alemão de decisão do Tribunal Europeu de Direitos Humanos, que condenara a Alemanha com base no art. 8? da CEDH: Caso Görgülü *v.* Germany (*Application* n? 74.969/01), julg. 26/02/04. Cf. Hartwig, 2005, pp. 870-3.

princípios do Estado de direito estabelecidos na Constituição alemã: o Tribunal Constitucional Federal alemão deve levar em conta as decisões do Tribunal Europeu de Direitos Humanos, mas não está vinculado a elas[162]. Segundo essa compreensão, o texto da Convenção Europeia de Direitos Humanos e a jurisprudência do Tribunal Europeu de Direitos Humanos servem como meios auxiliares de interpretação para determinar o conteúdo e a amplitude dos direitos fundamentais e dos princípios do Estado de direito, desde que não levem à redução ou limitação da proteção dos direitos fundamentais prescritos na Constituição alemã. Mas, na relação entre os casos Caroline de Mônaco II (doméstico) e Caroline von Hannover *v.* Germany (internacional), as compreensões do que seja limitação aos direitos fundamentais chocaram-se frontalmente. É inegável que não há como censurar a posição do Tribunal alemão ao não mostrar-se disposto a submeter-se, sem nenhuma restrição, às orientações do Tribunal Europeu de Direitos Humanos, em toda e qualquer questão que venha a apresentar-se, pois isso significaria a negação de sua própria "identidade constitucional", não de reconstrução desta à luz da alteridade. Não me parece adequado, contudo, para a solução desses casos de entrelaçamento constitucional, a simples insistência no modelo de "associação entre colisão de direitos fundamentais, sopesamento, racionalidade e ônus argumentativos"[163], nos termos da postura otimizante da jurisprudência constitucional alemã. Esse modelo só teria sentido se supuséssemos uma intersubjetividade orientada consensualmente na relação ideal entre esses tri-

---

[162] Cf. Silva, V. A., 2010, pp. 106 ss.; Hoffmeister, 2006; Hartwig, 2005, pp. 874 ss.; Hofmann, 2004, pp. 30 ss.; Wahl, 2007, pp. 880-3.

[163] Silva, V. A., 2010, p. 110, analisando os conflitos entre Tribunal Constitucional Federal alemão e o Tribunal Europeu de Direitos Humanos à luz da principiologia de Alexy.

158 · ENTRE HIDRA E HÉRCULES

bunais. Nesse contexto, cabe antes atentar para o fato de que a negação narcisista das decisões do Tribunal Europeu de Direitos Humanos por parte dos tribunais estatais, com base na ponderação otimizante dos seus respectivos princípios constitucionais, não parece suportável no grau de integração europeia. Daí por que é imprescindível, também para os tribunais nacionais envolvidos na solução de questões concernentes aos direitos humanos e fundamentais, o desenvolvimento de uma racionalidade transversal em face da ordem jurídica da Convenção Europeia de Direitos Humanos. Qualquer unilateralidade pode ter efeitos destrutivos, irracionais, sobre a integração europeia no âmbito dos direitos humanos e fundamentais. Por essa razão, a jurisprudência constitucional alemã procura invocar o art. 53 da Convenção Europeia de Direitos Humanos: "Nenhuma das disposições da presente Convenção será interpretada no sentido de limitar ou prejudicar os direitos do homem e as liberdades fundamentais que tiverem sido reconhecidos de acordo com as leis de qualquer Alta Parte Contratante ou de qualquer outra Convenção em que aquela seja parte." Mas esse dispositivo deve ser interpretado em consonância com a competência do Tribunal Europeu de Direitos Humanos para interpretar, em última instância, os dispositivos da própria Convenção Europeia de Direitos Humanos. O problema não consiste simplesmente em definir se uma disposição da Convenção foi interpretada para limitar os direitos fundamentais de um Estado, mas sim em determinar que tribunal tem competência para decidir se houve ou não essa limitação mediante interpretação. Isso exige abertura para a perspectiva do outro, disposição de se surpreender, de aprender com o outro, reconstruindo a própria identidade constitucional à luz da perspectiva de *alter*. Ponderação de princípios com pretensão otimizante, nesse contexto de imensa incomensurabilidade, pode ter efeitos catastróficos para a integração europeia. O que se exige, nessas circunstâncias, em vez do recurso a ideias regulativas, é comunicação transconstitucional em busca de racionalidade transversal, sempre falível e limitada.

Em suma, a Constituição do Estado democrático de direito envolve uma articulação complexa e dinâmica entre princípios e regras. A ponderação de princípios colidentes é uma das técnicas de argumentação e interpretação constitucional, permitindo a comparação de diferentes perspectivas da Constituição e dos direitos fundamentais. Entretanto, cumpre dar atenção à concorrência e à incomensurabilidade dos modelos de argumentação em torno de princípios, relacionadas tanto à dupla contingência concernente a grupos e pessoas envolvidas no processo de concretização constitucional quanto à heterogeneidade de perspectivas de princípios desenvolvidas pelos sistemas funcionais diferenciados. Essa situação se torna mais complexa quando se consideram as perspectivas de outras ordens jurídicas envolvidas simultaneamente na solução de problemas constitucionais comuns. Concorrência e incomensurabilidade tornam o modelo de ponderação otimizante pouco adequado para a compreensão teórica e a orientação dogmática da solução de casos constitucionais que envolvem a colisão de princípios. As questões constitucionais mais controversas, envolvendo princípios e regras, serão tratadas mais adequadamente em uma prática constitucional capaz de reagir aos perigos da desdiferenciação (no plano dos sistemas sociais e das ordens jurídicas entrelaçadas em torno de problemas constitucionais) e da negação da dupla contingência (no plano das pessoas e grupos). Isso exige que essa prática, ao absorver o dissenso em torno de princípios com a exclusão de perspectivas subjacentes a estes, seja capaz de reorientar e estabilizar as expectativas normativas correspondentes. Mas, paradoxalmente, a reorientação

160 · ENTRE HIDRA E HÉRCULES

das expectativas normativas, nesses termos, só se legitima caso sirva à manutenção e, inclusive, à promoção do dissenso estrutural em torno dos princípios constitucionais, não só na esfera pública referente ao Estado democrático de direito, mas também na sociedade envolvente do sistema jurídico mundial de níveis múltiplos[164].

5. Colisão intraprincípios, dupla contingência e diferenciação funcional da sociedade: por uma principiologia complexa

A principiologia constitucional dominante supõe uma realidade social pouco complexa. Além da concorrência entre princípios colidentes, cumpre considerar que, inclusive quando se parte do mesmo princípio (dignidade humana, liberdade geral, igualdade etc.), as leituras podem ser as mais diversas e os modelos argumentativos entre si incomensuráveis, do que resulta a possibilidade de colisões intraprincípios.

Essa questão pode ser analisada inicialmente a partir da alteridade básica do social em geral e do jurídico em especial, indissociável da dupla contingência entre os envolvidos em qualquer comunicação. O princípio da liberdade geral concebido a partir de *alter* pode chocar-se frontalmente com esse mesmo princípio a partir de *ego*. Essa questão pode levar a controvérsias constitucionais complexas[165]. Em relação a um princípio mais específico, por exemplo, o princípio constitucional da concorrência, inclusive se forem invocadas perícias detalhadas da matemática econômica, pode haver concepções extremamente diversas sobre o seu conteúdo, tanto por força dos modelos abstratos de que se parta

---

[164] Cf. Neves, 2009, pp. 235 ss.; 2006, pp. 123 ss.

[165] A esse propósito, adverte Sunstein (1998, p. 267): "Assim, pessoas que discordam sobre pornografia e discurso de ódio podem aceitar o princípio geral da liberdade de expressão, e as que argumentam a respeito de homossexualidade e incapacidade podem aceitar um princípio abstrato de antidiscriminação."

À PROCURA DE OUTRO MODELO · **161**

em termos do saber econômico quanto da própria aplicação do modelo escolhido a um caso concreto. A análise econômica do direito não demonstrou a esse respeito nenhuma capacidade hercúlea para seguramente maximizar ou otimizar esse princípio em situações juridicamente complexas em que perspectivas diversas de organizações econômicas estão envolvidas.

A questão da colisão intraprincípios tratada em termos da alteridade básica do social exige cuidado e prudência ao se afirmar o caráter ilimitado *prima facie* da hipótese normativa ("suporte fático abstrato") de direitos fundamentais ancorados em princípio, em particular do direito geral de liberdade. Em outras palavras, isso significa que especialmente esse direito só seria limitado após a ponderação com princípios colidentes[166]. Embora Alexy tenha feito esclarecimento sobre essa formulação[167] e, de certa maneira, uma ressalva a ela[168], cabe insistir que também o direito

---

[166] Alexy, 1986, pp. 342-3 [trad. bras. 2008, p. 377].

[167] Alexy, 1986, pp. 343 ss. [trad. bras. 2008, pp. 377 ss.]. Parece-me problemático, porém, relacionar o direito geral de liberdade à liberdade do estado de natureza. De fato, Alexy (1986, p. 346 [trad. bras. 2008, p. 380]) vinculou-a também à garantia do *status quo*, ao afirmar que "o direito geral de liberdade insere no estado global de liberdade tanto algo de liberdade do estado de natureza quanto algo de garantia do *status quo*". Mas a questão do estado global de liberdade e do *status* diz respeito, nos termos do próprio Alexy, "à estrutura formal da posição global do cidadão" (1986, p. 247 [trad. bras. 2008, p. 273]), envolvendo outros direitos e deveres dos cidadãos e, portanto, a rigor, não o direito geral de liberdade *prima facie*, cuja hipótese normativa ("suporte fático" abstrato) é definida por ele como ilimitada. Dessa maneira, o direito geral de liberdade *prima facie* teria, antes, algo de comum com a liberdade do estado de natureza nos termos hobesianos, implicando falta de barreiras em relação à liberdade dos outros (cf. Hobbes, 1992 [1651], pp. 91-2 [pp. 64-5] – Cap. XIV). E, ao contrário, partindo de Locke, conforme o qual a liberdade do estado de natureza, ao contrário da licensiosidade, importa que nenhum homem "deve prejudicar a outrem na vida, na saúde, na liberdade e nas posses" (Locke, 1980 [1690], p. 9), o direito geral de liberdade seria limitado *prima facie*, inclusive por outros direitos.

[168] "Nenhum direito à liberdade é ilimitado. Ele encontra seus limites, ao menos, no ponto em que vai de encontro à liberdade dos outros" (Alexy, 1998, p. 253).

162 · ENTRE HIDRA E HÉRCULES

geral de liberdade implica uma limitação decorrente do direito geral de liberdade do outro. Não me parece adequado afirmar que haja direito ilimitado *prima facie*, mas sim critérios ou programas jurídicos que dependem de operacionalização mediante papéis e pessoas: princípios são critérios jurídicos reflexivos. Não há direito (fundado em um princípio) de *ego* sem o direito (fundado no mesmo princípio) de *alter* e vice-versa. Alteridade básica do direito impede a ideia de direito ilimitado *prima facie* com base em um princípio, a ser limitado mediante a ponderação com outros princípios. Também pode haver colisão intraprincípios decorrente da invocação do mesmo princípio como fundamento simultâneo das partes em conflito no processo de concretização constitucional. Nesse sentido, poder-se-ia falar em ponderação intraprincípios, tendo em vista as perspectivas diversas do mesmo princípio pelos envolvidos na contenda constitucional. A rigor, porém, o fundamental é que, *prima facie* (ou seja, antes de qualquer ponderação com princípios colidentes), todo direito fundado em um princípio, quando afirmado por uma parte, sempre estará intrinsecamente limitado pelo mesmo direito afirmado por outra, sendo irrelevante tratar-se ou não de direito "negativo": o direito geral de liberdade de um em relação ao mesmo direito do outro; a dignidade humana de um em relação à do outro; o direito geral à igualdade de um em relação ao do outro. Essas observações são, de certa maneira, triviais, mas procuram servir para que se evitem equívocos no tratamento desse tema.

A questão da colisão intraprincípios ganha relevância quando se considera a diferenciação da sociedade em várias esferas de comunicação. Os princípios não devem ser compreendidos conforme um modelo simples de compreensão da sociedade moderna e do Estado democrático de direito: os princípios variam conforme a esfera de comunicação em que se aplicam. Nesse sentido,

À PROCURA DE OUTRO MODELO · **163**

o caráter multicêntrico da sociedade importa uma concorrência entre leituras diversas e incomensuráveis do mesmo princípio. Essa questão poderia ser tratada em termo de esferas de justiça, conforme Walzer, que considerou especialmente a questão da "igualdade complexa", nos seguintes termos: "O que a norma da igualdade exige é uma sociedade em que aqueles homens que têm mais dinheiro, mais poder ou mais saber técnico (e esses homens vão sempre existir) sejam impedidos de, apenas por isso, se porem na posse de qualquer outro bem social."[169] Mas Walzer aborda essa questão em termos de esferas de bens[170]. Aqui se trata antes de considerar sistemas de comunicação que se reproduzem autonomamente (ou, no mínimo, com pretensão de autonomia), com base em códigos e critérios próprios. Além disso, a formulação de Walzer a respeito da igualdade complexa pode levar à compreensão de que se trataria de diversos subprincípios da igualdade: econômica, política, em relação ao acesso ao saber e à educação etc. O que se pretende chamar atenção aqui é para algo mais radical: o direito geral de liberdade, o direito geral de igualdade, a dignidade humana, assim como também a igualdade e a liberdade econômicas, o princípio constitucional da concorrência, a liberdade religiosa, o direito à educação podem sofrer leituras as mais diversas a partir da esfera social em que o problema constitucional venha a surgir. É claro que a compreensão do direito geral de liberdade a partir do sistema econômico pode colidir com a interpretação desse direito na esfera religiosa ou familiar. Da mesma maneira, a visão familiar, educacional ou religiosa do princípio da igualdade pode opor-se à concepção econômica ou política do mesmo princípio. Também a autocompreensão econômica

---

[169] Walzer, 1998, p. 12. Cf. Walzer, 1983, pp. 3 ss. [trad. bras. 2003, pp. 1 ss.].
[170] Walzer, 1983, pp. 6-10 [trad. bras. 2003, pp. 5-11].

164 · ENTRE HIDRA E HÉRCULES

do princípio da livre iniciativa pode chocar-se com a percepção desse princípio no sistema político, educacional, científico ou religioso. Por fim, a compreensão do princípio da dignidade humana varia conforme as perspectivas de cada sistema social[171]. A respeito dessa última, cabe uma ilação, com dois exemplos fictícios.

Imagine-se, em termos de efeitos vinculantes dos direitos fundamentais em relação aos particulares[172], a repreensão verbal vigorosa e irritada do pai ou da mãe perante atos praticados pelo filho no espaço doméstico familiar, fortemente reprováveis no contexto moral e cultural respectivo (por exemplo, atos libidinosos, drogas ilícitas pesadas, excesso de álcool, tudo isso realizado no quarto dos pais). Essa repreensão dificilmente seria caracterizada como ofensa à dignidade da pessoa humana. O legislador, em princípio, não poderia intervir, estabelecendo sanções ao pai com base no princípio da dignidade da pessoa humana. Seria uma intervenção ilegítima nas relações familiares (a esse respeito, poderia ser feita a objeção de que se trata de uma colisão com outros princípios constitucionais referentes à família, mas essa questão contingente não é relevante aqui). A mesma situação praticada por empregada(o) doméstica(o) dentro do espaço do trabalho (fisicamente idêntico), ocorrendo a mesma repreensão verbal pelo patrão ou patroa, poderia ensejar a indenização por danos morais, com base em legislação ou jurisprudência fundada no princípio da dignidade humana. Ao contrário, uma exigência de serviço doméstico do filho como condição para o pagamento de uma mesada (sendo excluída aqui a questão específica do trabalho do

---

[171] No mesmo sentido, em relação à aplicabilidade da fórmula da ponderação, cf. Schlink, 1976, pp. 195-6.

[172] Na vasta literatura sobre a chamada "eficácia horizontal dos direito fundamentais", ver, entre os autores brasileiros, Sarmento, 2004; Silva, V. A., 2008; Steinmetz, 2004; 2005; Sarlet, 2000.

menor) pode apresentar-se, em última instância, como forte desrespeito ao princípio da dignidade da pessoa humana, enquanto a exigência de serviços desagradáveis (limpar latrina e fossa) à(ao) empregada(o) doméstica(o), caracterizada a devida contraprestação, não é compreendida como ofensa à dignidade humana.

Esses exemplos fictícios são ilustrativos de que não cabe falar apenas de "igualdade complexa", mas também de "liberdade complexa", "dignidade humana complexa", "solidariedade complexa" etc., variando cada um dos princípios conforme a esfera social em que surja a controvérsia constitucional. Mas se, em uma controvérsia constitucional concreta, a perspectiva de uma das esferas sociais se confronta com a de outra em face do mesmo princípio, surge a colisão intraprincípio. A incomensurabilidade reaparece com os mal-entendidos recíprocos em torno do princípio. Falar em otimização nessa hipótese já é problemático conceitualmente, pois não há princípios colidentes. Caberia então falar de maximização[173]. Mas, ao se pretender maximizar o princípio, conforme o modelo do sujeito-juiz ideal ou nos termos contrafactuais do discurso intersubjetivo racional, a tendência é a precedência de uma determinada compreensão do princípio em detrimento de outras. Da mesma maneira, a questão que se põe aqui é de como evitar o perigo da hipertrofia de uma determinada leitura do respectivo princípio em detrimento das outras.

E também no âmbito do transconstitucionalismo apresenta-se essa questão. O direito fundamental à vida, enquanto fundado em princípio constitucional em concorrência com outros princípios, enseja conflitos entre diferentes compreensões de proteção à vida e o seu valor na respectiva ordem. Um dos casos mais delicados apresentou-se recentemente na relação entre a ordem jurí-

---

[173] Cf. Alexy, 1986, pp. 80-1, nota 37 [trad. bras. 2008, pp. 95-6, nota 37].

166 · ENTRE HIDRA E HÉRCULES

dica estatal brasileira e a ordem normativa dos índios Suruahá, habitantes do Município de Tapauá, localizado no Estado do Amazonas, que permaneceram isolados voluntariamente até os fins da década de 1970[174]. Conforme o direito consuetudinário dos Suruahá, é obrigatório o homicídio dos recém-nascidos quando tenham alguma deficiência física ou de saúde em geral. Em outra comunidade, a dos indígenas Yawanawa, localizada no Estado do Acre, na fronteira entre Brasil e Peru, há uma ordem normativa consuetudinária que determina que se tire a vida de um dos gêmeos recém-nascidos. Em princípio, a questão pode ser vista como uma colisão entre o direito à vida e o direito à autonomia cultural. Mas se pode analisar também em termos de colisão intraprincípio em relação ao direito à vida. A repercussão pública do costume dos Suruahá levou à proposição do Projeto de Lei nº 1.057, de 2007, destinado especificamente à criminalização (ou uma "ultracriminalização"[175]) dessa prática. Embora (ainda) não tenha logrado êxito, o contexto em que foi elaborado e a discussão que engendrou apontam para um caso singular de diálogo transconstitucional entre ordem jurídica estatal e ordens normativas locais das comunidades indígenas. Os elaboradores e defensores do Projeto de Lei partiram primariamente da absolutização do direito fundamental individual à vida, nos termos da moral cristã ocidental. Com intensa participação no debate, inclusive na audiência pública realizada em 5 de setembro de 2007 na Câmara dos Deputados[176], as ponderações da antropóloga Rita Laura Segato contribuíram positivamente para o esclarecimento dessa co-

---

[174] Para a análise do caso do ponto de vista jurídico-constitucional, ver Neves, 2009, pp. 222 ss.; na perspectiva antropológica, Segato, 2011.

[175] Cf. Segato, 2011, pp. 361 e 368-9. Posteriormente, esse Projeto de Lei foi profundamente alterado, reduzindo-se a declarações genéricas e à previsão de apoio às respectivas comunidades.

[176] Cf. Segato, 2011, pp. 369 ss.

lisão de ordens jurídicas, apontando para a necessidade de um diálogo entre ordens normativas, em termos que se enquadram em um modelo construtivo de transconstitucionalismo. O significado atribuído à vida e à morte pelos Suruahá não seria menos digno do que o sentido que lhes atribui o cristianismo: "Também constatamos que se trata de uma visão complexa, sofisticada e de grande dignidade filosófica, que nada deve ao cristianismo."[177] O argumento é fortificado com a referência à prática Yanomani, na qual a mulher tem direito absoluto sobre a vida dos seus recém-nascidos. O parto ocorre em ambiente natural, fora do contexto da vida social, deixando a opção à mãe: "se não toca o bebê nem o levanta em seus braços, deixando-o na terra onde caiu, significa que este não foi acolhido no mundo da cultura e das relações sociais, e que não é, portanto, humano. Dessa forma, não se pode dizer que ocorreu, na perspectiva nativa, um homicídio, pois o que permaneceu na terra não era uma vida humana"[178]. Essa concepção bem diversa da vida humana (nem "concepcionista" nem "natalista" ou referente à "pessoa", mas sim social ou cultural) importa realmente um delicado problema, que, também me parece, é incompatível com uma mera imposição de concepções externas sobre a vida e a morte, mediante aquilo que, em outro contexto, chamei paradoxalmente de "imperialismo dos direitos humanos"[179]. E isso é válido não apenas de um ponto de vista antropológico-cultural ou antropológico-jurídico, mas também na perspectiva específica de um direito constitucional sensível ao transconstitucionalismo.

Esse delicado problema não se restringe ao dilema entre relativismo ético (das culturas particulares) e universalismo moral (dos direitos dos homens), antes aponta para o convívio de ordens ju-

---

[177] Segato, 2011, p. 364.
[178] Segato, 2011, p. 365.
[179] Neves, 2005, pp. 23 e 27.

168 · ENTRE HIDRA E HÉRCULES

rídicas que partem de experiências históricas diversas[180], exigindo especialmente por parte do Estado constitucional uma postura de moderação relativamente à sua pretensão de concretizar suas normas específicas, quando estas entrem em colisão com normas de comunidades nativas fundadas em bases culturais essencialmente diferentes. A discrição e retenção, nesse caso, parece ser a via que pode levar a conversações construtivas que estimulem autotransformações internas das comunidades indígenas para uma relação menos conflituosa com a ordem estatal. A tentativa de buscar modelos internos de otimização, nos termos da teoria dos princípios, pode ser desastrosa nessas circunstâncias. Em relação ao "outro", à ordem diversa dos nativos, cabe antes uma postura transconstitucional de autocontenção dos direitos fundamentais cuja otimização possa levar à desintegração de formas de vida, com consequências destrutivas para o corpo e a mente dos membros das respectivas comunidades[181].

A colisão intraprincípios no plano da dupla contingência referente a pessoas (inclusive organizações personificadas juridicamente) e grupos, no nível dos sistemas funcionais autônomos e na relação entre ordens jurídicas diversas envolvidas em problemas constitucionais comuns não é suscetível de ser resolvida adequadamente a partir de uma superinstância monológica (sujeito-juiz racional) ou dialógica (discurso orientado para o consenso). Em geral, o modelo de ponderação otimizante mediante a instância judicial do Estado é subcomplexo para o enfrentamento de questões dessa magnitude em uma sociedade supercomplexa. Não obstante, uma repolitização legislativa dessas questões, no modelo

---

[180] Cf. Segato, 2011, pp. 375-7; ver, de maneira mais abrangente, 2006. A respeito da relação intrínseca entre universalismo e diferença, ver Neves, 2001.

[181] Neves, 2009, pp. 228-9.

de Constituição como moldura[182], não parece ser adequada. A Constituição do Estado democrático de direito implica sempre a interpenetração estrutural e a interferência operativa entre direito e política. Além do mais, os problemas constitucionais ultrapassam o âmbito do Estado e, portanto, do seu específico processo democrático de legitimação política. Também não parece oportuno o simples afastamento da ponderação, com o argumento de que esta estimularia posições jurídicas antitéticas e prejudicaria a limitação jurídica do poder[183]. A ponderação comparativa entre as diversas perspectivas de um mesmo princípio constitucional é fundamental à adequação social do direito. Na mesma direção, o simples retorno a um modelo orientado primariamente por regras em nome da segurança é insustentável. Por um lado, porque tal modelo, ao superestimar a consistência, tenderia a reprimir certas controvérsias fundamentais em torno da Constituição e, assim, a excluir, peremptória e definitivamente, certas compreensões constitucionais relevantes na esfera pública. Por outro, porque ele parte de uma crença ilusória do dom das regras em garantir certeza jurídica e, dessa maneira, a segurança, quando estas, de fato, também envolvem incertezas e, no limite, podem produzir inseguranças ("bom comportamento público e privado" para fins de reabilitação penal?)[184]. O desafio decisivo que se apresenta ao órgão de interpretação-aplicação constitucional nos casos de colisões intraprincípios, da mesma maneira do que na colisão interprincípios, é de como reorientar as expectativas normativas dos envolvidos direta e indiretamente na respectiva controvérsia. Isso implica também uma rearticulação dos princípios à luz de regras (legislativas e construídas como precedentes jurisprudenciais).

---

[182] Cf. Böckenförde, 2003, espec. pp. 186-7. Ver *supra* pp. 152-3.
[183] Ladeur, 2004, p. 79, em crítica a Böckenförde, 2003.
[184] Cf. *supra* pp. 15-6.

170 · ENTRE HIDRA E HÉRCULES

Mas não nos iludamos: toda essa tarefa implica uma absorção seletiva e excludente em face do dissenso estrutural em torno do significado da Constituição e de seus princípios e regras. Nessas circunstâncias, a decisão tanto mais se justifica quanto maior for sua capacidade de impedir a hipertrofia de uma esfera social (econômica, política, midiática, científica, religiosa etc.), assim como de uma perspectiva de grupo, organização, pessoa ou ordem jurídica na compreensão do respectivo princípio, sem reprimir o dissenso estrutural, mas antes possibilitando-lhe e, inclusive, estimulando-lhe a emergência em futuros casos.

Em síntese, dentro dos seus limites, os juízes e tribunais constitucionais (em sentido amplo) também têm o papel de reagir aos perigos da desdiferenciação (politização, economicismo, fundamentalismo religioso, cientificismo, corporativismo, moralismo, domínio da mídia etc.) e da negação da dupla contingência (a eliminação de *alter* por *ego* ou vice-versa) no processo de concretização constitucional. Para isso, têm que enfrentar permanentemente o paradoxo da relação entre consistência jurídica, associada primariamente à argumentação formal com base em regras, e adequação social do direito, vinculada primariamente à argumentação substantiva com base em princípios.

CAPÍTULO IV

USO E ABUSO DE PRINCÍPIOS: DA DOUTRINA À PRÁTICA JURÍDICO--CONSTITUCIONAL BRASILEIRA

1. Do fascínio doutrinário...

No final do século XX e início do século XXI, a doutrina constitucional brasileira foi tomada por um fascínio pela principiologia jurídico-constitucional e, nesse contexto, pela ponderação de princípios, uma atitude que, com destacadas exceções, tem contribuído para uma banalização das questões complexas referentes à relação entre princípios e regras. Esse fascínio poderia ser associado simplesmente aos processos de democratização e constitucionalização que, no último quartel do século XX, ocorreram na América Latina em geral e no Brasil em especial, após um período de regimes autoritários com efeitos desastrosos sobre as liberdades civis e políticas. Assim como houve um amplo debate sobre transição e consolidação democrática no âmbito da ciência e teoria política[1], teria despontado, no domínio jurídico, um debate em torno da "constitucionalização do direito"[2] e do "neoconstitucionalismo"[3].

---

[1] Cf., entre outros, O'Donnell, Schmitter e Whitehead, 1986; Mainwaring, O'Donnell e Valenzuela, 1992; Alcántara e Crespo, 1995. Apesar de ter sido um dos propugnadores do modelo, O'Donnell, mais tarde, advertiu para as "ilusões sobre consolidação" (1996).

[2] Para o debate no Brasil, ver Souza Neto e Sarmento (coords.), 2007. Cf. também Barroso, 2010, pp. 352 ss.; Silva, V. A., 2008, concentrando-se, porém, na irradiação dos direitos fundamentais nas relações privadas (p. 18). Com um diagnóstico contrário em relação ao direito de defesa da concorrência, Schuartz (2009) aponta para a sua desconstitucionalização.

[3] Para o debate no Brasil, ver Quaresma, Oliveira e Riccio de Oliveira (coords.), 2009. Cf. também Maia, 2007; 2009; Barroso, 2006; 2007a, vinculando o neoconstitucio-

172 · ENTRE HIDRA E HÉRCULES

Essa conexão entre transformação político-jurídica e doutrinas constitucionais que emergiram não pode ser compreendida, porém, de maneira tão íntima e direta como uma reação "*stimulus/response*". Em primeiro lugar, porque os respectivos conceitos desenvolveram-se originariamente em outros contextos nos quais já estavam estabilizadas experiências democráticas, não tendo emergido em períodos de transição do autoritarismo para a democracia[4]. Inclusive no México, onde foi promovido inicialmente o debate sobre "neoconstitucionalismo" na América Latina[5], não se tratava – apesar dos limites e das deficiências do constitucionalismo democrático desenvolvido no México desde a segunda década do século XX – de um contexto de transição do autoritarismo para a democracia. Enfim, cabe observar que, entre experiência político-constitucional e doutrina ou dogmática jurídico-constitucional, há sempre certa assimetria, sobretudo porque, em Estados democráticos, diversas teorias constitucionais confrontam-se, algumas mais "formalistas", outras mais "substantivas".

Em segundo lugar, porque uma opção mais acentuada por princípios ou regras, por uma argumentação primariamente substantiva ou formal, não tem nenhuma relação com o binômio "de-

---

nalismo à constitucionalização do direito; Schier, 2007; Moreira, 2008; Sarmento, 2009; Streck, 2009; Dimoulis, 2009; Ávila, 2009; Vale, 2009, pp. 21 ss.

[4] Cf., p. ex., Favoreu, 1996; Mathieu e Verpeaux (orgs.), 1998; Schuppert, 1998; Schuppert e Bumke, 2000; Jarass, 2008; Guastini, 1998 [trad. bras. 2007]; Pozzolo, 1998; 2001. Na França, a questão da constitucionalização remonta à decisão do Conselho Constitucional, de 16 de julho de 1971, na qual se firmou que o preâmbulo da Constituição de 1958 e os textos aos quais ele faz referência, dentro dos quais se encontra a Declaração de Direitos dos Homens e do Cidadão de 1789, fariam parte dos parâmetros de controle de constitucionalidade (Decisão nº 71-44 DC, de 16/07/1971). Já no julgamento do art. 62 da lei de finanças para 1974, em 27 de dezembro de 1973, o Conselho fundamentou a sua decisão de inconstitucionalidade diretamente na Declaração de 1789 (Decisão nº 73-51 DC, de 27/12/1973, item 2).

[5] Carbonell (org.), 2003; 2007a.

USO E ABUSO DE PRINCÍPIOS · **173**

mocracia/autocracia" ou "constitucionalismo/ autoritaritarismo".
Especialmente quando vinculamos os princípios a modelos axio-
lógicos, teleológicos ou morais. A experiência histórica é con-
tundente a esse respeito. Durante o nacional-socialismo, foram
precisamente os juristas que proclamaram a importância de princípios orientados por valores e teleologias, especialmente nos termos da tradição hegeliana, que pontificaram nas cátedras[6]. Autores ditos "formalistas", os quais Hauke Brunkhorst relacionou
sugestivamente ao "positivismo jurídico democrático"[7], destacando-se Hans Kelsen, foram banidos de suas cátedras ou não ti-
veram acesso ao espaço acadêmico[8]. Evidentemente, para o *"Führer"*,
um modelo com ênfase em regras constitucionais e legais seria
praticamente desastroso. Uma teoria de princípios referentes ao
desenvolvimento do povo alemão na "história universal" como
"realização do espírito geral" ou "aprofundamento do espírito
do mundo em si" apresentava-se muito mais adequada aos "fins"
do nazismo.

Mas os exemplos não se restringem à experiência alemã.
Também não houve domínio de uma teoria formalista da argumentação jurídica e constitucional no regime militar brasileiro.
Miguel Reale, talvez o teórico e filósofo do direito mais influente
no período autoritário, adotava um modelo axiológico nos termos da tradição hegeliana, tendo sido, com base em sua "teoria
tridimensional do direito", um forte crítico das vertentes ditas

---

[6] É o caso, por exemplo, de Karl Larenz, cujas obras jurídicas se destacaram durante o auge do período do nacional-socialismo, cabendo mencionar o seu artigo inti-
tulado "Espírito do Povo e Direito" [*Volksgeist und Recht*] (Larenz, 1938).

[7] Brunkhorst, 2002.

[8] Kelsen foi cassado de sua cátedra na Universidade de Colônia em 1933 e, perse-
guido pelo nacional-socialismo, fugiu da Alemanha naquele mesmo ano. Essa situação não decorreu apenas de sua origem judaica, mas também do fato de ser "um
democrata e pacifista" (Bastos, 2005, p. 53).

174 · ENTRE HIDRA E HÉRCULES

"formalistas"[9]. Naquele contexto, não se conteve nas abstrações teóricas, mas argumentou substantivamente, em nome do "realismo objetivo", a favor do autoritarismo militar imposto pelos militares em 1964[10]. É claro que qualquer modelo rigoroso de regras constitucionais seria inoportuno para um regime político de "exceção", ou seja, um regime em que as exceções definidas *ad hoc* para a manutenção da eventual estrutura de dominação constituem a "regra". O fato de que o autoritarismo distanciou-se de um modelo de regras torna-se mais patente na experiência latino--americana em virtude da falta de consistência ideológica dos regimes, o que tornava imperiosa uma maleabilidade às pressões particularistas de grupos e pessoas, implicando a ruptura casuística das regras por eles mesmos impostas, ao sabor das conveniências políticas concretas[11].

Também se deve ter cuidado com a referência ao "começo da história", para sugerir uma inexistência de orientação por argumentos principiológicos na tradição jurídico-constitucional brasileira anterior[12]. No Império, Pimenta Bueno referia-se ao direito como uma ordem de "princípios"[13]. Argumentos com base em princípios não faltaram na primeira república, destacando-se Rui Barbosa, cuja invocação permanente aos princípios relativos aos direitos constitucionais e individuais torna-o o primeiro a quem caberiam ser aplicadas as expressões "constitucionalização do direito" e – ironicamente – "neoconstitucionalismo" em nossa his-

---

[9] Cf. Reale, 1979.

[10] Reale, 1983, pp. 66-7, invocando Hegel e contrapondo o "realismo objetivo" ao "iluminismo jurídico".

[11] Em relação à ditadura de Vargas, ver Loewenstein, 1942.

[12] Barroso e Barcellos, 2005.

[13] "O direito e suas correspondentes obrigações são os princípios, as bases firmes de toda a sociabilidade, legislação, progresso e perfeição humana" (Pimenta Bueno, 1857, p. 7).

tória[14]. Durante o regime militar, Celso Antônio Bandeira de Mello, jurista destacado, com forte influência na doutrina do direito público, embora vinculado à tradição do que eu chamaria "positivismo jurídico democrático brasileiro", levou a sério a questão dos princípios, apresentando os primeiros elementos para um modelo de ação afirmativa à luz do princípio da igualdade[15].

Mas a questão que interessa ao presente trabalho diz respeito a um tipo específico de tratamento da relação entre Constituição e direito legal ordinário, no plano da dinâmica jurídica, e entre princípios e regras constitucionais, no plano da estática jurídica. Nossa atenção concentra-se na segunda relação, mas, como se trata de discutir o fascínio pelos princípios *constitucionais* e a ponderação entre eles como *ultima ratio* e panaceia para os problemas constitucionais, os dois aspectos são indissociáveis no âmbito do presente trabalho. Essa questão tem sido discutida, como já foi adiantado, sob o rótulo "constitucionalização do direito" e, principalmente, sob o manto do termo "neoconstitucionalismo". Mas ela vai além, pois juristas que não aceitam ser rotulados nos termos dessa expressão, tomando distância crítica em relação às respectivas atitudes teóricas ou dogmáticas, têm destacado o papel dos princípios e do sopesamento[16].

---

[14] Rui Barbosa enfatizava a supremacia constitucional nos seguintes termos: "O Juiz descumpre a lei para cumprir a Constituição" (Barbosa, 1932, pp. 19-21). E relacionava a "resistência individual" com o direito geral de liberdade, associado ao princípio da legalidade nos termos do art. 72, § 1º, da Constituição de 1891 (Barbosa, 1934, pp. 205-12; cf. também *infra* pp. 204-5). Na Primeira República, Barbalho (1902, p. 267) incluía tanto "a liberdade individual e suas garantias" ("*regime livre*", preâmbulo e declaração de direitos") quanto a democracia entre os princípios constitucionais da União, seguido, nesse particular, por Barbosa (1934, p. 10). Cf. também Sampaio Dória, 1926, pp. 19-20 e 114 ss.

[15] Bandeira de Mello, 1993.

[16] Assim, por exemplo, Silva, V. A., 2009; Ávila, 2003, com mais restrição recentemente (2009).

176 · ENTRE HIDRA E HÉRCULES

Não cabe aqui uma análise abrangente do chamado "neoconstitucionalismo" no Brasil. As críticas no sentido de que o significado teórico e prático do debate em torno de jurisdição constitucional, força normativa da Constituição e princípios constitucionais já se desenvolve desde o início do século XIX[17], embora sirvam para desnudar o caráter retórico de assertivas peremptórias, não são suficientes para o que se pretende no presente estudo. Ávila vai além e, a partir de quatro pretensões que atribui a alguns autores[18], procura fazer uma crítica mais abrangente ao "neoconstitucionalismo" em geral, atribuindo-lhe os seguintes traços básicos, em termos de mudança do foco: da regra ao princípio no que concerne ao fundamento normativo; da subsunção à ponderação relativamente ao fundamento metodológico; da justiça geral à justiça particular no referente ao fundamento axiológico; do poder legislativo (ou executivo) ao poder judiciário no tocante ao fundamento organizacional[19]. A partir dessa caracterização, Ávila apresenta suas restrições respectivas: o "neoconstitucionalismo", ao desprezar as regras em nome da ênfase nos princípios constitucionais, não levaria em conta o próprio caráter da Constituição brasileira, que seria antes "regulatória" ("composta basicamente de regras") do que "principiológica"[20]; ao valorizar o paradigma da ponderação em detrimento da subsunção, não só conduziria ao "antiescalonamento da ordem jurídica" e aniquilaria com "as regras e com o exercício regular do princípio democrático", mas,

---

[17] Nesse sentido, ver, Dimoulis, 2009, pp. 214-22, em crítica a Barroso, 2007a. Nesse contexto, Dimoulis tenta definir o "neoconstitucionalismo" como um tipo de constitucionalismo vinculado ao moralismo jurídico (2009, pp. 222-4), mas a própria diversidade de posições que se desenvolvem sob esse rótulo torna difícil apostar em uma definição abrangente.

[18] Carbonell, 2007b; Ferrajoli, 2003; Sanchís Pietro, 2000; Moreira, 2008.

[19] Ávila, 2009.

[20] Ávila, 2009, pp. 3, 5 e 18.

USO E ABUSO DE PRINCÍPIOS · 177

sobretudo, levaria a "um subjetivismo e, com isso, à eliminação do caráter heterolimitador do Direito", por não oferecer "critérios intersubjetivamente controláveis para a execução" da ponderação[21]; ao dar prevalência à "justiça particular" em prejuízo da "justiça geral", promoveria "incerteza" e "arbitrariedade"[22]; por fim, ao atribuir proeminência do judiciário em relação ao legislativo (ou executivo), não consideraria adequadamente as exigências do "Estado de Direito, vigente numa sociedade complexa e plural", nem as características de um "ordenamento jurídico que privilegia a participação democrática"[23]. Com base nessas críticas, Ávila conclui que o "neoconstitucionalismo", no Brasil, "está mais para o que se poderia denominar, provocativamente, uma espécie enrustida de 'não constitucionalismo': um movimento ou uma ideologia que barulhentamente proclama a supervalorização da Constituição enquanto silenciosamente promove a sua desvalorização"[24].

Essa crítica, embora aponte para problemas teóricos e práticos relevantes do modelo principialista de interpretação-aplicação constitucional, merece algumas objeções. Inicialmente cabe observar que, ao tomar estrategicamente alguns autores de uma vertente formada por diversas tendências da teoria e dogmática constitucional para atribuir peremptoriamente algumas de suas assertivas à recepção dessa vertente no Brasil, como se houvesse unidade tão precisa na respectiva corrente e na correspondente recepção, pode causar "injustiças". Por exemplo, autores classificados por Carbonell como pertencentes ao(s) chamado(s) "neoconstitucionalismo(s)" talvez não aceitem nenhuma das asserti-

---

[21] Ávila, 2009, pp. 7-10.
[22] Ávila, 2009, pp. 15 e 18.
[23] Ávila, 2009, pp. 16 e 18.
[24] Ávila, 2009, p. 19.

178 · ENTRE HIDRA E HÉRCULES

vas peremptórias que Ávila atribui a essa vasta corrente[25]. Autores que se autointitulam "neoconstitucionalistas" também poderiam rejeitar alguma dessas assertivas[26]. Portanto, as objeções a alguns autores (três estrangeiros e um brasileiro) não podem servir de modelo para a crítica de toda uma tendência da doutrina constitucional recente no Brasil.

Mas essa questão é secundária para os fins do presente estudo. Relevantes são, antes, os fundamentos da crítica de Ávila. No que interessa diretamente a este trabalho, a relação entre princípios e regras constitucionais, não me parece adequada a saturada distinção entre "Constituição principiológica" e "Constituição regulatória" como parâmetro para a crítica de uma teoria e dogmática constitucional que superestima os princípios constitucionais em detrimento das regras. Essa distinção fica muito presa ao texto constitucional[27]. Não se trata aqui de negar o significado dos textos constitucionais, pois a interpretação é produção de textos com base em textos[28] e não pode romper com "a função do texto de construir unidade"[29]. Não obstante, o relevante para o direito não é a textualização em si, mas sim as normas que se atribuem ao texto. A rigor, os textos em si (significantes) ainda não constituem direito, cuja formação depende das normas vinculantes que

---

[25] Carbonell (org. 2003) incluiu, na primeira coletânea que organizou sobre o tema, artigo de Alexy, que dificilmente concordaria com suas assertivas peremptórias, objeto da crítica de Ávila.

[26] Cf., por exemplo, Barcellos, 2005, apontando para a prevalência das regras em relação aos princípios.

[27] Além disso, pode-se supor que a noção de "Constituição regulatória" está relacionada com a ideia de "Constituição dirigente" (Canotilho, 1994), que se afigura altamente discutível no contexto de uma sociedade complexa.

[28] Ver *supra* p. 153.

[29] Luhmann, 1993, p. 364. Sobre a exigência de levar o texto a sério, cf. Alexy, 1986, pp. 121 [trad. bras. 2008, p. 140]. Por sua vez, Müller, F. (1995, p. 99) fala em "*vinculação* de todas as funções jurídicas *ao texto normativo*".

lhes são atribuídas na relação entre instância de produção institucional e instância de sua construção hermenêutica. A partir de um mesmo texto constitucional podem-se desenvolver doutrinas e práticas constitucionais as mais diversas. Além do mais, a distinção entre princípios e regras constitucionais só tem significado na argumentação em torno de controvérsias constitucionais complexas, sendo irrelevante na aplicação rotineira e na observância cotidiana das normas constitucionais[30]. Portanto, a questão de uma crítica a uma doutrina constitucional excessivamente principialista não pode apegar-se e fundar-se em uma diferença clássica, de caráter eminentemente textual, entre "Constituição principiológica" e "Constituição regulatória", que, em última instância, diz respeito basicamente a uma distinção quantitativa com base no número e na extensão de dispositivos constitucionais.

A essa limitação decisiva associa-se a fragilidade dos outros fundamentos da crítica de Ávila ao chamado "neoconstitucionalismo". A afirmação de que o paradigma da ponderação (em detrimento da subsunção) conduz ao subjetivismo, não fornecendo critérios intersubjetivos para a função heterolimitadora do direito, parte de distinção também saturada, inadequada para a análise de modelos referentes à concretização constitucional. Ponderação e subsunção ocorrem dentro de processos complexos de comunicação. O que se passa na mente dos juízes antes da argumentação e da interpretação (como produção de texto) é incontrolável tanto na subsunção quanto na ponderação. O que é controlável social e juridicamente é o comunicado. A alternativa, controle intersubjetivo, nesse contexto, não diz nada. O modelo da intersubjetividade tem se apresentado antes como uma alternativa à pretensão de legitimação monológica de um juiz como

---

[30] Ver *supra* pp. 97-8.

180 · ENTRE HIDRA E HÉRCULES

sujeito (ideal) capaz de decidir corretamente a partir de uma posição privilegiada de observação. Em todo caso, tem que haver decisão como comunicação suscetível de crítica. Em nenhum dos casos trata-se de uma discussão sobre subjetivismo, mas sim das condições de possibilidade da crítica de decisões. Enfim, o recurso a essa alternativa desconhece o significado de conexões comunicacionais complexas, marcadas tanto pela pluralidade sistêmica de pontos de observação quanto pela dupla contingência de qualquer episódio de comunicação.

Além do mais, recorrer, no contexto, à distinção entre "justiça geral" e "justiça particular", sugerindo uma associação (predominante) da primeira às regras e da segunda aos princípios, parece-me problemático. Não se pode negar, em primeiro lugar, que há regras orientadas mais para o concreto e o particular (especialmente quando são construídas pela jurisprudência), assim como nada indica que os princípios, muito além de sua ponderação em casos concretos, não possam servir às chamadas exigências normativas gerais. Em segundo lugar, a dicotomia "justiça geral/justiça particular" é discutível. A esse respeito, há uma interação permanente entre o abstrato e concreto na satisfação de expectativas normativas. A justiça diz respeito ao processamento do paradoxo da decisão que seja, ao mesmo tempo, juridicamente consistente e socialmente adequada, envolvendo simultaneamente o abstrato e o concreto, o geral e o individual.

Por fim, a crítica ao excesso de ênfase no judiciário por parte do "neoconstitucionalismo", embora seja relevante, é posta de forma um tanto simplista por Ávila. Segundo ele, o legislativo, vinculado ao processo democrático, teria condições de construir regras destinadas a "estabilizar conflitos morais" e "reduzir a incerteza e a arbitrariedade" em uma sociedade complexa[31], cabendo ao judiciário aplicá-las. De fato, a produção legislativa de (texto de) regras é fundamental para a redução da complexidade e a estabilização de expectativas normativas na sociedade moderna. Isso decorre da própria positivação do direito[32]. Mas a introdução de regras a partir do poder legislativo é apenas um momento do processo de seleção da norma perante uma multidão de expectativas normativas contraditórias existentes na sociedade. Pode ser que a introdução de regra legal a partir do processo legislativo ainda crie mais conflitos do que os existentes antes da entrada em vigor da respectiva lei. A própria questão da diversidade de compreensões de uma mesma regra legal – seu sentido, seu âmbito de incidência e aplicação etc. – exige a atividade judicial de estabilização e reorientação das expectativas normativas conflitantes em torno do respectivo texto legal. E essa atividade só poderá ter sucesso, em alguns casos, se houver recurso a princípios adequados à solução da respectiva controvérsia jurídico-constitucional. Por conseguinte, tanto o legislativo e as regras quanto o judiciário e os princípios têm um papel determinante e desempenham funções decisivas na estabilização de expectativas normativas no âmbito de uma sociedade hipercomplexa e conflituosa. Essa estabilização depende da forma como vai se desenvolver a relação reflexiva circular entre legislador (especialmente o constituinte) e juízes ou tribunais (particularmente os constitucionais) na dinâmica jurídica e entre princípios e regras na estática jurídica.

Aos fins do presente trabalho parece-me mais oportuno, para uma consideração crítica da adoção de modelos principiológicos na recente doutrina constitucional brasileira, uma análise mais

---

[31] Ávila, 2009, p. 16.
[32] Ver *supra* Cap. III.2.

182 · ENTRE HIDRA E HÉRCULES

abrangente de tendências do que a concentração em uma vertente cujos contornos são de difícil demarcação, sobretudo porque pretende englobar teorias e autores muito diferentes. No sentido de uma crítica mais ampla da recorrência ao modelo de princípios na dogmática constitucional dos anos 1990 e 2000, vale considerar a crítica de Virgílio Afonso da Silva. Em geral, Silva aponta para um sincretismo metodológico que tornaria inconsistente as diversas formulações da teoria constitucional em torno de temas como princípios e regras, ponderação ou sopesamento, proporcionalidade e razoabilidade, entre outros[33]. No âmbito dessa crítica, ele põe o foco na forma de adoção de catálogos de princípios e métodos de interpretação, propostos em circunstâncias determinadas do desenvolvimento da doutrina e prática constitucional de um país, especialmente na Alemanha, e transplantados para o Brasil como se constituíssem algo universal. Assim, enfatiza que o catálogo de princípios da interpretação constitucional apresentado por Konrad Hesse em um manual publicado originariamente em 1967, que nem sequer teria encontrado ampla aceitação dogmática e jurisprudencial no âmbito da ordem constitucional alemã, a que se dirigiu, passou a ser disseminado, a partir dos anos 1990, no Brasil, como uma exigência intrínseca de todo e qualquer Estado constitucional: princípios do efeito integrador, da unidade da Constituição, da concordância prática, da conformidade funcional e da força normativa da Constituição. Silva afirma peremptoriamente: "o que era a lista de um autor – Konrad Hesse – passou a ser encarado como princípios universais e imprescindíveis"[34]. A esse catálogo, ele acrescenta o princípio da máxima efetividade, que teria chegado ao Brasil pela obra de Cano-

---

[33] Silva, V. A., 2005; 2003; 2002b.
[34] Silva, V. A., 2005, p. 133.

USO E ABUSO DE PRINCÍPIOS · **183**

tilho. Além disso, afirma não ter o que falar sobre a introdução, nesse catálogo, do princípio da interpretação conforme a Constituição (também referido por Hesse), pois sustenta que esse seria um critério específico de interpretação da lei[35].

Em relação aos métodos de interpretação constitucional, Silva procede de maneira semelhante. Aponta para a disseminação, no Brasil, de uma lista elaborada por Böckenförde em um artigo sobre o tema, da qual fazem parte os seguintes tipos de método: método hermenêutico clássico, método tópico-problemático, método científico-realista e método hermenêutico-concretizador[36]. Sustenta que Böckenförde pretendia *"apenas* fazer uma síntese do estágio da discussão na época da publicação de seu artigo, e não propor um conjunto de métodos complementares" e, a esse respeito, chama a atenção para o próprio subtítulo do artigo: "inventário e crítica"[37]. A partir desse ponto, critica a inconsistência da adoção e divulgação por juristas brasileiros de métodos apresentados por Böckenförde e outros constitucionalistas alemães, especialmente a partir da variante formulada por Canotilho, e associa essa inconsistência à falta de referência à aplicação prática e, sobretudo, ao "sincretismo metodológico"[38]. Com base tanto nessa crítica quanto nas objeções referentes à adoção do catálogo de princípios de Hesse, Silva pontifica programaticamente a necessidade do desenvolvimento de teoria da constituição aplicável à Constituição brasileira, teoria essa que não excluiria métodos e conceitos desenvolvidos no con-

---

[35] Silva, V. A., 2005, pp. 118-33. Cf. Hesse, 1969, pp. 28-34; Canotilho, 1998, pp. 1096-101.

[36] Böckenförde, 1991 [1976], pp. 56-80.

[37] Silva, V. A., 2005, p. 134. No referido artigo, Böckenförde (1991 [1976], p. 80) afirmava criticamente: "Todos os métodos de interpretação tratados contribuem, no resultado – talvez com exceção do de F. Müller –, para enfraquecer a normatividade da Constituição."

[38] Silva, V.A., 2005, pp. 133 ss. Cf. Canotilho, 1998, pp. 1084-88.

184 · ENTRE HIDRA E HÉRCULES

texto de outras ordens jurídicas, mas exigiria que estes passassem por uma prova de compatibilidade com ela[39].

Essas críticas são relevantes, pois, sobretudo a respeito da invocação frequente aos princípios e à ponderação entre eles, apontam para os limites do debate jurídico-constitucional que se estabeleceu no Brasil a partir da promulgação da Constituição de 1988. "Denuncia" não apenas a falta de rigor dogmático, teórico e metodológico no âmbito desse debate, mas também que este não tem construído uma conexão sólida com a ordem constitucional brasileira e a respectiva prática jurídica. Por um lado, haveria inconsistência; por outro, aquilo que se chamou, controversamente, de "ideais fora de lugar" na teoria social brasileira[40]. Mas me parece que as críticas diretas e peremptórias de Virgílio Afonso da Silva apresentam um quê de simplificação e ficam enredadas nas próprias deficiências que critica.

Um ponto inicial relaciona-se com a tendência de atribuir supostas falhas à recepção brasileira das ideias ou conceitos de um determinado autor (praticamente, sempre um jurista alemão), sem ter o cuidado de averiguar se essas eventuais falhas encontram-se na formulação original. Um exemplo evidente encontra-se na referência à interpretação conforme a Constituição, que não configuraria tema de um artigo sobre interpretação constitucional, pois se trataria de critério de interpretação da lei[41]. Sem querer entrar aqui

---

[39] Silva, V. A., 2005, p. 143. Também no referido artigo, Böckenförde (1991 [1976], p. 81) falava precisamente da "necessidade de uma teoria (vinculante) da Constituição".

[40] Schwarz, 2008. Essa formulação é passível de crítica, pois, ao se deslocarem ou migrarem, as ideias ganham novo sentido e desempenham outras funções no novo contexto. Nessa perspectiva, recentemente, antes de corroborar (como ele se propõe), Schwarz (2012), a rigor, revê sua tese originária. Entretanto, parece-me deva ser afastada, definitivamente, a concepção de "ideias fora do lugar". Diversamente, cabe falar de ideias em outro lugar (a respectiva unidade político-jurídica em que elas se deslocaram) e, ao mesmo tempo, paradoxalmente, no mesmo lugar (a sociedade mundial).

[41] Silva, V. A., 2005, pp. 132-3.

USO E ABUSO DE PRINCÍPIOS · 185

nessa discussão, que vai além do propósito do presente trabalho, cabe advertir que Hesse, embora não inclua esse "princípio" no catálogo que apresenta inicialmente em seu manual, tratava-o, então, como um "princípio de interpretação" que surgira no "mais novo desenvolvimento do direito constitucional" e que confirmava a "referência recíproca entre Constituição e lei", nos termos da seguinte assertiva: "A interpretação conforme a Constituição não coloca apenas a questão do conteúdo da lei a ser controlada, mas também a questão do conteúdo da Constituição pela qual a lei deve ser avaliada. Ela exige, por isso, tanto interpretação da lei quanto da Constituição."[42] Na exposição de Silva, sugere-se que a inclusão do tema da interpretação conforme a Constituição seria devida a uma recepção inadequada da formulação de Hesse, mas, se tivesse havido falha ou imprecisão, ela já se encontraria na obra desse autor.

Outro aspecto a ser considerado refere-se à crítica generalizada de Silva ao "sincretismo metodológico" no Brasil, sem os devidos cuidados ao tratar da contribuição de autores que não fazem parte do seu estrito universo teórico. Um exemplo é a crítica à junção inadequada, sem as devidas filtragens conceituais, entre a teoria estruturante de Friedrich Müller e a principiologia jurídica de Alexy. Sem dúvida, é importante apontar para conciliações teórica e metodologicamente impossíveis desses dois modelos, principalmente se assumidos ambos sem restrições. Esse é um problema relacionado a uma velha tradição da doutrina e teoria jurídica no Brasil, inclusive em autores que se sobressaem no debate nacional[43]. Mas é preciso que se tenha cuidado ao se referir a posições de certo autor para caracterizá-las, pontualmente,

---

[42] Hesse, 1969, pp. 31 e 34.

[43] Por exemplo, em obras de referência, Ferraz Jr. (1980; 1988) mistura a tópica de Viehweg, a teoria luhmanniana dos sistemas e a teoria da ação de Hannah Arendt, além de modelos de técnica de decisão em voga à época, entre outras perspectivas, sem qualquer esforço de filtragem, como se tudo fosse compatível.

186 · ENTRE HIDRA E HÉRCULES

como contraditória com a de outro autor. Silva afirma que Müller sustenta um conceito de norma jurídica insuscetível de colisão e, pois, de ponderação, para, assim, apontar a contradição de sua teoria com a de Alexy[44]. Está correto quanto ao fato de que a norma jurídica em Müller não se submete à ponderação. Mas a norma jurídica em Müller só surge no final do processo de concretização[45]. Dessa maneira, ela corresponde, no modelo de Alexy, à regra jurídica construída, após a ponderação, como razão definitiva de uma decisão judicial[46]. E, conforme este, nenhuma regra (completa), como razão definitiva, é suscetível de ponderação. Nesse sentido, não haveria nada de problemático entre as duas teorias. Dados os pressupostos teóricos diversos, a diferença estaria no significado da ponderação antes do final da cadeia de concretização ou de argumentação, respectivamente: para Müller, durante a concretização, a ponderação apresenta-se como um fator potencialmente irracional no processo de produção da norma jurídica que fundamenta a norma de decisão do caso[47]; em Alexy, a ponderação, tanto no caso de princípios quanto de regras incompletas, seria o elemento decisivo na argumentação destinada a construir a regra (completa) como razão definitiva para a norma concreta de solução do caso. Problemas permanecem de ambos os lados, persistindo as seguintes indagações: antes do final do processo de concretização não haveria norma jurídica vinculando os juízes (para Müller)? É possível falar em regras completas como razões definitivas antes que se encerre o processo argumen-

---

[44] Silva, V. A., 2005, pp. 135-6.
[45] Cf. *supra* pp. 8-9. Silva, V. A. (2005, p. 137), de certo modo, admite isso, ao afirmar que "depois dessa árdua tarefa" de "delimitação do âmbito da norma" (e cabe acrescentar: do "programa da norma"), "não há espaço para colisões", mas confunde os níveis.
[46] Cf. *supra* p. 66.
[47] Cf. Müller, F., 1995, pp. 62-3 e 67-8; 1994, pp. 208 ss.; 1990a, pp. 21 ss.

tativo em controvérsias constitucionais complexas (para Alexy)? Mas a resposta a essas questões não se encontra na busca de conciliação de ambas as teorias, tampouco na adoção incondicional de uma delas, mas antes em reflexões que busquem alternativas teóricas a esses modelos[48].

Embora tenha me estendido nessas questões das deficiências de uma crítica peremptória do "sincretismo metodológico" na doutrina constitucional brasileira, esse é um problema secundário para o presente trabalho. Mais importante é considerar que, em parte (no que concerne ao local e ao universal[49]), as objeções feitas por Silva aos autores brasileiros, nesse contexto, são aplicáveis a ele. Em primeiro lugar, cabe observar que a teoria dos direitos fundamentais de Alexy, no âmbito do qual foi apresentada de forma mais abrangente a sua principiologia constitucional, desenvolveu-se a partir da reconstrução dogmática da jurisprudência do Tribunal Constitucional Federal alemão até o início da década de 1980. Inclusive dentro da Alemanha há indícios de que essa jurisprudência está sendo paulatinamente superada em tempos mais recentes[50]. Além disso, o modelo da proporcionalidade, na forma específica como foi articulado conceitual e terminologicamente na Alemanha, Áustria e Suíça[51], não encontra correspon-

---

[48] Cf. *supra* pp. 8-11, Cap. II.3 e pp. 126-7, onde esboço respostas a essas indagações.

[49] Silva, V. A., 2005, pp. 118-21.

[50] Cf. Kahl, 2004, que, com posição crítica em relação a essa transformação dogmática e jurisprudencial, sublinha que já se formara um consenso na 1.ª Turma [*Senat*] do Tribunal Constitucional Federal alemão no sentido de evitar a ponderação (p. 180). Contra as críticas de Kahl, ver Hoffmann-Riem, 2004, sustentando que, além de terem a forma de direitos subjetivos, os direitos fundamentais conteriam determinações objetivas para a garantia da liberdade (p. 231).

[51] Nesses termos, ela é objeto típico dos exercícios [*Übungen*], ou seja, das aulas dedicadas a estudo de caso, na Alemanha, Suíça e Áustria. Para a recepção no Brasil, ver Mendes, 1999; 2000; 2011; Guerra Filho, 2001; 2005; 2008; Steinmetz, 2001; Martins, 2003; Dimoulis e Martins, 2007, pp. 176 ss.

188 · ENTRE HIDRA E HÉRCULES

dência em outros Estados constitucionais com sólida tradição jurídica. Basta exemplificar com as experiências constitucionais francesa e americana[52]. Isso não significa que as questões e soluções subjacentes (consideração da adequação e necessidade de medidas, assim como da hipertrofia de um princípio em detrimento de outro) não se articulem com outros conceitos e sob o manto de outras terminologias, mais ou menos precisas. Os conceitos e terminologias variam, mas o mais relevante não é a escolha de um ou de outro modelo, mas sim a questão de saber se, na respectiva ordem constitucional, na relação recíproca entre doutrina e prática constitucional, desenvolve-se um modelo juridicamente consistente e socialmente adequado. Se eles podem ser transplantados a outra ordem jurídico-constitucional satisfatoriamente, depende de fatores os mais diversos, de natureza histórica, política, jurídica e social. Discutir, por exemplo, se a razoabilidade, no sentido de relação adequada entre meios e fins, corresponde à proporcionalidade no sentido da jurisprudência e doutrina alemãs, para concluir que aquela só corresponde ao primeiro critério da proporcionalidade[53], é muito pouco para um programa de construção de uma teoria constitucional adequada à Constituição brasileira. Embora sirva para evitar certas inconsistências conceituais na doutrina e prática constitucional brasileira, a tendência, nessa orientação, é converter o debate constitucional em uma discussão terminológica sobre quem está usando de forma mais correta um modelo que vale no âmbito de outra ordem jurí-

---

[52] Sobre os Estados Unidos, ver Hamilton e Schoenbrod, 1999-2000; Zoller, 2003; Thomas, 2007. A respeito da França, ver Bousta, 2007; Goesel-Le Bihan, 2007, espec. pp. 287 ss.; 2001. Entretanto, em julgamento de 21 de fevereiro de 2008, o Conselho Constitucional utilizou expressamente os três componentes do critério de proporcionalidade como fundamento de sua decisão (Decisão 2008-562 DC, de 21/02/2008). A respeito dessa decisão, ver Bousta, 2008; Conseil Constitutionnel, 2008. Para um panorama da proporcionalidade no direito comparado, ver Beatty, 2004, pp. 159 ss.

[53] Silva, V. A., 2002b, pp. 32-3. Cf. *supra* nota 3 do Cap. 3.

USO E ABUSO DE PRINCÍPIOS · **189**

dica. Nesse sentido, o constitucionalista, no âmbito da ordem receptora, pode passar a ser antes um censor do uso correto da terminologia construída a partir de um modelo teórico fundado na reconstrução dogmática da prática constitucional de uma ordem jurídica estrangeira. Em suma: em vez de "controlar" a teoria, doutrina e prática constitucional brasileira a partir desse modelo, cabe refletir sobre as deficiências teóricas e práticas que obstaculizam, no Brasil, o desenvolvimento de um direito constitucional que se oriente no sentido da tomada de decisões juridicamente consistentes e socialmente adequadas; com base nessa reflexão, podem ser alcançadas as condições para o surgimento de teoria(s) constitucional(is) que, partindo da reconstrução dogmática da prática constitucional, contribua(m) decisivamente para o aperfeiçoamento da jurisdição constitucional.

Nessa perspectiva, sem negar a importância das críticas de Dimoulis, Ávila e Silva, pretendo apresentar uma breve reflexão sobre o principialismo que se dissemina rapidamente no Brasil. Parece-me que o modelo é *super*adequado à realidade social e política. O que quero dizer com isso? Em uma ordem jurídica diferenciada da política, da economia e de outras esferas sociais, o direito e a Constituição (em sentido jurídico) mantêm certa "distância da realidade"[54]. Isso se relaciona com a autonomia do direito perante outras variáveis sociais. Quando o direito e a Constituição ficam imediatamente subordinados aos particularismos de fatores sociais diversos, as regras e princípios jurídicos perdem o seu significado prático para a garantia dos direitos e o controle do poder: ou há autocracia (autoritarismo e totalitarismo), ou, apesar de haver Constituições cujo modelo textual corresponde ao Estado constitucional, impõem-se bloqueios difusos (econô-

---

[54] Grimm, 1991, p. 15.

190 · ENTRE HIDRA E HÉRCULES

micos, políticos, relacionais, familiais etc.) contra a sua satisfatória concretização e realização. A história constitucional brasileira é marcada por esse problema de baixa capacidade de reprodução constitucionalmente consistente do direito. Tanto no passado quanto no presente, a partir de pressupostos teóricos diversos, vem-se apontando para esse problema[55]. Não é aqui o lugar para uma análise desse pano de fundo sociológico[56]. Mas essa questão tem efeitos na prática e na dogmática jurídico-constitucional. A consistência jurídica (legalidade, constitucionalidade) é assegurada na relação recíproca entre prática e dogmática jurídica ou teoria do direito[57]. Se há inconsistência jurídica na prática, a reflexão jurídica (da dogmática jurídica e da teoria do direito) fica fragilizada. Mas ela tem duas alternativas: atuar de forma reativa, reproduzindo e contribuindo para a manutenção de uma prática jurídica inconsistente, aberta às pressões concretas de particularismos sociais diversos; ou oferecer aparato conceitual sólido para induzir transformações da prática jurídica. A prática inconsistente rejeita as regras. Estas podem chegar a um ponto de definitividade que torna manifesto o desvio. Os princípios, ao contrário, como estrutura de reflexidade, que nunca, em si mesmo, alcança definitividade, podem mais facilmente ser articulados para encobrir soluções que minam a consistência da ordem jurídica a favor de interesses particularistas que pressionam a solução do caso. Ou seja, os princípios são mais apropriados a abusos no processo de concretização, pois eles estão vinculados primariamente ao mo-

---

[55] "As Constituições feitas para não serem cumpridas, as leis existentes para serem violadas" (Buarque de Hollanda, 1988 [1933], pp. 136-7). "A raiz é uma só: a criação de um mundo falso mais eficiente que o mundo verdadeiro" (Faoro, 1976, p. 175).

[56] De maneira abrangente, cf. Neves, 1992.

[57] Cf. Neves, 1992, pp. 207 ss.; Luhmann, 1974, pp. 22 e 59; 1981, pp. 438 ss.

mento de abertura cognitiva do direito[58]. Quando funcionam em um Estado constitucional rigorosamente consistente (autorreferência), eles desempenham um papel fundamental para adequar o direito à sociedade (heterorreferência). Entretanto, se o contexto social e a respectiva prática jurídica são fortemente marcados pelas ilegalidades e inconstitucionalidades sistematicamente praticadas pelos agentes públicos, uma doutrina principialista pode ser fator e, ao mesmo tempo, reflexo de abuso de princípios na prática jurídica[59]. E essa situação se torna mais forte com a introdução de outro ingrediente: a ponderação desmedida. Os remédios para o excesso de consistência jurídica que decorreria do funcionamento de regime de regras tornam-se venenos (ou drogas alucinógenas) no contexto de uma prática juridicamente inconsistente, que atua ao sabor de pressões sociais as mais diversas.

No caso brasileiro, o fascínio pelos princípios sugere a superioridade intrínseca destes em relação às regras. A essa compreensão subjaz a ideia de que as regras constitucionais (completas, quando já superadas as questões de exceções e eventual ponderação) podem ser afastadas por princípios constitucionais em virtude da justiça inerente às decisões neles fundamentadas. Mas um modelo desse tipo implica uma negação fundamental de um dos aspectos do sistema jurídico que possibilita o processamento de decisões "justas": a consistência. Um afastamento de regras a cada vez que se invoque retoricamente um princípio em nome da justiça, em uma sociedade complexa com várias leituras possíveis dos princípios, serve antes à acomodação de interesses concretos e particulares, em detrimento da força normativa da Constitui-

---

[58] Pode-se falar também de abertura normativa quando se trata da relação com outras ordens normativas no âmbito do transconstitucionalismo (Neves, 2009, pp. 126-7).
[59] Sobre abuso de princípios, ver, em outra perspectiva teórica, Kellog, 2010.

192 · ENTRE HIDRA E HÉRCULES

ção. Nesse sentido, é oportuna aqui uma referência a um dos teóricos dos princípios mais citados entre os principialistas brasileiros:

> Isso traz à tona a questão da hierarquia entre os dois níveis. A resposta a essa pergunta somente pode sustentar que, do ponto de vista da vinculação à Constituição, há uma primazia do nível das regras. [...]. É por isso que as determinações estabelecidas no nível das regras têm primazia em relação a determinações alternativas com base em princípios.[60]

Embora Alexy admita exceções, exemplificando com um caso em que teria havido a primazia do princípio sobre a regra em julgamento do Tribunal Constitucional Federal alemão, cumpre observar que se tratava "de um caso que não corresponde à primazia do nível das regras – *definidas por meio do teor literal da Constituição* – diante do nível dos princípios"[61]. A questão era de relação entre texto e norma. Não se tratava de ponderação, mas antes de uma simples "interpretação extensiva" (do dispositivo, mas restritiva do direito) no sentido clássico. Portanto, definida a regra (completa, não suscetível de sopesamento) além do seu teor literal, ela tem primazia sobre os princípios que se encontram formalmente no mesmo grau hierárquico. Caso sempre se pudesse recorrer a princípios constitucionais, em nome da justiça, para afastar regras constitucionais, chegaríamos a um modelo em que o critério direto e definitivo seria sempre afastável *ad hoc* pelo critério mediato de solução do caso, levando à falta de consistência da ordem jurídica, diluída no social com base em um substantivismo principiológico, desastroso em uma sociedade complexa. No contexto brasileiro, a invocação retórica de princípios para afastar regras é – como afirmei acima – superadequada socialmente, mas corre no sentido

---

[60] Alexy, 1986, pp. 121-2 [trad. bras. 2008, p. 140].

[61] Alexy, 1986, p. 122 [trad. bras. 2008, p. 141] (grifei).

contrário do desenvolvimento na direção de um sólido Estado constitucional e da força normativa da Constituição.

No sentido diverso, também parece problemática a recorrência a um determinado princípio para torná-lo elemento simplificador da interpretação constitucional. É verdade que, no plano da sociedade mundial, os direitos humanos, em uma semântica estrita, referente à proteção contra deportação em massa, tortura, genocídio etc., relacionam-se com ofensas graves e chocantes à dignidade humana[62]. Mas há princípios constitucionais que não estão relacionados com a dignidade humana, inclusive alguns referentes aos direitos fundamentais. De fato, em termos absolutos, "sem que se reconheçam à pessoa humana os direitos fundamentais [...], em verdade estar-se-á negando-lhe a própria dignidade"[63]. Não obstante, a Constituição inclui em seus princípios exigências funcionais na forma de direitos fundamentais, que dificilmente podem ser vinculadas de maneira direta à dignidade da pessoa humana. É difícil uma correlação tão intensa entre princípio da livre iniciativa com a dignidade da pessoa humana. A questão se põe em uma forma performativamente paradoxal: a dignidade humana prevalece sobre a liberdade de iniciativa ou ela existe apesar da livre iniciativa? Em outras palavras, não só princípios constitucionais, mas especialmente regras constitucionais, podem implicar, eventualmente, restrições ao princípio constitucional da dignidade humana. A simplificação da ordem constitucional, no sentido de retrotraí-la a um princípio último, amplamente aberto, tende a um moralismo incompatível com o funcionamento do direito em uma sociedade complexa, na qual a dignidade humana sofre leituras e compreensões as mais diversas (a prostituição,

---

[62] Luhmann, 1993, pp. 574 ss.
[63] Sarlet, 2004, p. 84.

194 · ENTRE HIDRA E HÉRCULES

no exercício do direito geral de liberdade, viola a dignidade humana?). A própria questão da colisão intraprincípios em face da pluralidade de compreensão da dignidade da pessoa humana, no contexto de controvérsias constitucionais concretas, torna um modelo de absolutização inadequado. No caso brasileiro, a invocação retórica da dignidade humana para afastar, em nome da justiça "inerente" a esse princípio, regras constitucionais precisas pode, embora isso pareça estranho, servir precisamente ao contrário: a satisfação de interesses particularistas incompatíveis com os limites fixados pela ordem jurídica às respectivas atividades.

Mais problemático e muito mais presente do que tendências à absolutização de princípios em detrimento de princípios mais específicos e de regras é a "compulsão ponderadora", que faz parte de um lugar comum na nova paisagem constitucional brasileira[64]. Sem dúvida não só na política, mas também no âmbito jurídico e, especialmente, no campo da aplicação judicial da Constituição, há situações em que a necessidade de ponderar, especialmente entre princípios, é inafastável[65]. Mas uma "ponderação sem limites" do ponto de vista da jurisdição constitucional tem efeitos devastadores para a relação de autonomia e condicionamento recíproco entre política e direito no Estado constitucional. Ela leva, ao mesmo tempo, a uma judicialização da política e a uma politização do direito. Esclareçam-se essas expressões. A Constituição em sentido moderno, enquanto acoplamento estrutural entre política e direito (os próprios tribunais constitucionais fazem parte

---

[64] Isso não significa que não haja trabalhos dignos de leitura na literatura brasileira. Cf., entre outros, Torres, 2000; Sarmento, 2001; 2000; Barcellos, 2005; Clève e Freire, 2003, espec. pp. 241 ss.

[65] Em sentido diverso, Martins (2003, pp. 36-7) afirma o caráter meramente político da ponderação em sentido estrito e, portanto, da proporcionalidade em sentido estrito. No mesmo sentido, cf. Schlink, 2001, pp. 458 ss.; 1976, espec. pp. 152-3; Porcher, 2003, espec. p. 96.

USO E ABUSO DE PRINCÍPIOS · 195

desse acoplamento[66]), sempre tem duas dimensões: "Constituição como politização do direito" e "Constituição como juridificação da política"[67]. Isso significa: democracia e Estado de direito relacionam-se reciprocamente mediante a Constituição. Quando se fala de judicialização da política e politização do direito pretende-se referir a um excesso, uma hipertrofia, em detrimento, respectivamente, da democracia e do Estado de direito. Nesses termos, a autonomia e o funcionamento de ambos os sistemas ficam prejudicados. O jogo político entre governo e oposição, assim como a relação circular de legitimação entre povo, público, administração (em sentido amplo) e política[68], é afetada por excesso de intervenções judiciais (politização do direito). O judiciário fica direcionado muito estreitamente a fornecer respostas politicamente legitimadoras, vinculando-se fortemente à diferença entre governo e oposição. Essa situação pode estar relacionada a problemas estruturais mais amplos do Estado constitucional[69]. Mas ela também pode estar associada, em certos contextos, à corrupção política do judiciário. Então, as fronteiras operativas entre direito e política se diluem. Decisões judiciais são tomadas primariamente com base na distinção "governo/oposição" ou em critérios políticos, sobretudo em matéria constitucional. No contexto brasileiro, isso se relaciona frequentemente com conexões particularistas e difusas de membros do judiciário com os agentes políticos. Essa situação se associa com a corrupção econômica do Estado como organização político-jurídica.

Nessas circunstâncias, poder-se-ia afirmar que a ponderação ofereceria elementos de racionalidade jurídica à política e de ra-

---

[66] Luhmann, 2000b, p. 398.

[67] Möllers, 2003, pp. 3-18.

[68] Cf. Luhmann, 2000b, pp. 253 ss.

[69] Na Alemanha, esse tema já era tratado por Maunz, 1959, pp. 220 ss.

196 · ENTRE HIDRA E HÉRCULES

cionalidade política ao direito. Entretanto, com a ponderação sem limites ou a compulsão ponderadora, a racionalidade política torna-se inteiramente irracional para o sistema jurídico do Estado de direito e a racionalidade jurídica torna-se irracional para o sistema político do Estado democrático. O que se desenvolve nesse contexto é uma ponderação *ad hoc*, sem perspectiva de longo prazo, dependente da constelação concreta de interesses envolvidos em cada caso. Em vez de ser uma exceção, atuando como técnica argumentativa para reduzir o "valor-surpresa" da decisão judicial em controvérsias constitucionais sobrecomplexas, a ponderação pode, nessas condições, transmudar-se em meio de acomodação de interesses que circulam à margem do Estado de direito e da democracia, sob o manto retórico dos princípios.

Em síntese: a invocação retórica dos princípios como nova panaceia para os problemas constitucionais brasileiros, seja na forma de absolutização de princípios ou na forma da compulsão ponderadora, além de implicar um modelo simplificador, pode servir para o encobrimento estratégico de práticas orientadas à satisfação de interesses avessos à legalidade e à constitucionalidade e, portanto, à erosão continuada da força normativa da Constituição. Antes da ênfase no debate (muitas vezes, estéril) sobre a diferença entre princípios e regras, impõe-se a construção de uma teoria das normas constitucionais que sirva a uma concretização juridicamente consistente e socialmente adequada dos respectivos princípios, regras e híbridos normativos no contexto brasileiro.

2. ... À prática jurídico-constitucional confusa

O fascínio doutrinário relaciona-se com uma prática jurídico-constitucional confusa em torno da aplicação de princípios constitucionais e da ponderação entre eles. Tornou-se lugar comum a referência à ponderação ou sopesamento entre valores, bens e princípios e à proporcionalidade. Nesse particular, a jurisprudência recente realmente aponta para uma transformação, tendo em vista a cada vez mais frequente invocação de princípios em combinação com o uso da ponderação e da proporcionalidade ou razoabilidade. Essa não é uma questão puramente quantitativa, mas também da relevância jurídica e social dos casos. No caso Ellwanger, já acima considerado, negou-se caráter absoluto à liberdade de expressão para afirmar a prevalência do princípio da dignidade da pessoa humana, conforme um modelo de sopesamento[70]. É interessante observar a esse respeito que, no julgamento da Arguição de Descumprimento de Preceito Fundamental nº 130, prevaleceu, nos termos do voto do relator, a tese contrária, ou seja, a de que a liberdade de expressão não é norma-princípio e, portanto, não é sopesável[71]. Na já referida Arguição de Descumprimento de Preceito Fundamental nº 101 (importação de pneumáticos usados), a questão foi tratada expressamente em termos de ponderação entre liberdade econômica e direito à saúde e a um meio ambiente ecologicamente equilibrado, dando-se precedência a este direito, com ressalva para os negócios realizados com base nas normas do Mercosul[72]. No Recurso Extraordinário nº 511.961 (exigência de diploma de jornalismo para o exercício da respectiva profissão), ao interpretar o art. 5º, inciso XIII, da Constituição (liberdade profissional), considerou-se que de sua formulação decorre uma reserva legal qualificada, apontando para a "imanente questão da razoabilidade e proporcionalidade

---

[70] HC 82.424/RS, julg. 17/11/2003, TP, DJ 19/03/2004.

[71] ADPF 130/DF, julg. 30/04/2009, TP, DJe 06/11/2009.

[72] ADPF 101/DF, julg. 24/06/2009, TP, DJe 04/06/2012. A exceção para o Mercosul restringe-se aos pneus remoldados (item 7 da ementa do acórdão).

198 · ENTRE HIDRA E HÉRCULES

das leis restritivas"[73]. No Recurso Extraordinário nº 197.917, invocaram-se não só os princípios da razoabilidade e da isonomia, mas também os "postulados da moralidade, impessoalidade e economicidade dos atos administrativos (CF, artigo 37)", para contrapô-los à autonomia municipal[74]. No Recurso Extraordinário nº 201.819, no qual se tratou da questão da eficácia dos direitos fundamentais nas relações privadas, deu-se precedência à garantia do devido processo em face da autonomia privada das associações[75]. Além disso, cabe mencionar a também já considerada Ação Direta de Inconstitucionalidade nº 3.510/DF, concernente a pesquisas com células-tronco embrionárias, na qual proliferou a referência a princípios: "direito ao 'planejamento familiar', fundamentado este nos princípios igualmente constitucionais da 'dignidade da pessoa humana' e da 'paternidade responsável'"; "a liberdade, a segurança, o bem-estar, o desenvolvimento, a igualdade e a justiça"; "a conjugação constitucional da laicidade do Estado e do primado da autonomia privada"; "direito à saúde como corolário fundamental do direito à vida digna"; a "liberdade de expressão científica e a Lei de Biossegurança como densificação dessa liberdade"[76].

Evidentemente, esse não é o espaço para a exposição ou análise da casuística constitucional brasileira mais recente, nem mesmo se houvesse uma restrição aos casos mais importantes ou de maior repercussão jurídica. Mais adiante retornarei a alguns casos, cuja breve consideração de certos aspectos pode ser relevante para apoiar empiricamente a tese que sustentarei a seguir.

Na jurisdição constitucional brasileira, problema persistente em relação ao manuseio dos princípios constitucionais, da técnica

---

[73] RE 511.961/SP, julg. 17/06/2009, TP, DJe 13/11/2009.
[74] RE 197.917, julg. 24/03/2004, TP, DJ 07/05/2004.
[75] RE 201.819/RJ, julg. 11/10/2005, 2ª T, DJ 27/10/2006.
[76] ADI 3.510/DF, julg. 29/05/2008, TP, DJ 05/06/2008. Cf. *supra* pp. 145-6.

da proporcionalidade e do modelo de ponderação, assim como também ao emprego de outras estratégias argumentativas, reside no fato de que a decisão e os argumentos utilizados para fundamentá-la tendem a limitar-se ao caso concreto *sub judice*, mas não oferecem critérios para que se reduza o "valor surpresa" das decisões de futuros casos em que haja identidade jurídica dos fatos subjacentes. Dessa maneira, começa a história, novamente, a cada caso, ao sabor das novidades metodológicas e doutrinárias. Não se sedimenta uma jurisprudência que construa precedentes orientadores de futuros julgamentos. Relacionado a esse problema, ocorre, não raramente, uma deficiente clareza no verdadeiro fundamento da decisão. É verdade que essa questão relaciona-se com a própria organização institucional do procedimento de tomada de decisão no STF. Cada Ministro apresenta votos (geralmente longuíssimos) em separado, aduzindo argumentos e razões os mais diversos. É incomum que cheguem aos mesmos resultados com argumentos os mais diferentes. O acórdão final torna-se, em casos relevantes, inconsistente: o fato de a maioria ou a unanimidade decidir no sentido da parte dispositiva do acórdão nada diz sobre os seus fundamentos, pois cada um aduz argumentos que, em alguns casos, são incompatíveis. Como se orientar em futuros casos com base em um acórdão confuso e, eventualmente, contraditório em seus fundamentos? Mas a questão não se refere apenas a essa forma de tomada do voto e de lavramento do acórdão (que fica praticamente a cargo do relator ou, quando este é vencido, do revisor). Há também pouca clareza e consistência na posição da Corte como um todo e de alguns juízes em especial, com variações de caso a caso. Evidentemente, a jurisprudência, inclusive consolidada, pode ser modificada, mas isso exige certa sobrecarga argumentativa e, especialmente, transparência, deixando-se clara a mudança de orien-

200 · ENTRE HIDRA E HÉRCULES

tação. A maleabilidade, no âmbito da qual as mitigações são frequentes e a "exceção" pode tornar-se a "regra", é prejudicial à força normativa da Constituição e à autoconsistência constitucional do direito. Essa maleabilidade, em certas situações hiperpolitizadas, pode servir à acomodação da Constituição a interesses concretos do eventual detentor do poder ou, também, da respectiva oposição.

A esse respeito, cabe introduzir a distinção, reconstruída recentemente por Bernstorff a partir do debate americano e alemão, entre o estilo de argumentação orientado pela ponderação e o estilo de argumentação categorial ou independente da ponderação[77]. Entre esses dois polos, há, segundo ele, um contínuo de formas argumentativas. Ao longo deles, distingue "entre a ponderação *ad hoc* como forma extrema do estilo de argumentação orientada pela ponderação, de um lado, e as formas da ponderação determinada por critérios e da ponderação definitória, também utilizáveis, ao menos potencialmente, no estilo categórico"[78]. Bernstorff afirma então: "A diferença entre ponderação *ad hoc* e ponderação definitória reside no grau em que critérios para outros casos são gerados pelos processos de ponderação". Nesses termos, por ser muito presa ao caso concreto (por pretender considerar todos os seus elementos), torna-se sempre facilmente contestável a adoção dos argumentos decorrentes da ponderação *ad hoc* em outros casos muito semelhantes[79]. Bernstorff conclui, com base em ampla pesquisa da casuística

---

[77] Bernstorff (2010) analisa criticamente a jurisprudência de diversos tribunais e órgãos constitucionais e internacionais sobre a proteção dos direitos fundamentais e dos direitos humanos, tendo em vista o "núcleo" ("conteúdo essencial" ou "conteúdo nuclear") desses direitos.

[78] Bernstorff, 2010, p. 12. Cf. Aleinikoff, 1987, p. 948. Já bem antes Aleinikoff (1987, p. 948) advertia que a "ponderação *ad hoc* pode minar o desenvolvimento de estáveis e conhecíveis princípios de direito".

[79] Bernstorff, 2010, pp. 70 e 362.

de tribunais e órgãos estatais e internacionais, que quanto mais a ponderação restringir-se à consideração de particularidades do caso, ou seja, puder ser caracterizada tipicamente como ponderação *ad hoc*, tanto menor será a possibilidade de fundamentos para a introdução de formas de argumentação que sirvam à proteção do "núcleo" dos direitos humanos e fundamentais[80].

Essas observações conceituais têm um significado muito relevante para o caso brasileiro. Não só no que diz respeito à questão dos princípios e da ponderação entre eles, há um estilo *ad hoc* de argumentar na jurisprudência constitucional brasileira. Mas a principiologia e o modelo de sopesamento, se adotados de forma muito maleável e tecnicamente imprecisa, atuam como um estimulante de um "casuísmo" descomprometido com a força normativa da constituição e a autoconsistência constitucional do sistema jurídico. A ponderação *ad hoc* concentra-se nos efeitos de curto prazo ou imediatos, "negligenciando os de longo prazo"[81]. Nesse contexto de maleabilidade e imediatismo, o domínio dos particularismos eventuais pode invadir, com mais facilidade, o processo de concretização e minar, caso a caso, a ordem constitucional. Isso não significa que se possa atribuir esse problema simplesmente à intencionalidade específica dos respectivos magistrados ou órgãos que participam do processo, a uma postura subjetiva orientada para a erosão da Constituição, pois se trata de uma conexão complexa de ações e comunicações em estruturas organizacionais e institucionais deficientes. Entretanto, uma reflexão teórica e doutrinária adequada desse problema pode servir para detectar falhas e apontar alternativas, contribuindo para o desenvolvimento e aperfeiçoamento de uma prática judicial mais

---

[80] Bernstorff, 2010, p. 371.
[81] Ver *supra* p. 148.

202 · ENTRE HIDRA E HÉRCULES

consistente e adequada em matéria constitucional. Assim como a prática jurídico-constitucional condiciona a sua reconstrução jurídico-dogmática e jurídico-teórica, esta influencia aquela, sendo fundamental para o seu aprimoramento.

Em relação à prática constitucional brasileira, há quatro casos relevantes, de grande repercussão jurídica e social, nos quais os aspectos problemáticos dos argumentos que levaram(ão) à decisão apontam para essa tendência a um modelo de argumentação *ad hoc*, em que eventualmente há inconsistência e abuso de princípios. Um caso é histórico, no contexto da revolta da vacina (Recurso de Habeas Corpus nº 2.244, julgado em 31 de janeiro de 1905), mas que pretendo levar em consideração para demonstrar que o eventual abuso de princípios não é algo inteiramente novo em nossa jurisprudência constitucional. Dois casos já foram julgados à luz da Constituição de 1988, mas, a respeito dos quais, tanto na relação entre eles quanto no interior de cada um, procurarei apontar deficiência argumentativa (ADPF nº 130/DF e HC 82.424/RS). Por fim, considerarei a ADPF nº 54/DF (interrupção da gravidez na hipótese de feto anencefálico: aborto ou antecipação terapêutica do parto?), na qual tratarei brevemente da peça inicial do advogado Luís Roberto Barroso e do Parecer do então Procurador-Geral da República.

Já houvera, no Império e na República, normas para a implantação da obrigatoriedade da vacina contra a varíola, "mas essas leis não pegaram, especialmente as que estendiam a obrigatoriedade a todos os cidadãos"[82]. No governo de Rodrigues Alves, pretendeu-se implementar, por uma nova lei, a obrigatoriedade da vacina contra a varíola, a terceira epidemia que Osvaldo Cruz

---

[82] Carvalho, J. M., 1987, p. 96. Para uma compreensão histórico-crítica dos programas de vacinação no Império e no início da República, apontando para os abusos na tentativa de sua implementação, ver Chalhoub, 1996.

USO E ABUSO DE PRINCÍPIOS · **203**

ficou encarregado de combater[83]. A Lei nº 1.551, de 5 de janeiro de 1904, ao "reorganizar os serviços de higiene da União", apontava nesse sentido. Essa Lei foi regulamentada pelo Decreto nº 5.156, de 8 de março de 1904. Posteriormente, foi prescrita de forma direta a obrigatoriedade da vacina, nos termos da Lei nº 1.261, de 31 de outubro de 1904. Esta lei levou à "revolta da vacina", na qual se rebelaram escolas militares do então Distrito Federal. Embora interprete essa "revolta" "como exemplo quase único na história do país de movimento popular de êxito baseado na defesa do direito dos cidadãos de não serem arbitrariamente tratados pelo governo", sustentando que "o motivo da revolta foi a obrigatoriedade da vacina" e enaltecendo inclusive a interrupção da vacinação que dela decorreu, Carvalho não faz uma objeção direta ao fato de que "há consenso na historiografia de que se preparava um assalto ao poder por parte de militares que representavam um resíduo do jacobinismo florianista", apenas advertindo que "o apelo à regeneração da República, no entanto, era por demais abstrato"[84]. Apesar da arbitrariedade característica dos regimes da velha república na forma de implementar a vacinação, é inegável que a revolta tinha uma relação muito forte com um conflito primário entre uma parte da oposição (militarista e golpista) e o governo[85].

---

[83] Carvalho, J. M., 1987, pp. 95 ss. Antes Osvaldo Cruz enfrentou a febre amarela e a peste bubônica (Carvalho, 1987, p. 94).

[84] Carvalho, J. M., 1987, pp. 127, 128 e 139.

[85] Contemporâneo e testemunha dos fatos, Barbosa (1952, pp. 52-3) aponta para a exploração político-militar da revolta, considerando "o povo, neste momento, como uma vítima" (p. 57). Nesse sentido, em sua análise histórico-crítica dos programas de vacinação no Império e no início da República, Chalhoub (1996) enfatiza, em relação à revolta da vacina, que "havia uma desconfiança já de longa data em relação à atuação dos funcionários da higiene – sempre apoiados no aparato policial – visando promover desinfecções, despejos e demolições de cortiços e moradias pobres em geral, isolar doentes e conduzi-los aos temidos hospitais e, a historiografia poderia ter acrescentado, reprimir práticas populares de cura" (p. 101). Por sua vez, Sevcenko (1984) sublinhava que o "pretexto imediato [da insurreição]

204 · ENTRE HIDRA E HÉRCULES

Com esse pano de fundo, podemos analisar dois episódios em que a questão dos princípios constitucionais se apresenta no contexto da "revolta da vacina": um parlamentar, mas com aspectos jurídicos, o discurso de Rui Barbosa no Senado, em 16 de novembro de 1904, sobre a revolta das escolas militares, a situação do exército e a aprovação de projeto de decreto de declaração de estado de sítio[86]; outro judicial, o julgamento do Recurso de Habeas Corpus nº 2.244 pelo STF.

No seu discurso, Rui Barbosa pugna pela inconstitucionalidade da vacina[87]. Seu argumento é tipicamente principiológico, apontando para a inadequação dos meios aos fins (razoabilidade ou, conforme o modelo germânico, primeiro critério da proporcionalidade). Por um lado, afirmava a intensidade do direito de proteção da pessoa contra o poder estatal: "Assim como o direito veda ao poder humano invadir-nos a consciência, assim lhe veda transpor-nos a epiderme. Um envolve a região moral do pensamento. A outra a região fisiológica do organismo. Dessas duas regiões se forma o domínio impenetrável da nossa personalidade."[88] Por outro, argumentava com base no critério da proporcionalidade, questionando a adequação da medida: "A lei só poderia forçar à vacina, em nome da utilidade geral, se a vacina fosse indubitavelmente inócua [não ofensiva para o vacinando – MN] e indubitavelmente benfazeja."[89] Mas Barbosa partia de um conceito absoluto de verdade científica, sustentando que a defesa dos benefícios da vacina era "meramente uma opinião impugnada por outras opiniões" e estava apenas na "categoria das hipóteses controver-

---

foi a campanha de vacinação" e que, naquele contexto, "a autoridade sanitária praticamente se confundia com a policial" (pp. 8 e 79).

[86] Barbosa, 1952.
[87] Barbosa, 1952, p. 47.
[88] Barbosa, 1952, p. 46.
[89] Barbosa, 1952, p. 48.

USO E ABUSO DE PRINCÍPIOS · **205**

sas", não de "uma verdade comprovada"[90]. Não considerava (o que é compreensível no seu contexto histórico) que qualquer medida no âmbito da saúde pública não pode contar com garantia absoluta, mas com a verdade dominante no contexto histórico (a verdade é historicamente "provinciana"[91]). A postura de Barbosa era paralisante. Não considerava dados concretos de outras campanhas de vacinação dirigidas por Osvaldo Cruz. Nem os danos que esse tipo de epidemia tinha causado para multidões de indivíduos da população miserável do Rio de Janeiro, provocando mortes em massa. A solução que decorria dos seus argumentos não atingia apenas os interesses e fins de uma política pública de saúde, mas também afetava, de forma indireta, grande parte da população, no que diz respeito à própria vida[92]. Entretanto, os seus argumentos eram sustentáveis *ad hoc*. Se a vacina fosse benfazeja, só quem não fosse vacinado assumiria o risco da não ter sido imunizado (ainda assim, restava o problema das crianças). Retirado esse aspecto específico, a sua argumentação em favor do direito à personalidade e à liberdade individual era problemática para a orientação de outras hipóteses.

É nesse contexto que cabe uma breve análise do julgamento pelo STF do Recurso de Habeas Corpus n.º 2.244. No caso, deu-se provimento ao recurso, concedendo-se *habeas corpus* preventivo ao recorrente, por considerar-se que o art. 172 do Regulamento aprovado pelo Decreto n.º 5.156, de 8 de março de 1905, era inconstitucional por ferir o princípio da separação de poderes e, es-

---

[90] Barbosa, 1952, p. 45; cf. também p. 49.

[91] Nesse sentido, o próprio Habermas enfatiza: "Visto que todos os discursos reais, que se desenrolam no tempo, são provincianos, não podemos saber se os enunciados que hoje, mesmo em condições aproximativamente ideais, são racionalmente aceitáveis se afirmarão também no futuro contra tentativas de refutação" (Habermas, 1999, p. 260 [trad. bras. 2004, p. 255]).

[92] Observe-se que a obrigatoriedade da vacina contra a varíola foi introduzida na França em 1903 (Carvalho, J. M., 1987, p. 177, nota 10).

206 · ENTRE HIDRA E HÉRCULES

pecialmente, o art. 72, § 11, da Constituição de 1891. O art. 172 do regulamento estabelecia o seguinte: "Ordenada a desinfecção pela autoridade sanitária, ninguém poderá dela eximir-se nem embaraçar ou impedir sua execução, sob pena de multa de 200$ ou prisão por oito dias a um mês, devendo o inspetor sanitário requisitar o auxílio da Polícia para que a operação sanitária seja levada a efeito imediatamente."[93] No suporte fático (concreto) o paciente havia "recebido pela segunda vez intimação de um inspetor sanitário para franquear a casa de sua residência" para fins de "desinfecção por motivo de febre amarela". O art. 72, § 11, da Constituição de 1891, invocado pelo STF, determinava: "A casa é o asilo inviolável do indivíduo; ninguém pode aí penetrar de noite, sem consentimento do morador, senão para acudir as vítimas de crimes ou desastres, nem de dia, *senão nos casos e pela forma prescritos na lei*." Tratava-se de um dispositivo que previa uma reserva simples (na parte final) ao direito à inviolabilidade de domicílio. O STF, embora tenha citado a Lei nº 1.151, de 5 de janeiro de 1904, sustentou que ela não autorizava aquela medida e decidiu com base no argumento de que, "sendo função exclusivamente legislativa regular a entrada forçada em casa do cidadão nos expressos termos do § 11 do art. 72, não poderia o Congresso Nacional subdelegar essa atribuição ao governo sem ofender a mesma Constituição Federal, que traçou a esfera de cada poder político"[94].

Essa ênfase excessiva na separação dos poderes passava por cima do art. 1º, § 3º, da Lei nº 1.151, de 5 de janeiro de 1904, que

---

[93] Esse dispositivo deve ser considerado em combinação com o art. 163 do mesmo Regulamento: "A desinfecção dos locais e objetos contaminados é obrigatória e gratuita em todos os casos de moléstias infectuosas, a juízo da autoridade sanitária."

[94] O teor do Acórdão encontra-se no sítio do STF, na área referente aos julgamentos históricos: http://www.stf.jus.br/portal/cms/verTexto.asp?servico =sobreStfCo nhecaStfJulgamentoHistorico&pagina=rhc2244 (último acesso em 19/07/2010).

previa medidas bem mais drásticas: "Fica o Governo autorizado a promulgar o Código Sanitário, de acordo com as seguintes bases: [...] f) instituindo como penas às infrações sanitárias *multas até dois contos de réis (2:000$)*, que poderão ser convertidas em *prisão até o prazo máximo de três meses*, bem como, cumulados ou não e mesmo como medida preventiva, apreensão e destruição dos gêneros deteriorados ou considerados nocivos à saúde pública, sequestro e venda de animais ou objetos cuja existência nas habitações for proibida, cassação de licença, fechamento e interdição de prédios, obras e construções."[95] Poderia ser invocado o art. 72, inciso 13, da Constituição de 1891: "À exceção do flagrante delito, a prisão não poderá executar-se senão depois de pronúncia do indiciado, salvo os casos determinados em lei, e mediante ordem escrita da autoridade competente." Mas esse dispositivo não restringia a exceção legal à autoridade judicial, como ocorre no ordenamento constitucional vigente (CF, art. 5º, inciso XI). O STF poderia ter recorrido ao inciso II do § 3º do art. 1º da Lei nº 1.151/1904, conforme o qual a declaração de interdição de prédios terá por efeito "serem eles desocupados *amigável ou judicialmente* pelos inquilinos dentro de um a oito dias, conforme a urgência" (item 1º). Mas essa norma referia-se apenas à desocupação dos prédios por inquilinos, não à inviolabilidade de domicílio em caso de desinfecção. Se observarmos o outro dispositivo do inciso II do § 3º do art. 1º daquela Lei, poderemos confirmar o seu rigor, pois ele determinava que a declaração de interdição dos prédios teria por efeito "serem reparados ou demolidos pelos seus proprietários no prazo que lhes for assinado" e, "se estes

---

[95] Grifei. Cabe acrescentar que o art. 1º, alínea *e*, da Lei nº 1.261, de 31 de dezembro de 1904, que determinou obrigação da vacina contra a varíola, remetia a esse dispositivo, estabelecendo que o Governo lançasse mão de sua primeira parte, "a fim de que sejam fielmente cumpridas as disposições desta lei".

208 · ENTRE HIDRA E HÉRCULES

se recusarem fazê-lo, as reparações ou demolições serão feitas à sua custa, ficando em um ou outro caso o prédio ou terreno por ele ocupado legalmente hipotecado para garantia da despesa feita" (item 2º).

Com fundamento exclusivamente no princípio da separação do poder, o STF não só decidiu, então, por maioria, pela concessão do "*habeas corpus* preventivo", mas também declarou incidentalmente a inconstitucionalidade do art. 172 do Regulamento aprovado pelo Decreto nº 5.156/1905. Poderia argumentar pelo excesso da Lei ao limitar a inviolabilidade de domicílio ou a liberdade de locomoção. Poderia conceder o *habeas corpus* preventivo sem declarar a inconstitucionalidade total do art. 172, como parece ter sido o voto do Ministro Pindahiba de Mattos: "Concedi a ordem de *habeas corpus* preventiva somente para que não fosse preso o paciente, por não me parecer justificável a ameaça de prisão de que se queixou. Não considero nem considerei inconstitucionais a Lei e o Regulamento a que se referem os considerandos do Acórdão que nesse ponto não aceitei." Nesse sentido, a inconstitucionalidade do dispositivo regulamentar e também da disposição legal seria parcial, no que concerne à prisão (liberdade de locomoção), mas não excluía a entrada forçada no domicílio para fins de desinfecção destinada ao combate da epidemia[96].

A decisão do STF conferiria efeitos paralisantes para o combate da epidemia. Apesar dos abusos na implementação das medidas de desinfecção (que precisavam ser controlados pelo Judiciário), a solução era socialmente inadequada. Mas também, ao argumentar, de maneira simplificada e *ad hoc*, apenas com base na ofensa

---

[96] É interessante observar que a Constituição alemã, em seu art. 13 (7), estabelece uma reserva qualificada, conforme a qual, com base numa lei, podem ser praticadas intervenções ou restrições à inviolabilidade de domicílio para "combater ameaças de epidemias".

do Regulamento à separação dos poderes, pode ser criticada por constitucionalmente inconsistente. Dessa maneira, apenas o Governo teria atuado contra a Constituição, não o Legislativo. No contexto conflituoso da época, esse pode ser indício de que o jogo de poder entre "governo e oposição" atuou como fato de bloqueio para uma tomada de decisão juridicamente consistente e socialmente adequada.

Dando um salto histórico, parecem-me oportunas neste trabalho algumas observações sobre o julgamento da ADPF nº 130/DF, no qual o STF decidiu, por maioria, pela total inconsistência constitucional da Lei nº 5.250, de 9 de fevereiro de 1967, que regulava "a liberdade de manifestação de pensamento e de informação" (Lei de Imprensa), negando a sua recepção pelo ordenamento constitucional de 1988 e, portanto, a sua pertinência à ordem jurídica vigente. O problema que se põe inicialmente diz respeito ao fato de que, em nome da "autorregulação e regulação social da atividade de imprensa", deixou-se um amplo espaço sem regulação legal, viabilizando o seu preenchimento *ad hoc* pelo Judiciário. De fato, a questão da origem autoritária dessa Lei é relevante nesse caso[97]. Mas a recepção diz respeito a possíveis dispositivos e respectivas normas que sejam compatíveis com a ordem democrática. O fato de que a liberdade de imprensa é incompatível com regimes autoritários não pode impressionar nesse caso. Também o devido processo legal é incompatível com o autoritarismo, mas só isso não justifica a não recepção do Código de Pro-

---

[97] A esse respeito, a decisão contém o seguinte fundamento em relação à Lei: "a) quanto ao seu entrelace de comandos, a serviço da prestidigitadora lógica de que para cada regra geral afirmativa da liberdade é aberto um leque de exceções que praticamente tudo desfaz; b) quanto ao seu inescondível efeito prático de ir além de um simples projeto de governo para alcançar a realização de um projeto de poder, este a se eternizar no tempo e a sufocar todo pensamento crítico no País" (item 10.1 da Ementa do Acórdão).

210 · ENTRE HIDRA E HÉRCULES

cesso Civil, aprovado em 1973, no período mais autoritário do regime militar[98]. Essa solução só teria sentido se invocássemos retoricamente a autorregulação da composição dos conflitos pela sociedade. Da mesma maneira, a independência da magistratura e a autonomia do judiciário são exigências constitucionais incompatíveis com regimes autoritários, mas nem por isso o Judiciário declarou a não recepção em bloco da Lei Orgânica da Magistratura (Lei Complementar n.º 35, de 14 de março de 1979) em nome da autorregulação da estrutura orgânica da magistratura sem nenhum balizamento legal. Dessa maneira, caberia sempre observar quais dispositivos seriam compatíveis com a nova ordem, especialmente aqueles que, naquela Lei de Imprensa, pudessem servir para a defesa dos cidadãos contra o poder das organizações empresariais que controlam a imprensa.

Nesse sentido, parecem-me dignos de menção os votos dos Ministros Joaquim Barbosa, Ellen Gracie e Gilmar Mendes, que foram vencidos parcialmente por ressalvarem alguns dispositivos. Os dois primeiros, além de excetuarem o art. 1.º, § 1.º, o art. 2.º, *caput*, o art. 14 e o art. 16, inciso I (que enseja, em parte, maior controvérsia), fizeram ressalva aos arts. 20 a 22 (crimes de calúnia, difamação e injúria), todos da Lei n.º 5.250/67. O Ministro Gilmar Mendes excetuou os arts. 29 a 36 da Lei (direito de resposta). Não é o espaço aqui para adentrar em uma discussão sobre essas ressalvas, mas se pode, no mínimo, afirmar ser discutível a correção constitucional de medidas judiciais que, com base apenas no contexto autoritário em que foi criada uma lei cuja matéria está relacionada diretamente ao âmbito de proteção de

---

[98] Mas a mesma decisão que determina a não recepção em bloco da Lei de Imprensa estabelece que seja aplicado o Código de Processo Civil, assim como o Código de Processo Penal e o Código Penal (ambos originários do Estado Novo) "às causas decorrentes das relações de imprensa" (item 11 da Ementa do Acórdão).

um direito fundamental da nova ordem constitucional, declare a não recepção de toda a lei. A questão da recepção diz respeito ao conteúdo. De fato, pode ocorrer que, por força da interdependência dos dispositivos, todo o conteúdo deva ser rejeitado em bloco. Entretanto, uma decisão desse tipo deve ser bem fundamentada quando se trata de lei que, além das suas restrições inconstitucionais a determinado direito fundamental (no caso, a liberdade de expressão ou a liberdade de imprensa), também contém dispositivos destinados à proteção de outros direitos fundamentais.

Esses aspectos gerais envolvem dimensões altamente controversas em um contexto social marcado por um recente período ditatorial, sendo compreensível que a própria jurisdição constitucional tenha que firmar posições contra qualquer retrocesso político. Mas a decisão majoritária, tomada "nos termos do voto do relator", atribui um sentido à liberdade de expressão que aponta para argumentos *ad hoc*, insuscetíveis de compatibilizar-se com outras decisões do STF. Afirma uma precedência *prima facie* do "bloco de direitos que dão conteúdo à liberdade de imprensa" perante o "bloco dos direitos à imagem, honra, intimidade e vida privada". Nesse sentido, conforme voto do relator, trata-se, em relação a "tal primazia, marcadamente em matéria de imprensa, de uma ponderação ou sopesamento de valores que a própria Constituição antecipadamente faz"[99]. Na fundamentação dessa afirmação, recorre-se a Ronald Dwokin, Robert Alexy e Virgílio Afonso da Silva para se negar o caráter de normas-princípio às referentes à liberdade de expressão e à liberdade de imprensa[100]. Não é relevante aqui discutir a incompatibilidade desse argumento contido no voto que serve de esteio à maioria com as concepções dos au-

---

[99] Voto do Ministro Relator Carlos Britto, no "Inteiro Teor do Acórdão", p. 50.
[100] Voto do Ministro Relator Carlos Britto, no "Inteiro Teor do Acórdão", p. 62.

212 · ENTRE HIDRA E HÉRCULES

tores invocados: a liberdade de expressão seria uma regra aplicável à maneira do "tudo-ou-nada" ou como razão definitiva? A questão problemática reside na sutentabilidade da tese que, *prima facie* (a partir de um suposto sopesamento realizado pela própria Constituição antecipadamente), a liberdade de expressão tem sempre precedência sobre a imagem, a honra, a intimidade e a vida privada, ou seja, a "precedência constitucional é daquela que se impõe em toda e qualquer situação concreta"[101]. As consequências da prevalência dessa tese são absurdas, sendo insignificante se partimos de um modelo da hipótese normativa ampla ou restrita. Nesse caso há algo de esdrúxulo: uma argumentação com pretensão categorial (independente de sopesamento) tem um caráter *ad hoc*, não oferecendo critério para outros casos em que reapareçam o confronto e concorrência entre os referidos blocos de direito.

Esse julgamento me faz retornar cronologicamente a outro, a decisão do Habeas Corpus nº 82.424/RS (caso Ellwanger). Dada a complexidade desse caso, serei mais breve em relação a ele, considerando alguns aspectos, sem nenhuma pretensão de análise mais abrangente, que exigiria um estudo mais específico. Objeto do conflito era o enquadramento criminal do ato de publicação de livro de conteúdo antissemítico no art. 20 da Lei nº 7.716, de 5 de janeiro de 1989, na redação dada pela Lei nº 8.081, de 21 de setembro de 1990, que cominava pena de dois a cinco anos às seguintes condutas típicas: "Praticar, induzir ou incitar, pelos meios de comunicação social ou por publicação de qualquer natureza, a discriminação ou preconceito de raça, por religião, etnia ou precedência nacional."[102] Além disso, discutia-se o enquadramento

---

[101] Voto do Ministro Relator Carlos Britto, no "Inteiro Teor do Acórdão", p. 62.

[102] Esse dispositivo foi alterado pela Lei nº 9.459, de 15 de maio de 1997, passando a ter a seguinte redação: "Praticar, induzir ou incitar a discriminação ou preconceito de raça, cor, etnia, religião ou procedência nacional. Pena: reclusão de um a três anos".

integral dos tipos atribuíveis a esse dispositivo ao art. 5º, inciso XLII, da Constituição Federal (crime de racismo, inafiançável e imprescritível). Em primeiro lugar, cabe observar que, nesse caso, diferentemente da formulação contida no julgamento da Lei de Imprensa, no qual se afirmou a precedência *prima facie* da liberdade de expressão e de imprensa sobre "o bloco de direitos à imagem, honra, intimidade e vida privada", fixou-se que a liberdade de expressão configura "garantia constitucional que não se tem por absoluta"[103]. Afirmou-se, então, a "prevalência dos princípios da dignidade da pessoa humana e da igualdade jurídica", declarando-se explicitamente, em relação à liberdade de expressão, que "um direito individual não pode constituir-se em salvaguarda de condutas ilícitas, como sucede com os delitos *contra a honra*"[104]. É difícil compatibilizar os fundamentos dessa decisão com a concernente à Lei de Imprensa. Nesta última, direitos fortemente vinculados ao princípio da dignidade humana devem ceder *prima facie*, independentemente da situação concreta, à liberdade de expressão; naquela, admite-se um sopesamento no caso concreto, no qual esta cede não só à dignidade humana em geral, mas também especificamente à proteção à honra. Essa incompatibilidade das compreensões a respeito de direitos e normas constitucionais tão relevantes, em casos de grande significado jurídico e social, parece-me ser um indício de um modelo de argumentação *ad hoc*, que não leva a sério os precedentes e não contribui para construir precedentes que possam servir à solução de futuros casos, reduzindo o efeito-surpresa das respectivas decisões.

Além disso, embora a decisão do caso Ellwanger seja sustentável tanto do ponto de vista interno (consistência) quanto exter-

---

[103] Item 13 da Ementa do Acórdão.
[104] Item 14 da Ementa do Acórdão (grifei).

214 · ENTRE HIDRA E HÉRCULES

no (adequação), houve a invocação a princípios diversos, como os da dignidade da pessoa humana, da igualdade jurídica, da não discriminação, em contraposição à liberdade de expressão, sem que se discutisse mais precisamente a liberdade de locomoção e a tipificação penal, que eram questões centrais levantadas pelo paciente. O uso de modelos de ponderação e proporcionalidade aflorou, levando, às vezes, a resultados diversos a partir do cotejamento dos mesmos princípios e direitos fundamentais[105]. Esse tipo de postura, que tende a fugir para abstrações principiológicas em detrimento da delimitação dos contornos do caso, pode fragilizar a força de convencimento e persuasão da decisão e dos respectivos argumentos. E essa força é fundamental não só para a legitimação das decisões, mas também para a credibilidade de uma corte constitucional.

Por fim, parece-me oportuno, para caracterizar o clima constitucional dominante, fazer um breve comentário a um processo cuja relevância jurídica e social é marcante e que ainda se encontrava em andamento quando da conclusão da primeira versão deste trabalho: a Arguição de Descumprimento de Preceito Fundamental nº 54 (julg. 12/04/2012). Trata-se do famoso caso referente à caracterização jurídica da interrupção da "gravidez" na hipótese de feto anencefálico. Por ser um processo analisado quando ainda estava em andamento, o foco de atenção recairá sobre as peças processuais de dois atores fundamentais para o bom funcionamento da jurisdição constitucional: a petição vestibular do advogado da parte arguente; o parecer inicial da Procuradoria--Geral da República.

Em sua petição, o advogado e constitucionalista Luís Roberto Barroso, representando a Confederação Nacional dos Trabalhadores na Saúde, argumenta basicamente com base na tipificação pe-

---

[105] Ver voto do Ministro Gilmar Mendes, no "Inteiro Teor do Acórdão", pp. 656 ss.; voto do Ministro Marco Aurélio Mello, no "Inteiro Teor do Acórdão", pp. 895 ss.

nal, em temos de regras legais: "antecipação do parto em casos de gravidez de feto anencefálico não caracteriza aborto, tal como tipificado no Código Penal"[106]. E acrescenta com toda razão: "É até possível colocar a questão em termos de ponderação de bens e valores, mas a rigor técnico não há esta necessidade. A hipótese é de não subsunção da situação fática relevante aos dispositivos do Código Penal."[107] Mas, imediatamente após essa assertiva, dá um salto para argumentar abstratamente a partir do princípio da dignidade da pessoa humana[108]. Invoca também os princípios da legalidade, liberdade e autonomia da vontade[109]. Embora o princípio geral da legalidade (art. 5º, inciso II, da CF), que importa "a cláusula constitucional genérica da liberdade no direito brasileiro"[110], seja relevante, apresenta-se muito distante para um argumento constitucional sobre a falta de tipificação penal da conduta. A própria Constituição Federal (art. 5º, inciso XXXIX) oferece expressamente uma norma mais específica para o caso, a da legalidade penal: "não há crime sem lei anterior que o defina, nem pena sem prévia cominação legal"[111]. Na argumentação do advogado Barroso, não se faz, porém, menção a esse dispositivo, mais "próximo" do caso.

Além disso, na petição inicial de Barroso, recorre-se à interpretação conforme a Constituição dos dispositivos do Código Penal de 1940 que regulam o aborto, especialmente do seu art. 128[112].

---

[106] Barroso, 2004, p. 6 (item 8 da petição). Para uma exposição doutrinária, ver Barroso, 2007b.

[107] Barroso, 2004, p. 13 (item 26 da petição).

[108] Barroso, 2004, pp. 13-5 (itens 27-30 da petição).

[109] Barroso, 2004, pp. 15-6 (itens 31-33 da petição).

[110] Barroso, 2004, p. 15 (item 31 da petição).

[111] É irrelevante, nesse contexto, se a norma atribuída a esse dispositivo, conforme o modelo que se adote, é uma regra (Alexy), um princípio-regra (Aarnio, Larenz) ou um princípio (na linguagem jurídica dominante).

[112] Cf. Barroso, 2004, pp. 6 e 10 (itens 9 e 19 da petição).

216 · ENTRE HIDRA E HÉRCULES

Esse dispositivo refere-se, no entanto, à hipótese de causas de exclusão da punibilidade, não tratando tecnicamente da tipificação do caso como aborto. Nesses termos, a introdução do argumento da interpretação conforme a Constituição pode, de certa maneira, enfraquecer o fundamento central apresentado por Barroso: não há suporte fático suficiente para a caracterização do tipo de aborto.

Evidentemente, a postura do advogado exige estratégias alternativas para o convencimento e persuasão dos magistrados. Se há uma forte tendência a argumentar com base em princípios na respectiva Corte, é compreensível que se utilizem meios retóricos que correspondam a esse contexto. Entretanto, parece-me que o salto para uma argumentação abertamente principiológica pode levar a controvérsia a uma discussão sobre direitos *prima facie*, facilitando as alternativas da parte contrária, que pode também invocar outros princípios, a serem sopesados, então, pelos juízes. Retira-se, assim, a força do argumento central, orientado para a definição da razão ou critério definitivo de decisão.

No caso, o argumento pela não tipificação tem tudo para ser bem-sucedido. Voltemos a Pontes de Miranda: o suporte fático é insuficente, pois seu "núcleo" não se constituiu para fins de preenchimento da hipótese normativa do aborto[113]. Barroso argumenta muito claramente nesse sentido: "Conhecida vulgarmente como 'ausência de cérebro', a anomalia importa na inexistência de todas as funções superiores do sistema nervoso central – responsável pela consciência, cognição, vida relacional, comunicação, afetividade e emotividade. Restam apenas algumas funções inferiores que controlam parcialmente a respiração, as funções vasomoto-

---

[113] Sobre suficiência do suporte fático (concreto), ver Pontes de Mirada, 1974, vol. I, pp. 25-7.

ras e a medula espinhal."[114] Nesses termos, não há feto *humano*, pois, *ab initio*, está ausente o suporte neurológico para a construção de sentido, tanto na vida interior (consciência) quanto na vida social (comunicação)[115]. Se há provisoriamente, em parte, funções neurológicas relacionadas à vida corporal, falta a dimensão neurológica que possibilita a vida mental. Para argumentar perante os religiosos, poder-se-ia dizer: há corpo (humano), mas não há alma (humana). "E Deus Riu..."[116]

Diferentemente da petição de Barroso, a primeira manifestação da Procuradoria-Geral da República sobre o caso, mediante o parecer do Procurador-Geral, Claúdio Fonteles[117], implica uma imersão em um tipo de principialismo que permite a introdução de qualquer valoração moral e religiosa, sem limites, na argumentação constitucional. Fonteles faz inicialmente, em grande parte do seu Parecer, com base na obra de Rui Medeiros[118], uma crítica ao emprego da interpretação conforme a Constituição por Barroso[119].

---

[114] Barroso, 2004, p. 4 (item 4 da petição). Barroso baseia-se, nesse trecho, em Diniz e Ribeiro, 2003, p. 101.

[115] Sobre os sistemas psíquicos (consciências) e sociais como constituintes de sentido em contraposição aos sistemas biológicos, ver Luhmann, 1987a, espec. p. 64.

[116] Sobre essa passagem do Talmude da Babilônia, Baba Meza, 59b, em que Deus ri ao constatar que a decisão jurídica, inclusive tomada com base na Torah, depende da compreensão dos seus "filhos", sendo irrelevante a interferência *ad hoc* de sua vontade ("os meus filhos venceram-me, os meus filhos venceram-me"), ver Teubner, 1989, p. 7 [trad. port. 1993, p.1].

[117] Parecer nº 3.358 (Fonteles, 2004). Posteriormente, em 06 de julho de 2009, foi emitido o Parecer nº 6.963-PGR-DD, da Procuradora-Geral da República Deborah Macedo Duprat de Brito Pereira, opinando pela integral procedência da ADPF nº 54. Para os fins do presente trabalho, interessa antes a análise da controvérsia que se estabeleceu com o Parecer do então Procurador-Geral da República, Cláudio Fonteles.

[118] Medeiros, 1999, pp. 289-530 (Cap. II), espec. pp. 300-1, 305, 308-10, 312, 314, 316-7 e 494-5.

[119] Fonteles, 2004, pp. 2-8 (itens 4-28 do Parecer). Ele parte da seguinte afirmação peremptória de Barroso: "*O que se visa, em última análise, é a interpretação conforme a Constituição da disciplina legal dada ao aborto pela legislação penal infraconstitucional [...]*" (Barroso, 2004, p. 10, item 19; Fonteles, 2004, p. 2, item 4, *b* – grifei).

218 · ENTRE HIDRA E HÉRCULES

Essa ilação doutrinária conduz, de certa maneira, ao desvio do foco da questão. Em seguida, Fonteles invoca genericamente o art. 5º da Constituição Federal ("inviolabilidade do direito à vida"), o art. 2º do Código Civil (proteção do direito do nascituro), o art. 4.1 da Convenção Americana sobre Direitos Humanos (proteção do direito à vida a partir da concepção) e o preâmbulo da Convenção sobre os Direitos da Criança (proteção especial da criança por falta de maturidade física e mental, antes e depois do nascimento), sem desenvolver argumentos mais específicos a partir desses dispositivos, permanecendo nas generalidades[120]. Por fim, Fonteles invoca retoricamente o "jurídico princípio da proporcionalidade" e ponderação de bens, para afirmar a precedência do "direito à vida" perante "direito da gestante não sentir a dor" (de dar continuidade compulsória à gravidez)[121]. Apresenta-se, assim, um modelo *ad hoc* de ponderação, sem contornos definitórios, que se presta muito mais a uma decisão em torno das preferências particulares de indivíduos e grupos do que a uma argumentação normativa no plano constitucional de uma sociedade hipercomplexa, na qual as preferências valorativas variam imensamente de grupo para grupo.

Mas o ponto em que se caracteriza patentemente o abuso de princípios encontra-se no final do Parecer do então Procurador--Geral da República[122]. Em um "giro de argumentação", ele invoca o princípio da solidariedade, nos termos do art. 3º, inciso I, da Constituição, para apresentar o seguinte argumento: o pleito "*impede possa acontecer a doação de órgãos do bebê anencéfalo a tantos outros bebês* que, se têm normal formação do cérebro, todavia têm *grave* deficiência nos olhos, nos pulmões, nos rins, no cora-

---

[120] Fonteles, 2004, pp. 9-11 (itens 30-46 do Parecer).

[121] Fonteles, 2004, p. 11 (itens 47-53 do Parecer).

[122] Fonteles, 2004, pp. 11-2 (itens 55-57 do Parecer).

USO E ABUSO DE PRINCÍPIOS · **219**

ção, *órgãos estes plenamente saudáveis no bebê anencéfalo*, cuja morte prematura frustrará a vida de outros bebês, assim também condenados a morrer, ou a não ver". Com base nessa assertiva bombástica, arremata Fonteles retoricamente: "O pleito da autora, por certo, *vai na contramão da construção da sociedade solidária* a que tantos de nós, brasileiras e brasileiros, aspiramos, *e o ser solidário é modo eficaz de instituir a cultura e a vida.*"[123]

De fato, há uma tendência para transformar o princípio da solidariedade em uma panaceia para a solução de todos os problemas constitucionais relevantes, utilizando-se dele, pelo forte apelo retórico que lhe é inerente, para afastar *ad hoc* a aplicação de regras e princípios constitucionais incidentes no caso, encobrindo particularismos os mais diversos. Mas a sua invocação no ora analisado Parecer do então Procurador-Geral da República tem algo de disparatado. O princípio da solidariedade refere-se basicamente à questão de um Estado de bem-estar. Mas, se quisermos dar-lhe um sentido mais abrangente, ainda assim é inconcebível que ele possa excluir todas as outras normas constitucionais incidentes em um caso. A doação de órgão não é obrigação legal no Brasil (muito menos de órgãos de natimorto). A esse respeito incide claramente o art. 5º, inciso II, ao qual, nesse contexto (da doação de órgãos referida), pode-se atribuir indiretamente uma regra como critério definitivo: "na falta de lei, ninguém está obrigado a doar os órgãos do ser natimorto que pariu, sendo irrelevante o princípio da solidariedade a esse respeito". Se essa regra vale, muito mais forte é a regra atribuível ao mesmo dispositivo constitucional, no sentido de proibir que a grávida de feto anencefálico seja constrangida pela autoridade a aguardar até o fim da gestação, para, em nome dos princípios da solidariedade, doar o

---

[123] Fonteles, 2004, p. 12 (itens 56-57 – grifos no original).

órgão do natimorto com forma corporal humana. Mesmo que houvesse uma lei estabelecendo uma obrigação desse tipo, a sua constitucionalidade seria de difícil sustentação (mas essa é outra discussão). Em suma: a invocação retórica do princípio da solidariedade pelo então Procurador-Geral da República, nos autos da ADPF nº 54/DF, é um caso extremo de abuso de princípios na prática constitucional brasileira mais recente; mas isso ocorre num contexto em que principialismo tem um enorme significado e, ao provocar certo fascínio, estimula, em geral, abusos de princípios mediante argumentações *ad hoc*, comprometidas imediatamente com os particularismos a que elas tendem a encobrir sob o manto retórico da justiça inerente aos princípios invocados.

OBSERVAÇÃO FINAL: O JUIZ IOLAU

Retornemos à nossa metáfora inicial. Assim como a narrativa mitológica elegeu Iolau para enfrentar o paradoxo do conflito entre Hércules e Hidra, o Estado constitucional exige um juiz apto para enfrentar com sucesso, em cada caso, a relação paradoxal entre regras e princípios jurídico-constitucionais: nem um juiz-regra (hercúleo) nem um juiz-princípio (hidraforme). Na linguagem da teoria dos sistemas, poder-se-ia dizer: um juiz capaz de desparadoxizar o enlace circular entre princípios e regras nos diversos casos constitucionais de maior complexidade. Chamarei esse juiz de Iolau.

O juiz Iolau distingue-se do juiz Hidra sob dois aspectos. Por um lado, ele não se subordina, desorientadamente, ao poder dos princípios de se regenerarem incontrolavelmente em cada situação concreta, na forma policéfala em que se apresentam. Não modifica sua posição *ad hoc* para satisfazer exclusivamente a cada nova estratégia em que se invocam princípios. Ele não se deixa impressionar pela retórica principiológica. Caso contrário, afogar-se-ia no lago dos princípios. Por outro lado, o juiz Iolau não atua, ele mesmo, à maneira de Hidra. Não regenera, a cada caso, um novo princípio, para encobrir a sua atuação em favor de interesses particularistas, vinculados ao poder, ao dinheiro, à religião, à parentela, à amizade, às boas relações etc. Ou seja, não se utiliza da retórica

222 · ENTRE HIDRA E HÉRCULES

principialista para impressionar os envolvidos nas contendas jurídicas e, assim, dissimular a sua prática juridicamente inconsistente.

Entretanto, o juiz Iolau não se confunde com o juiz Hércules (no sentido em que definimos na introdução). Ele não se prende rigidamente a regras, impedindo que o direito responda adequadamente a demandas complexas da sociedade. Não se põe em uma posição de superioridade intelectual, monológica, ao invocar os seus argumentos técnicos formais. Ele não isola o direito do seu contexto social. Está sempre disposto ao aprendizado mediante referência ao ambiente do sistema jurídico. Não é um juiz socialmente insensível. Percebe os limites de "suas" regras para solucionar controvérsias jurídicas complexas.

O juiz Iolau não nega que, em certos casos, precisa recorrer à técnica da ponderação. Mas ele sabe que a ponderação, para que tenha valor, deve ser tratada como um recurso escasso: com parcimônia. Sabe que a trivialização da ponderação tem efeitos negativos para os próprios princípios constitucionais, que ele leva a sério. Também percebe que a ponderação tem limites, não se empolgando com o modelo contrafactual de um sopesamento otimizante. Admite, porém, uma ponderação comparativa, considerando as diversas perspectivas envolvidas na referência a princípios, a partir tanto dos sistemas sociais quanto das pessoas e dos grupos. Além disso, está plenamente consciente de que a ponderação *ad hoc* deve ser afastada, pois esta não leva à construção de critérios para a solução de futuros casos juridicamente idênticos ou semelhantes, mas antes conduz ao aumento da insegurança jurídica, na medida em que não contribui para a redução do efeito-supresa de posteriores decisões. Ao recorrer cuidadosamente à técnica ponderativa, ele se orienta por um modelo de sopesamento definitório, que servirá para orientar a solução de futuros casos. Para o juiz Iolau, o mundo jurídico não começa a cada caso.

OBSERVAÇÃO FINAL: O JUIZ IOLAU · 223

De outro ponto de vista, o juiz Iolau está plenamente ciente de que o regresso ao formalismo, no qual as regras tomam de maneira abarcante a cadeia argumentativa, é uma solução subcomplexa para as controvérsias constitucionais mais problemáticas. Embora compreenda a reação formalista ao principialismo irresponsável e à "ponderação sem medida", ele descarta seguir esse caminho, pois percebe que, se o seguisse, o direito tenderia à rigidez do cristal, incompatível com sua necessária flexibilidade em um contexto social altamente complexo e contingente. Mas ele tem uma percepção um tanto especial. Também o excesso de apego às técnicas da ponderação pode levar a outro tipo de formalismo, em que o sopesar é um valor em si mesmo, desconectado da realidade social. Cumpre, portanto, buscar outros caminhos além do formalismo das regras e do substancialismo dos princípios e da ponderação entre eles[1].

A relação paradoxal entre princípios e regras está associada intimamente ao paradoxo da justiça como uma "fórmula de contingência" que motiva a ação e a comunicação no âmbito jurídico[2]. A justiça, nessa perspectiva, tem duas dimensões: a justiça interna, concernente à tomada de decisão *juridicamente consistente* (autorreferência); a justiça externa, referente à tomada de

---

[1] Já em 1987, Aleinkoff advertia que a ironia da ponderação reside no fato de que, embora ela tenha levado os juízes "abertamente a levar em conta a conexão entre direito constitucional e o mundo real" e, portanto, tenha tido "seus méritos como uma maneira de sair do formalismo, tornou-se, ela mesma, rígida e formalista" (Aleinkoff, 1987, p. 1005). E acrescentava: "O direito constitucional está sofrendo na era da ponderação. É tempo de começar a procurar por novas metáforas libertadoras" (*ibidem*).

[2] Luhmann, 1993, pp. 214 ss. Luhmann se refere também à fórmula de contingência em outros sistemas sociais, como, por exemplo, escassez na economia, legitimidade no sistema político, limitacionalidade na ciência e Deus na religião (1997, t. 1, p. 470 [trad. esp. 2007, p. 371]; 1993, p. 222).

224 · ENTRE HIDRA E HÉRCULES

decisão *adequadamente complexa à sociedade* (heterorreferência)[3]. Por um lado, sem que se possa contar com uma solução juridicamente consistente, o direito perde a sua racionalidade. Isso implica que, sem um sistema jurídico orientado primariamente na constitucionalidade e, consequentemente, no princípio constitucional da legalidade, ou seja, sem "justiça constitucional interna", não cabe falar de racionalidade jurídica em uma sociedade complexa. Os julgamentos vão subordinar-se, então, a fatores particularistas os mais diversos, sem significado jurídico-constitucional para a orientação do comportamento e a estabilização das expectativas normativas. A racionalidade do direito exige, portanto, consistência constitucional. Por outro lado, a justiça como racionalidade jurídica importa a adequação social do direito. Evidentemente, essa é uma questão difícil, pois no ambiente do direito há várias pretensões de autonomia sistêmica em conflito. Uma adequação econômica do direito, por exemplo, pode ter impactos negativos na educação, no ambiente, na arte e na ciência e vice-versa. Também há valores e perspectivas morais os mais diversos no mundo da vida fragmentado da sociedade mundial complexa do presente[4]. Algo que se apresenta adequado a um grupo pode parecer inadequado a outro. E não há, nem no plano dos sistemas funcionais nem no plano do mundo da vida, um projeto hegemônico único[5]. A adequação social do direito, constitucionalmente amparada, não pode significar, portanto, uma resposta adequada a pretensões específi-

---

[3] Luhmann, 1993, pp. 225-6; 1988, pp. 26-5; 1981, pp. 374-418.

[4] Uso "mundo da vida" para me referir às dimensões do ambiente dos sistemas funcionais não estruturadas sistêmico-funcionalmente, envolvendo uma diversidade de valores, interesses, expectativas e discursos entre si conflituosos (cf. Neves, 2006, pp. 123 ss.).

[5] A esse respeito, observa Sonja Buckel (2007, p. 223): "Não existe apenas um único projeto desse que poderia dominar o contexto social, mas sim projetos concorrentes, em correspondência com a multiplicidade das diferenças antagônicas."

OBSERVAÇÃO FINAL: O JUIZ IOLAU · **225**

cas de conteúdos particulares, mas sim a capacidade de possibilitar a convivência não destrutiva de diversos projetos e perspectivas,
levando à legitimação dos procedimentos constitucionalmente
estabelecidos, na medida em que estes servem para reorientar as
expectativas em face do direito, sobretudo daqueles que eventualmente tenham suas pretensões rejeitadas por decisões jurídicas.

Mas a relação entre justiça interna e externa é paradoxal. Não
se pode imaginar um equilíbrio perfeito entre consistência jurídica
e adequação social do direito, a saber, entre justiça constitucional
interna e externa. A justiça do sistema jurídico como fórmula de
contingência importa sempre uma orientação motivadora de comportamentos e expectativas que buscam esse equilíbrio, que sempre é imperfeito e se define em cada caso concreto. Por um lado,
um modelo de mera consistência constitucional conduz a um formalismo socialmente inadequado. O excesso de ênfase na consistência jurídico-constitucional pode levar a graves problemas de
inadequação social do direito, que perde, então, sua capacidade
de reorientar as expectativas normativas e, portanto, de legitimar-
-se socialmente. Por outro lado, um modelo de mera adequação
social leva a um realismo juridicamente inconsistente. Na falta de
valores, de morais e de interesses partilhados congruentemente na
sociedade moderna supercomplexa, a ênfase excessiva na adequação social tende a levar à subordinação do direito a projetos particulares com pretensão de hegemonia absoluta. Nesse sentido, embora sempre defeituoso, pois nunca é alcançado plenamente e
depende da experiência de cada caso, o equilíbrio entre justiça
constitucional interna e externa serve como orientação para os envolvidos na rede de comunicações do sistema jurídico estatal[6].

---

[6] Nos dois últimos parágrafos retomei precisamente argumentos já desenvolvidos
em outro trabalho (Neves, 2009, pp. 63-6).

226 · ENTRE HIDRA E HÉRCULES

Nesses termos, a justiça constitui um paradoxo. Toda fórmula de contingência motiva a ação e comunicação enquanto é uma experiência com algo que falta[7]. Por exemplo, a legitimidade na política democrática implica sempre uma oposição que exige mudanças; a escassez importa valores que motivam os agentes econômicos; Deus importa um mistério com o incognoscível, que é base da ação e comunicação religiosa; a ausência (falta) do amante é o momento em que se comprova o amor, motivando a ação ou comunicação amorosa. Também a justiça é sempre algo que falta, implicando a busca permanente do equilíbrio entre consistência jurídica e adequação social das decisões jurídicas. Esse paradoxo pode ser processado e solucionado nos casos concretos, mas ele nunca será superado plenamente, pois é condição da própria existência do direito diferenciado funcionalmente: como fórmula de contingência, a superação do paradoxo da justiça implicaria o fim do direito como sistema social autônomo, levando a uma desdiferenciação involutiva ou ensejando um "paraíso moral" de plena realização da justiça, assim como o fim da escassez como fórmula de contingência da economia conduziria a um "paraíso da abundância", a saber, ao fim da economia[8].

O juiz Iolau enfrenta o paradoxo da justiça, procurando "superá-lo" em cada caso constitucional controverso, embora não tenha a pretensão hercúlea de eliminá-lo definitivamente[9]. Não

---

[7] Luhmann (1993, p. 220), ao relacionar a fórmula de contingência à dimensão de "determinabilidade/indeterminabilidade", afirma, por sua vez, que ela não se refere "a fatos atualmente existentes (compreendidos, designados), mas sim a outras possibilidades de lidar com eles".

[8] Neves, 2009, p. 66.

[9] Evidentemente, os paradoxos, que são fundamentais ao desenvolvimento de comunicações e à reprodução dos sistemas sociais, não são superados definitivamente (cf., p. ex., Luhmann, 1997, t. 2, pp. 969-70 [trad. esp. 2007, pp. 768-9]), mas a exigência de uma decisão juridicamente consistente e socialmente adequada importa a exigência de desparadoxização mediante critérios e programas jurídicos para a solução de cada caso.

cai unilateralmente na posição formalista da jurisprudência dos conceitos nem na postura realista da jurisprudência dos interesses[10]. Ele compreende que, dentro da cadeia da argumentação jurídica, as regras constitucionais relacionam-se primariamente com os conceitos jurídicos e com a argumentação formal, enquanto os princípios processam primariamente interesses e outras variáveis sociais, estando vinculados predominantemente à argumentação substantiva. Busca, então, um equilíbrio entre os princípios e as regras constitucionais, para assegurar a consistência jurídico-conceitual e adequação social do direito. Ele não desconhece que esse equilíbrio é sempre instável e contingente, pois implica continuamente abertura para outras possibilidades em casos futuros. Mas procura fixar critérios definitórios para reduzir o "valor-surpresa" de futuras decisões.

O juiz Iolau pode ir além da justiça como fórmula de contingência do sistema jurídico, para tratar os princípios e regras constitucionais como "fórmula de transcendência" da sociedade[11]. Nessa perspectiva, ele se põe como observador da sociedade como um todo (estando ciente de que esta sua posição é parcial), a fim de oferecer soluções que contribuam para impedir a expansão e o imperialismo de uma certa racionalidade ou lógica sistêmica em detrimento das outras, no sentido de evitar que a sociedade se submeta ao império do dinheiro, da técnica, da ciência, do poder, da religião e do próprio direito (juridificação da sociedade). Nesse sentido, ele afasta tanto a absolutização de regras quanto a de princípios.

É possível que se suponha ser o juiz Iolau mais um ideal regulativo. Parece-me que não. Se pensarmos nos limites paradoxais

---

[10] De acordo com Luhmann (1990b, p. 10), o sistema jurídico processa sua autorreferência mediante conceitos e fatorializa sua heterorreferência mediante interesses.
[11] Teubner, 2008.

228 · ENTRE HIDRA E HÉRCULES

da justiça como fórmula de contingência (ou de transcendência), poder-se-ia afirmar, com Derrida, que o juiz Iolau confronta-se com "uma experiência do impossível"[12]. E caberia concluir: na busca de equilíbrio entre regras e princípios constitucionais, o juiz Iolau é, ele próprio, uma experiência *com o* impossível. Para enfatizar a contingência, é mais plausível, porém, a seguinte conclusão: *o juiz Iolau é a experiência com o improvável.*

---

[12] "A justiça é uma experiência do impossível" (Derrida, 1994, p. 38 [trad. bras. 2007, p. 30]).

BIBLIOGRAFIA

AARNIO, Aulis (1987). *The Rational as Reasonable: A Treatise on Legal Justification*. Dordrecht: D. Reidel Publishing Company [trad. esp.: *Lo racional como razonable: un tratado sobre la justificación jurídica*. Madri: Centro de Estudios Constitucionales, 1991].

_____ (1990). "Taking Rules Seriously". *In*: W. Maihofer e G. Sprenger (orgs.). *Law and the States in the Modern Times: Proceedings of the 14th IVR World Congress in Edinburgh, August 1989 (ARSP, Beiheft 42)*. Stuttgart: Franz Steiner, pp. 180-92 [trad. esp.: "Las reglas en serio". *In*: Aaulis Aarnio, Ernesto Garzón Valdés e Jyrki Uusitalo (orgs.). *La normatividad del derecho*. Barcelona: Gedisa, 1997a, pp. 17-35].

_____ (1997b). *Reason and Authority: A Treatise on the Dynamic Paradigm of Legal Dogmatics*. Aldershot/Brookfield: Ashgate.

ABBAGNANO, Nicola (1982). *Dicionário de filosofia*. Trad. bras. Alfredo Bosi (coord. e rev.). 2ª ed. São Paulo: Mestre Jou.

ADORNO, Theodor W.; HORKHEIMER, Max (1969). *Dialektik der Aufklärung: Philosophische Fragmente* [1947]. Frankfurt am Main: Fischer [trad. bras.: *Dialética do esclarecimento: fragmentos filosóficos*. Rio de Janeiro: Zahar, 1985].

ALCÁNTARA, Manuel; CRESPO, Ismael (orgs.) (1995). *Los Límites de la Consolidación Democrática en América Latina*. Salamanca: Universidad de Salamanca.

ALCHOURRÓN, Carlos (1996). "On Law and Logic". *In*: *Ratio Juris*, vol. 9, nº 4. Oxford: Blackwell, dezembro de 1996, pp. 331-48.

230 · ENTRE HIDRA E HÉRCULES

ALEINKOFF, Alexander (1987). "Constitutional Law in the Age of Balancing". *In*: *Yale Law Journal*, vol. 96, nº 5. New Haven: The Yale Law Journal Company, pp. 943-1005.

ALEXY, Robert (1979): "Zum Begriff des Rechtsprinzips". *In*: Werner Krawietz, Kazimierz Opałek, Aleksander Peczenik e Alfred Schramm (orgs.). *Argumentation und Hermeneutik in der Jurisprudenz*. Berlim: Dunker & Humblot, pp. 59-87.

_____ (1983). *Theorie der Juristischen Argumentation: Die Theorie des rationalen Diskurses als Theorie der juristischen Begründung*. Frankfurt am Main: Suhrkamp.

_____ (1985). "Rechtsregeln und Rechtsprinzipien". *In*: N. MacCormick, S. Panou e L. L. Vallauri (orgs.). *Conditions of Validity and Cognition in Modern Legal Thought* (*ARSP*, Beiheft 25). Stuttgart: Steiner, pp. 13-29.

_____ (1986). *Theorie der Grundrechte*. Frankfurt am Main: Suhrkamp [trad. bras.: *Teoria dos direitos fundamentais*. São Paulo: Malheiros, 2008].

_____ (1995). *Recht, Vernunft, Diskurs: Studien zur Rechtsphilosophie*. Frankfurt am Main: Suhrkamp.

_____ (1997). "Theorie der Grundfreiheiten". *In*: Philosophische Gesellschaft Bad Homburg e Wilfried Hinsch (orgs.). *Zur Idee des politischen Liberalismus: John Rawls in der Diskussion*. Frankfurt am Main: Suhrkamp, pp. 263-303.

_____ (1998). "Die Institutionalisierung der Menschenrechte im demokratischen Verfassungsstaat". *In*: Stefan Gosepath e Georg Lohmann (orgs.). *Philosophie der Menschenrechte*. Frankfurt am Main: Suhrkamp, pp. 244-64.

_____ (2000). "Zur Struktur der Rechtsprinzipien". *In*: Bernd Schilcher, Peter Koller e Bernd-Christian Funk (orgs.). *Regeln, Prinzipien und Elemente im System des Rechts*. Viena: Verlag Österreich, pp. 31-52.

_____ (2003). "Die Gewichtsformel". *In*: Joachim Jickeli, Peter Kreutz e Dieter Reuter (orgs.). *Gedächtnisschrift für Jürgen Sonnenschein*. Berlim: De Grutyer, pp. 771-92.

BIBLIOGRAFIA · **231**

ALEXY, Robert (2008). "Posfácio (2002)". *In*: Robert Alexy. *Teoria dos direitos fundamentais*. Trad. Virgílio Afonso da Silva. São Paulo: Malheiros, pp. 575-627.

APEL, Karl-Otto (1987). Entrevista a Florian Rötzer. *In*: Florian Rötzer (org.). *Denken, das an der Zeit ist*. Frankfurt am Main: Suhrkamp, pp. 52-75.

ARISTÓTELES [Aristotle] (2003). *Metaphysics*, Livros I–IX. Trad. ingl. Hugh Tredennick. Edição bilíngue. Cambridge-MA/Londres: Harvard University Press [reimpressão da edição de 1933].

_____ (2005). *Physics*. Livros I–IV. Trad. ingl. P. H. Wicksteed/F. M. Cornford. Edição bilíngue. Cambridge-MA/Londres: Harvard University Press [reimpressão da edição revista de 1957].

ATIENZA, Manuel; MANERO, Juan Ruiz (1998). *A Theory of Legal Sentences*. Dordrecht/Boston/Londres: Kluwer.

ATLAN, Henri (1979). *Entre le cristal et la fumée: Essai sur l'organisation du vivant*. Paris: Seuil.

ATRIA, Fernando (2001). *On Law and Legal Reasoning*. Oxford: Hart.

ÁVILA, Humberto (2003). *Teoria dos princípios: da definição à aplicação dos princípios jurídicos*. São Paulo: Malheiros.

_____ (2009). "'Neoconstitucionalismo': entre a 'ciência do direito' e o 'direito da ciência'". *In*: *Revista Eletrônica de Direito do Estado*, n.º 17, 19 pp. Disponível em: http//direitodoestado.com.br/rede. asp. Último acesso em 20/07/2010.

BAKER, G. P. (1977). "Defeasibility and Responsibility". *In*: P. M. S. Hacker e J. Raz (orgs.). *Law, Morality, and Society: Essays in Honour of H. L. A. Hart*. Oxford: Clarendon Press, pp. 26-57.

BANDEIRA DE MELLO, Celso Antônio (1993). *Conteúdo jurídico do princípio da igualdade*. 3ª ed. São Paulo: Malheiros.

_____ (2003). *Curso de direito administrativo*. 15ª ed. São Paulo: Malheiros.

_____ (2006). *Discricionariedade e controle jurisdicional*. 2ª ed. 7ª tiragem. São Paulo: Malheiros.

232 · ENTRE HIDRA E HÉRCULES

BARBALHO U. C., João (1902). *Constituição Federal Brasileira: comentários*. Rio de Janeiro: Litho-Typographia [edição fac-similar: Brasília: Senado Federal, 1992].

BARBER, Benjamin R. (1977). "Die Rechtfertigung der Gerechtigkeit: Probleme der Psychologie, der Politik und der Messung bei Rawls". *In*: Ottfried Höffe (org.). *Über John Rawls' Theorie der Gerechtigkeit*. Frankfurt am Main: Suhrkamp, pp. 224-58.

BARBOSA, Ruy (1932/1934). *Comentários à Constituição Federal Brasileira*. Coligidos e ordenados por Homero Pires. São Paulo: Livraria Academica/Saraiva, vol. 1 (1932), vol. II (1934).

_____ (1952). "Revolta das Escolas Militares – Situação do Exército (sessão de 16 de novembro de 1905)". *In*: *Obras completas de Rui Barbosa*. Rio de Janeiro: Ministério da Educação e Saúde, vol. XXXI, tomo 1, pp. 41-90.

BARCELLOS, Ana Paula de (2005). *Ponderação, racionalidade e atividade jurisdicional*. Rio de Janeiro: Renovar.

BARTHES, Roland (1964). "Éléments de sémiologie". *In*: *Communications* 4. Paris: Seuil, pp. 91-135 [trad. bras.: *Elementos de semiologia*. São Paulo: Cultrix, s.d.].

BARROSO, Luís Roberto (1996). *Interpretação e aplicação da Constituição*. São Paulo: Saraiva.

_____ (1998). "Os princípios da razoabilidade e da proporcionalidade no direito constitucional". *In*: *Revista dos Tribunais – Cadernos de Direito Constitucional e Ciência Política*, ano 6, nº 23. São Paulo: Revista dos Tribunais, pp. 65-78.

_____ (2004). Petição Inicial da Arguição de Descumprimento de Preceito Fundamental nº 54, 16 de junho de 2004. Disponível em: http://www.stf.jus.br/portal/peticaoInicial/verPeticaoInicial.asp?base=ADPF&s1=54&processo=54. Último acesso em 19/07/2010.

_____ (2006). "Neoconstitucionalismo e transformações do direito constitucional". *In*: Martônio Mont'Alverne Barreto Lima e Paulo

Antônio Menezes de Albuquerque (orgs.). *Democracia, direito e política: estudos em homenagem a Friedrich Müller*. Florianópolis: Conceito Editorial, pp. 481-92.

BARROSO, Luís Roberto (2007a). "Neoconstitucionalismo e constitucionalização do direito (O triunfo tardio do direito constitucional no Brasil)". *In*: Cláudio Pereira de Souza e Daniel Sarmento (coords.). *A constitucionalização do direito: fundamentos teóricos e aplicações específicas*. Rio de Janeiro: Lumen Juris, pp. 203-49.

_____ (2007b). "Gestação de fetos anencefálicos e pesquisas com células-tronco: dois temas acerca da vida e da dignidade na Constituição". *In: Revista Latino-Americana de Estudos Constitucionais*, nº 7, janeiro/junho de 2006). Belo Horizonte: Del Rey, pp. 571-606.

_____ (2010). *Curso de direito constitucional contemporâneo: os conceitos fundamentais e a construção do novo modelo*. 2ª ed. São Paulo: Saraiva.

_____ ; BARCELLOS, Ana Paula de (2005). "O começo da história: a nova interpretação constitucional e o papel dos princípios no direito brasileiro". *In*: Virgílio Afonso da Silva (org.). *Interpretação constitucional*. São Paulo: Malheiros, pp. 271-316.

BASTOS, Aurélio Wander (2005). *Hans Kelsen: Resumo biográfico – 1881--1973*. 2ª ed. Rio de Janeiro: Instituto Brasileiro de Pesquisa Jurídica.

BEATTY, David M. (2004). *The Ultimate Rule of Law*. Oxford: Oxford University Press.

BERGEL, Jean-Louis (1999). *Thérie Générale du Droit*. Paris: Dalloz.

BERNSTORFF, Jochen von (2010). *Kerngehalte im Grund- und Menschenrechtsschutz: Eine vergleichende Studie zur Einschränkbarkeit und verfassungsrechtlichen Inkorporation elementarer Freiheitsgarantien*. Heidelberg: Tese de livre-docência apresentada à Universidade Johann Wolfgang Goethe, Frankfurt am Main.

BETTI, Emilio (1949). *Interpretazione della legge e degli atti giuridici (teoria generale e dogmatica)*. Milão: Giuffrè [trad. bras. *Interpre-*

234 · ENTRE HIDRA E HÉRCULES

tação da lei e dos atos jurídicos: teoria geral e dogmática. São Paulo: Martins Fontes, 2007].

BETTI, Emilio (1955). *Teoria Generale della Interpretazione*. Milão: Giuffrè, vol. II.

BLANKENBURG, Erhard (1977). "Über die Unwirksamkeit von Gesetzen". *In*: *Archiv für Rechts- und Sozialphilosophie* 63. Wiesbaden: Steiner, pp. 31-58.

BOBBIO, Norberto (1958). *Teoria della Norma Giuridica*. Turim: Giappichelli [trad. bras.: *Teoria da norma jurídica*. 3ª ed. São Paulo: Edipro, 2005].

_____ (1960). *Teoria dell'Ordinamento Giuridico*. Turim: Giappichelli.

BÖCKENFÖRDE, Wolfgang (1991). "Methoden der Verfassungsinterpretation – Bestandaufnahme und Kritik". *In*: Wolfgang Böckenförde. *Staat, Verfassung, Demokratie: Studien zur Verfassungstheorie und zum Verfassungsrecht*. Frankfurt am Main: Suhrkamp, pp. 53-89 [originalmente em: *NJW*, 1976).

_____ (2003). "Schutzbereich, Eingriff, verfassungsimmanente Schranken. Zur Kritik gegenwärtiger Grundrechtsdogmatik". *In*: *Der Staat*, vol. 42. Berlim: Duncker & Humblot, pp. 165-92.

BOROWSKI, Martin (1998). "Prinzipien als Grundrechtsnormen". *In*: *Zeitschrift für öffentliches Recht* 53. Viena/Nova York: Springer, pp. 307-35.

_____ (2007). *Grundrechte als Prinzipien*. 2ª ed. Baden-Baden: Nomos.

BOUSTA, Rhita (2007). "La 'spécificité' du contrôle constitutionnel français de proportionnalité". *In*: *Revue Internationale de Droit Comparé*, nº 4/2007. Paris: Société de Législation Comparée, pp. 859-78.

_____ (2008). "Une avancée 'a minima' (À propos de la décision nº 2008-562 DC du 21 février 2008)". *In*: *Les Petites Affiches*, nº 121. Paris : Lextenso, 17 de junho de 2008, pp. 7-12.

BRUNKHORST, Hauke (2002). "Die unheroische Demokratie – Sozialphilosophische Kontexte der Weimarer Staatsdiskussion". *In*: A.

Waschkuhn e A. Thumfarth (orgs.). *Politisch-kulturelle Zugänge zur Weimarer Staatsdiskussion*. Baden-Baden: Nomos, pp. 81-97.

BUARQUE DE HOLLANDA, Sérgio (1988). *Raízes do Brasil*. 20ª ed. Rio de Janeiro: José Olympio [1ª ed. 1936].

BUCKEL, Sonja (2007). *Subjektivierung und Kohäsion: Zur Rekonstruktion einer materialistischen Theorie des Rechts*. Frankfurt am Main: Velbrück.

BYDLINSKI, Franz (1996). *System und Prinzipien des Privatrechts*. Viena/Nova York: Springer.

CANARIS, Claus-Wilhelm (1983). *Systemdenken und Systembegriff in der Jurisprudenz*. 2ª ed. Berlim: Duncker & Humblot [trad. port.: *Pensamento sistemático e conceito de sistema na ciência do direito*. Lisboa: Calouste Gulbenkian, 1989].

CANOTILHO, J. J. Gomes (1994). *Constituição dirigente e vinculação do legislador: contributo para a compreensão das normas constitucionais programáticas*. Coimbra: Coimbra Editora.

_____ (1998). *Direito constitucional e teoria da Constituição*. 2ª ed. Coimbra: Almedina.

CARBONELL, Miguel (org.) (2003). *Neoconstitucionalismo(s)*. Madri: Trotta.

_____ (org.) (2007a). *Teoría del neoconstitucionalismo: ensayos escogidos*. Madri: Trotta.

_____ (2007b). "Presentación: el neoconstitucionalismo en su laberinto". *In*: Miguel Carbonell (org.), 2007a, pp. 9-12.

CARDOZO, Benjamin N. (1991). *The Nature of the Judicial Process* [1921]. New Haven/Londres: Yale University Press [trad. bras.: *A natureza do processo judicial*. São Paulo: Martins Fontes, 2004].

CARNAP, Rudolf (1948). *Introduction to Semantics*. Cambridge-MA: Harvard University Press.

CARRIÓ, Genaro R. (1970). *Principios Jurídicos y Positivismo Jurídico*. Buenos Aires: Abeledo-Perrot.

CARRIÓ, Genaro R. (1986). *Notas sobre derecho y lenguaje*. 3ª ed. Buenos Aires: Abeledo-Perrot.

CARVALHO, José Murilo de (1987). *Os bestializados: o Rio de Janeiro e a República que não foi*. 3ª ed. São Paulo: Companhia das Letras.

CARVALHO, Paulo de Barros (2008). *Direito tributário: linguagem e método*. São Paulo: Noeses.

CHALHOUB, Sidney (1996). *Cidade febril: cortiços e epidemias na Corte imperial*. São Paulo: Companhia das Letras.

CHANG, Ruth (1997). "Introduction". *In*: Ruth Chang (org.). *Incommensurability, Incomparability, and Practical Reason*. Cambridge-MA: Harvard University Press, pp. 1-34.

_____ (2001). "Against Constitutive Incommensurability or Buying and Selling Friends". *In*: *Philosophical Issues*, vol. 11: *Social, Political, and Legal Philosophy*. Boston/Oxford: Blackwell, pp. 33-60.

_____ (2002). "Possibility of Parity". *In*: *Ethics*, vol. 112, nº 4, julho de 2002. Chicago: The University of Chicago Press, pp. 659-88.

CHRISTENSEN, Ralph (1989). "Der Richter als Mund des sprechenden Textes. Zur Kritik des gesetzespositivistischen Textmodells". *In*: Friedrich Müller (org.). *Untersuchungen zur Rechtslinguistik: Interdisziplinäre Studien zu praktischer Semantik und strukturierender Rechtslehre in Grundfragen der juristischen Methodik*. Berlim: Duncker & Humblot, pp. 47-91.

CHRISTENSEN, Ralph; FISCHER-LESCANO, Andreas (2007). *Das Ganze des Rechts. Vom hierarchischen zum reflexiven Verständnis deutscher und europäischer Grundrechte*. Berlim: Duncker & Humblot.

CLÉRICO, Laura (2001). *Die Struktur der Verhältnismäßigkeit*. Baden-Baden: Nomos.

CLÈVE, Clèmerson Merlin; FREIRE, Alexandre Reis Siqueira (2003). "Algumas notas sobre colisão de direitos fundamentais". *In*: Eros Roberto Grau e Sérgio Sérvulo da Cunha (orgs.). *Estudos de direito constitucional em homenagem a José Afonso da Silva*. São Paulo: Malheiros, pp. 231-43.

BIBLIOGRAFIA · **237**

COMPARATO, Fábio Konder (1993). "Igualdade, desigualdades". *In: Revista Trimestral de Direito Público*, 1/1993. São Paulo: Malheiros, pp. 69-78.

CONDILLAC, Étienne Bonnot de (1979). "Lógica ou os primeiros desenvolvimentos da arte de pensar" [1780]. Trad. bras. Nelson Alfredo Aguilar. *In: Textos escolhidos / Condillac, Helvétius, Degérando.* 2ª ed. São Paulo: Abril Cultural, pp. 61-134.

CONSEIL CONSTITUTIONNEL (2008). "Loi relative à la rétention de sûretê et à la déclaration d'irresponsabilité pénal por cause de trouble mental". *In: Les Cahiers du Conseil Constitutionnel*, nº 24. Paris: Daloz, pp. 19-24.

COPI, Irving M. (1961). *Introduction to Logic.* 2ª ed. Nova York: Macmillan [trad. bras.: *Introdução à lógica.* 2ª ed. São Paulo: Mestre Jou, 1978].

CRISAFULLI, Vezio (1939). *I principi costituzionali dell'interpretazione ed applicazione delle leggi.* Pádua: CEDAM.

_____ (1952). *La costituzione e le sue disposizioni di principi.* Milão: Giuffrè.

DAVIDSON, Donald (1982). "Rational Animals". *In: Dialectica*, vol. 36, nº 4. Oxford: Wiley-Blackwell, pp. 318-27.

_____ (1991). "Three Varieties of Knowledge". *In*: Allen Phillips Griffiths (org.). *A. J. Ayer Memorial Essays (Royal Institute of Philosophy Supplement* 30). Cambridge [u. a.]: Cambridge University Press, pp. 153-166.

DEL VECCHIO, Giorgio (1921). *Sui principi generali del diritto.* Modena: Società Tipográfica Modenese.

DERRIDA, Jacques (1994): *Force de loi – Le "Fondement mystique de l'autorité".* Paris: Galilée [trad. bras. *Força de lei – O "Fundamento místico da autoridade".* São Paulo: Martins Fontes, 2007].

DICEY, A. V. (1982). *Introduction to the Study of the Law of the Constitution.* Indianapolis: Liberty Fund [reimpressão da 8ª ed. Londres: Macmillan, 1915].

238 · ENTRE HIDRA E HÉRCULES

DIMOULIS, Dimitri (2009). "Neoconstitucionalismo e moralismo jurídico". In: Daniel Sarmento (coord.). *Filosofia e teoria constitucional contemporânea*. Rio de Janeiro: Lumen Juris, pp. 213-27.

_____; MARTINS, Leonardo (2007). *Teoria geral dos direitos fundamentais*. São Paulo: Revista dos Tribunais.

DINIZ, Débora; RIBEIRO, Diaulas Costa (2003). *Aborto por anomalia fetal*. Brasília: Letras Livres.

DWORKIN, Ronald (1985). *A Matter of Principle*. Oxford: Clarendon Press [trad. bras.: *Uma questão de princípio*. São Paulo: Martins Fontes, 2001].

_____ (1991a). *Taking Rights Seriously* [1977]. 6ª ed. Londres: Duckworth [trad. bras.: *Levando os direitos a sério*. São Paulo: Martins Fontes, 2002].

_____ (1991b). *Law's Empire*. Londres: Fontana Press [trad. bras.: *O império do direito*. 1ª ed. 2ª tiragem. São Paulo: Martins Fontes, 2003].

_____ (2006). *Justice in Robes*. Cambridge/Londres: Harvard University Press [trad. bras.: *Justiça de toga*. São Paulo: WMF Martins Fontes, 2010].

_____ (2011). *Justice for Hedgehogs*. Cambridge/Londres: Harvard University Press [trad. bras.: *A raposa e o porco-espinho*. São Paulo: WMF Martins Fontes, 2014].

ECKHOFF, Torstein; SUNDBY, Nils Kristian (1988). *Rechtssysteme: Eine systemtheoretische Einführung in die Rechtstheorie*. Berlim: Duncker & Humblot.

ECO, Umberto (1975). *Trattato di semiotica generale*. 12ª ed. Milão: Bompiani [trad. bras.: *Tratado geral de semiótica*. São Paulo: Perspectiva, 1980].

EDER, Klaus (1980). *Die Entstehung staatlich organisierter Gesellschaften: Ein Beitrag zu einer Theorie sozialer Evolution*. Frankfurt am Main: Suhrkamp.

ENGISCH, Karl (1983). *Einführung in das juristische Denken*. 8ª ed. Stuttgart/Berlim/Colônia: Kohlhammer [1ª ed. 1956] [trad. port.:

BIBLIOGRAFIA · 239

Introdução ao pensamento jurídico. 3ª ed. Lisboa: Calouste Gulbenkian, 1977].

ESSER, Josef (1956). *Grundsatz und Norm in der richterlichen Fortbildung des Privatrechts.* Tübingen: Mohr.

FAORO, Raymundo (1976). *Machado de Assis: a pirâmide e o trapézio.* 2ª ed. São Paulo: Editora Nacional/Secretaria de Cultura, Ciência e Tecnologia do Estado de São Paulo.

FAVOREU, Louis (1996). "La Constitutionalisation du droit". *In*: Jean-Bernard Auby *et al.* (orgs.). *L'unité du droit: mélange en hommage à Roland Drago.* Paris: Economica, pp. 25-42.

FERRAJOLI, Luigi (2003). "Pasado y futuro del Estado de derecho". *In*: Miguel Carbonell (org.). *Neoconstitucionalismo(s).* Madri: Trotta, pp. 13-30.

FERRAZ JR., Tércio Sampaio (1980). *Função social da dogmática jurídica.* São Paulo: Revista dos Tribunais.

_____ (1988). *Introdução ao estudo do direito – técnica, decisão, dominação.* São Paulo: Atlas.

FISCHER-LESCANO, Andreas; TEUBNER, Gunther (2006). *Regime-Kollisionen: Zur Fragmentierung des globalen Rechts.* Frankfurt am Main: Suhrkamp.

FOERSTER, Heinz von (1993). "Die Gesetze der Form". *In*: Dirk Baecker (org.). *Kalkül der Form.* Frankfurt am Main: Suhrkamp, pp. 9-11.

FONTELES, Cláudio (2004). Parecer nº 3358, do Procurador-Geral da República, na Arguição de Descumprimento de Preceito Fundamental nº 54, de 18/08/2004. Disponível em: http://redir.stf.jus.br/estfvisualizadorpub/jsp/consultarprocessoeletronico/Consultar ProcessoEletronico.jsf?seqobjetoincidente=2226954. Último acesso em 19/07/2010.

GADAMER, Hans-Georg (1990). *Wahrheit und Methode: Grundzüge einer philosophischen Hermeneutik.* 6ª ed. Tübingen: Mohr (1ª ed. 1960).

GOESEL-LE BIHAN, Valérie (2001). "Le contrôle exercé par le Conseil constitutionnel: défense et illustration d'une théorie générale". *In*:

240 · ENTRE HIDRA E HÉRCULES

Revue Française de Droit Constitutionnel 2001/1, n.º 45. Paris: Presses Universitaires de France, pp. 67-83.

GOESEL-LE BIHAN, Valérie (2007). "Le contrôle de proportionnalité dans la jurisprudence du Conseil constitutionnel: figures récentes". *In*: *Revue Française de Droit Constitutionnel* 2007/2, n.º 70. Paris: Presses Universitaires de France, pp. 269-95.

GRAU, Eros (1996). *La Doppia Destrutturazione del Diritto: una teoria brasiliana sull'interpretazione*. Trad. ital. E. Albesano. Milão: Unicopli.

_____ (2009). *Ensaio e discurso sobre a interpretação/aplicação do direito*. 5ª ed. São Paulo: Malheiros.

GRIMAL, Pierre (1951). *Dictionnaire de la mythologie Grecque et romaine*. Paris: Presses Universitaire de France [trad. bras.: *Dicionário da mitologia grega e romana*. 5ª ed. Rio de Janeiro: Bertrand Brasil, 2005].

GRIMM, Dieter (1991). *Die Zukunft der Verfassung*. Frankfurt am Main: Suhrkamp.

GUASTINI, Riccardo (1995). *Il giudice e la legge*. Turim: Giappichelli.

_____ (1998). "'La costituzionalizzazione' dell'ordinamento italiano". *In*: *Ragion Pratica*, n.º 1. Milão: Anabasi, pp. 185-206 [trad. bras.: "A 'constitucionalização' do ordenamento jurídico e a experiência italiana". *In*: Cláudio Pereira de Souza e Daniel Sarmento (coords.). *A constitucionalização do direito: fundamentos teóricos e aplicações específicas*. Rio de Janeiro: Lumen Juris, 2007, pp. 271-93].

_____ (2005). *Das fontes às normas*. Trad. Heleno Taveira Tôrres. São Paulo: Quartier Latin.

GUERRA FILHO, Willis Santiago (2001). "Princípio da proporcionalidade e teoria do direito". *In*: Eros Roberto Grau e Willis Santiago Guerra Filho (orgs.). *Direito constitucional: estudos em homenagem a Paulo Bonavides*. São Paulo: Malheiros, pp. 268-83.

_____ (2005). "Princípio da proporcionalidade e devido processo legal". *In*: Virgílio Afonso da Silva (org.). *Interpretação constitucional*. São Paulo: Malheiros, pp. 255-69.

BIBLIOGRAFIA · 241

GUERRA FILHO, Willis Santiago (2008). "Sobre o princípio da proporcionalidade". *In*: George Salomão Leite (coord.). *Dos princípios constitucionais: considerações em torno das normas principiológicas da Constituição*. 2ª ed. São Paulo: Método, pp. 225-42.

GÜNTHER, Klaus (1988). *Der Sinn für Angemessenheit: Anwendungsdiskurse in Moral und Recht*. Frankfurt am Main: Suhrkamp [trad. bras.: *Teoria da argumentação no direito e na moral: justificação e aplicação*. São Paulo: Landy, 2004].

GUSFIELD, Joseph R. (1986). *Symbolic Crusade: Status Politics and the American Temperance Movement*. 2ª ed. Urbana/Chicago: University of Illinois Press.

HABA, Enrique P. (1996). "Standortbestimmung zeitgenössischer Rechtstheorie – Rawls, Dworkin, Habermas und andere Mitglieder der 'Heiligen (Rede-)Familie'". *In*: Werner Krawietz e Gerhard Preyer (orgs.). *System der Rechte, demokratischer Rechtsstaat und Diskurstheorie des Rechts nach Jürgen Habermas: Habermas-Sonderheft* (*Rechtstheorie* 27/3). Berlim: Duncker & Humblot, pp. 277-327.

_____ (2001). "Rehabilitación del no-saber en la actual teoría del derecho. El *Bluff* Dworkin". *In*: *Doxa – Cuadernos de Filosofía del Derecho*, vol. 24. Alicante: Universidad de Alicante, pp. 165-201.

HÄBERLE, Peter (1962). *Die Wesensgehaltsgarantie des Artikel 19 Abs. 2: zugleich ein Beitrag zum institutionellen Verständnis der Grundrechte und zur Lehre vom Gesetzesvorbehalt*. Karlsruhe: Müller.

_____ (1980). "Die offene Gesellschaft der Verfassungsinterpreten: Ein Beitrag zur pluralistischen und 'prozessualen' Verfassungsinterpretation". *In*: Peter Häberle. *Die Verfassung des Pluralismus: Studien zur Verfassungstheorie der offenen Gesellschaft*. Königstein/Ts.: Athenäum, pp. 79-105 [originalmente em: *Juristische Zeitung*, 1975, pp. 297-305].

HABERMAS, Jürgen (1978). *Theorie und Praxis: Sozialphilosophische Studien*. Frankfurt am Main: Suhrkamp.

242 · ENTRE HIDRA E HÉRCULES

HABERMAS, Jürgen (1982a). *Theorie des kommunikativen Handelns.* 2ª ed. Frankfurt am Main: Suhrkamp, 2 vols.

_____ (1982b). *Zur Rekonstruktion des Historischen Materialismus.* 3ª ed. Frankfurt am Main: Suhrkamp.

_____ (1983). *Moralbewußtsein und kommunikatives Handeln.* Frankfurt am Main: Suhrkamp [trad. bras.: *Consciência moral e agir comunicativo.* Rio de Janeiro: Tempo Brasileiro, 1989].

_____ (1986). *Vorstudien und Ergänzungen zur Theorie des Kommunikativen Handelns.* 2ª ed. Frankfurt am Main: Suhrkamp.

_____ (1987). "Wie ist Legitimität durch Legalität möglich?" *In: Kritische Justiz* 20. Baden-Baden: Nomos, pp. 1-16.

_____ (1991). *Erläuterung zur Diskursethik.* Frankfurt am Main: Suhrkamp.

_____ (1992). *Faktizität und Geltung: Beiträge zur Diskurstheorie des Rechts und des demokratischen Rechtsstaats.* Frankfurt am Main: Suhrkamp [trad. bras.: *Direito e democracia: entre facticidade e validade.* 2ª ed. Rio de Janeiro: Tempo Brasileiro, 2003, 2 vols.].

_____ (1996). *Die Einbeziehung des Anderen: Studien zur politischen Theorie.* Frankfurt am Main: Suhrkamp [trad. bras.: *A inclusão do outro: estudos de teoria política.* 2ª ed. São Paulo: Loyola, 2004].

_____ (1999). *Wahrheit und Rechtfertigung: Philosophische Aufsätze.* Frankfurt am Main: Suhrkamp [trad. bras.: *Verdade e justificação: ensaios filosóficos.* São Paulo: Loyola, 2004].

_____ (2001). *Die Zukunft der menschlichen Natur. Auf dem Weg zu einer liberalen Eugenik.* Frankfurt am Main: Suhrkamp.

HAGE, Jaap C. (1997). *Reasoning with Rules: An Essay on Legal Reasoning and Its Underlying Logic.* Dordrecht/Boston/Londres: Kluwer.

_____; PECZENIK, Alexander (2000). "Law, Morals and Defeasibility". *In: Ratio Juris*, vol. 13, nº 3. Oxford: Blackwell, setembro de 2000, pp. 305-25.

BIBLIOGRAFIA · **243**

HAMILTON, Marci A.; SCHOENBROD, David (1999-2000). "The Reaffirmation of Proporcionality Analysis under Section 5 of the Fourteenth Amendment". In: *Cardozo Law Review*, vol. 21. Nova York: Benjamin N. Cardozo School of Law, pp. 469-92.

HART, H. L. A. (1948-1949). "The Ascription of Responsibility and Rights". In: *Proceedings of the Aristotelian Society*, vol. 49. Londres: The Aristotelian Society, pp. 171-94.

_____ (1976). "Law in the Perspective of Philosophy: 1776-1976". In: *New York University Law Review* 51. Nova York: New York University, pp. 538-51.

_____ (1977): "Freiheit und ihre Priorität bei Rawls". In: Otfried Höffe (org.). *Über John Rawls' Theorie der Gerechtigkeit*. Frankfurt am Main: Suhrkamp, pp. 131-61.

_____ (1994). *The Concept of Law*. 2ª ed. Oxford: Clarendon Press [1ª ed. 1961] [trad. bras.: *O conceito de direito*. São Paulo: WMF Martins Fontes, 2009].

HARTWIG, Matthias (2005). "Much Ado About Human Rights: The Federal Constitutional Court Confronts the European Court of Human Rights". In: *German Law Journal*, vol. VI, nº 5, pp. 869-94. Disponível em: http://www.germanlawjournal.com/article.php?id=600. Último acesso em 12/01/2009.

HAVERKATE, Görg (1983). *Rechtsfragen des Leistungsstaates. Verhältnismäßigkeitsgebot und Freiheitsschutz im leistenden Staatshandeln*. Tübingen: Mohr.

HAURIOU, Maurice (1927). *Principios de derecho público y constitucional*. Trad. esp. Carlos Ruiz del Castillo. 2ª ed. Madri: Reus, s.d. [1927].

_____ (1929). *Précis de droit constitutionnel*. Paris: Recueil Sirey.

HEDIGAN, John (2007). "The Princess, the Press and Privacy: Observations on Caroline von Hannover *v.* Germany". In: *Liber Amicorum Luzius Wildhaber: Humans Rights – Strasbourg Views / Droit de*

244 · ENTRE HIDRA E HÉRCULES

l'homme – *Regards de Strasbourg*. Kehl/Estrasburgo/Arlington-VA: Engel, pp. 193-205.

HEGEL, G. W. F. (1986). *Grundlinien der Philosophie des Rechts oder Naturrecht und Staatswissenschaft im Grundrisse: mit Hegels eigenhändigen Notizen und den mündlichen Zusätzen (Werke 7)*. Frankfurt am Main: Suhrkamp [1ª ed. Berlim, 1821].

HESSE, Konrad (1969). *Grundzüge des Verfassungsrechts der Bundesrepublik Deutschland*. 3ª ed. Karlsruhe: Müller [1ª ed. 1967].

HIRSCHBERG, Lothar (1981). *Der Grundsatz der Verhältnismäßigkeit*. Göttingen: Schwartz.

HOBBES, Thomas (1992). *Leviathan*. Org. Richard Tuck. Cambridge: Cambridge University Press [1ª ed. Londres, 1651].

HÖFFE, Otfried (1977). "Kritische Einführung in Rawls' Theorie der Gerechtigkeit". In: Otfried Höffe (org.). *Über John Rawls' Theorie der Gerechtigkeit*. Frankfurt am Main: Suhrkamp, pp. 11-40.

HOFFMEISTER, Frank (2006). "Germany: Status of European Convention on Human Rights in Domestic Law". In: *International Journal of Constitutional Law*, vol. 4, nº 4. Oxford: Oxford University Press/Nova York: New York University School of Law, pp. 722-31.

HOFFMANN-RIEM, Wolfgang (2004). "Grundrechtsanwendung unter Rationalitätsanspruch: Eine Erwiderung auf Kahls Kritik an neueren Ansätzen in Grundrechtsdogmatik". In: *Der Staat*, vol. 43. Berlim: Duncker & Humblot, pp. 203-33.

HOFMANN, Rainer (2004). "The German Federal Constitutional Court and Public International Law: New Decisions, New Approaches?" In: *German Yearbook of International Law*, vol. 47. Berlim: Duncker & Humblot, 2005, pp. 9-38.

HOFSTADTER, Douglas R. (1979). *Gödel, Escher, Bach: an Eternal Golden Braid*. Hassocks: The Harvester Press [trad. bras.: *Gödel, Escher, Bach: um entrelaçamento de gênios brilhantes*. Brasília: UnB/São Paulo: Imprensa Oficial, 2001].

BIBLIOGRAFIA · 245

HOLLÄNDER, Pavel (2007). "Verhältnismäßigkeitsgrundsatz: Variabilität seiner Struktur". *In*: Jan-Reinard Sieckmann. *Die Prinzipientheorie der Grundrechte: Studien zur Grundrechtstheorie Robert Alexys*. Baden-Baden: Nomos, pp. 179-95.

ISENSEE, Josef (1992). "Verfassungsrecht als 'politisches Rechts'". *In*: Josef Isensee e Paul Kirchhof (orgs.). *Handbuch des Staatsrechts der Bundesrepublik Deutschland*. Heidelberg: Müller, vol. VII, pp. 103-63.

IVAINER, Théodore (1988). *L'interprétation des faits en droit: essai de mise en perspective cybernétique des "lumières du magistrat"*. Paris: Librairie Générale de Droit et de Jurisprudence.

JACKSON, Vicki C. (2004). "Being Proportional about Proportionality" (resenha do livro de David M. Beatty, *The Ultimate Rule of Law*). *In*: *Constitutional Commentary*, vol. 21. Minneapolis/Minn.: University of Minnesota Law School, pp. 803-59.

_____ (2005). "Constitutional Comparisons: Convergence, Resistance, Engagement". *In*: *Harvard Law Review*, vol. 119. Cambridge-MA: The Harvard Law Review Association, pp. 109-28.

JAKAB, András (2006). "Prinzipien". *In*: *Rechtstheorie* 37. Berlin: Duncker & Humblot, pp. 49-65.

JARASS, Hans (1998). "Die Konstitutionalisierung des Rechts, insbes. durch die Grundrechte". *In*: Rupert Scholz *et al*. *Realitätsprägung durch Verfassungsrecht: Kolloquium aus Anlass des 80. Geburtstages von Peter Lerche*. Berlim: Duncker & Humblot, pp. 75-87.

JEAND'HEUR, Bernd (1989). "Gemeinsame Probleme der Sprach- und Rechtswissenschaft aus der Sicht der Strukturierenden Rechtslehre". *In*: Friedrich Müller (org.). *Untersuchungen zur Rechtslinguistik: Interdisziplinäre Studien zu praktischer Semantik und strukturierender Rechtslehre in Grundfragen der juristischen Methodik*. Berlim: Duncker & Humblot, pp. 17-26.

JESTAEDT, Matthias (1999). *Grundrechtsentfaltung im Gesetz: Studien zur Interdependenz von Grundrechtsdogmatik und Rechtsgewinnungstheorie*. Tübingen: Mohr Siebeck.

246 · ENTRE HIDRA E HÉRCULES

JESTAEDT, Matthias (2002). "Verfassungsgerichtspositivismus: Die Ohnmacht des Verfassungsgesetzgebers im verfassungsgerichtlichen Jurisdiktionsstaat". In: *Hommage an Josef Isensee zum 65. Geburtstag von seinen Schülern (Schriften zum Öffentlichen Recht*, vol. 886). Berlim: Duncker & Humblot, pp. 183-228.

KAHL, Wolfgang (2004). "Vom weiten Schutzbereich zum engen Gewährleistungsgehalt. Kritik einer neuen Richtung der deutschen Grundrechtsdogmatik". In: *Der Staat*, vol. 43. Berlim: Duncker & Humblot, pp. 167-202.

KANT, Immanuel (1965). *Grundlegung zur Metaphysik der Sitten* [1785]. Reimpressão da 3ª ed. Hamburgo: Meiner [trad. port.: *Fundamentação da metafísica dos costumes*. Trad. Paulo Quintela. Coimbra: Atlântida, 1960].

_____ (1990). *Kritik der reinen Vernunft* [1781]. Org. Wilhelm Weischedel. 11ª ed. Frankfurt am Main: Suhrkamp, vol. 1 [trad. bras. *Crítica da razão pura*. São Paulo: Abril Cultural, 1980. Col. "Os Pensadores"].

KASPRZIK, Brigitta (1985). "Ist die Rechtspositivismusdebatte beendbar? Zur Rechtstheorie Niklas Luhmanns". In: *Rechtstheorie* 16. Berlim: Duncker & Humblot, pp. 367-81.

KELLOG, Frederic (2010). "The Abuse of Principle: Analytical Jurisprudence and the Doubtful Case". In: *Social Science Research Network*. Disponível em: http://papers.ssrn.com/sol3/papers.cfm?abstract_id=1549331. Último acesso em 20/07/2010.

KELSEN, Hans (1945). *General Theory of Law and State*. Trad. ingl. A. Wedberg. Cambridge-MA: Harvard University Press [trad. bras.: *Teoria geral do direito e do Estado*. 4ª ed. São Paulo: Martins Fontes, 2005].

_____ (1960). *Reine Rechtslehre*. 2ª ed. Viena: Franz Deuticke [reimpressão inalterada: 1983] [trad. bras.: *Teoria pura do direito*. 7ª ed. São Paulo: Martins Fontes, 2006].

KÖBLER, Gerhard (2003). *Juristisches Wörterbuch: Für Studium und Ausbildung.* 12ª ed. Munique: Franz Vahlen.

KOCH, Hans-Joachim (1977). "Einleitung: Über juristisch-dogmatisches Argumentieren im Staatsrecht". *In*: Hans-Joachim Koch (org.). *Seminar "Die juristische Methode im Staatsrecht": Über Grenzen von Verfassungs- und Gesetzesbindung.* Frankfurt am Main: Suhrkamp, pp. 13-157.

KOHLBERG, Lawrence (1976). "Moral Stages and Moralization: The Cognitive-Developmental Approach". *In*: Thomas Lickona (org.). *Moral Development and Behavior: Theory, Research, and Social Issues.* Nova York: Holt, Rinehart and Winston, pp. 31-53.

_____ (1981). "Appendix. The Six Stages of Moral Judgment". *In*: Lawrence Kohlberg. *The Philosophy of Moral Development: Moral Stages and the Idea of Justice* (*Essays on Moral Development*, vol. I). Nova York: Harper & Row, pp. 409-12.

KOSKENNIEMI, Martti (2002). *The Gentle Civilizer of Nations: The Rise and Fall of International Law 1870-1960.* Cambridge: Cambridge University Press.

KUHN, Thomas S. (1996). *The Structure of Scientific Revolutions.* 3ª ed. Chicago/Londres: The University of Chicago Press.

KURY, Mário da Gama (2003). *Dicionário de mitologia grega e romana.* 7ª ed. Rio de Janeiro: Zahar.

LACAN, Jacques (1966). *Écrits.* Paris: Éditions du Seuil.

LADEUR, Karl-Heinz (1986). "'Prozedurale Rationalität' – Steigerung der Legitimationsfähigkeit oder der Leistungsfähigkeit des Rechtssystems?" *In*: *Zeitschrift für Rechtssoziologie 7*. Opladen: Westdeutscher Verlag, pp. 265-74.

_____ (2004). *Kritik der Abwägung in der Grundrechtsdogmatik.* Tübingen: Mohr.

_____ (2007a). "Schutz von Prominenz als Eigentum – Zur Kritik der *Caroline*-Rechtsprechung des Bundesverfassungsgerichts". *In*:

248 · ENTRE HIDRA E HÉRCULES

Karl-Heinz Ladeur. *Das Medienrecht und die Ökonomie der Aufmerksamkeit*. Colônia: Halem, pp. 113-46.

LADEUR, Karl-Heinz (2007b). *Der Staat gegen die Gesellschaft: Zur Verteidigung der Rationalität der "Privatrechtsgesellschaft"*. Tübingen: Mohr.

_____; AUGSBERG, Ino (2005). "Auslegungsparadoxien: Zur Theorie und Praxis juristischer Interpretation". *In: Rechtstheorie* 36. Berlim: Duncker & Humblot, pp. 143-84.

LALANDE, André (org.) (1992). *Vocabulaire technique et critique de la Philosophie*. Paris: Quadrige/Presses Universitaires de France, vol. 2 [edição original, em fascículos: *Bulletin de la Société Française de Philosophie*, 1902-1923] [trad. bras.: *Vocabulário técnico e crítico da filosofia*. São Paulo: Martins Fontes, 1999].

LAPORTA, Francisco J. (1999). "*Legal Principles: Some Conjectures for Discussion*". *In*: Georg Meggle (assistido por Andreas Wojcik) (org.). *Actions, Norms, Values*. Berlim/Nova York: Walter de Gruyter, pp. 279-84.

LARENZ, Karl (1938). "Volksgeist und Recht". *In: Zeitschrift für deutsche Kulturphilosophie*, vol. I/34, pp. 39-60.

_____ (1969). *Methodenlehre der Rechtswissenschaft*. 2ª ed. Berlim/Heidelberg/Nova York: Springer-Verlag [trad. port.: *Metodologia da ciência do direito*. Lisboa: Fundação Calouste Gulbenkian, 1978].

_____ (1983). *Methodenlehre der Rechtswissenschaft*. 4ª ed. Berlim/Heidelberg/Nova York: Springer-Verlag.

LEISNER, Walter (1997). *Der Abwägungsstaat – Verhältnismäßigkeit als Gerechtigkeit?* Berlim: Duncker & Humblot.

LERCHE, Peter (1961). *Übermass und Verfassungsrecht: Zur Bindung des Gesetzgebers na die Grundsätze der Verhältnismäßigkeit und der Erforderlichkeit*. Colônia/Berlim/Munique/Bonn: Carl Heymanns Verlag.

LÉVI-STRAUSS, Claude (1973). "Introduction a l'œuvre de Marcel Mauss". *In*: Marcel Mauss. *Sociologie et Anthropologie*. 5ª ed. Paris: Presses Universitaires de France, vol. I, pp. IX-LII [1ª ed. 1950] [trad. bras.:

"Introdução à obra de Marcel Mauss". *In*: Marcel Mauss. *Sociologia e antropologia*. São Paulo: EPU/Edusp, 1974, vol. I, pp. 1-36].

LOCKE, John (1980). *Second Treatise of Government*. Org. C. B. Macpherson. Indianápolis/Cambridge: Hackett Publishing Company [1ª ed. 1690].

LOEWENSTEIN, Karl (1942). *Brazil under Vargas*. Nova York: Macmillan.

_____ (1957). *Political Power and the Governmental Process*. Chicago: The University of Chicago Press.

LUHMANN, Niklas (1965). *Grundrechte als Institution: Ein Beitrag zur politischen Soziologie*. Berlim: Duncker & Humblot.

_____ (1973). *Zweckbegriff und Systemrationalität: Über die Funktion von Zwecken in sozialen Systemen*. Frankfurt am Main: Suhrkamp.

_____ (1974). *Rechtssystem und Rechtsdogmatik*. Stuttgart: Kohlhammer.

_____ (1981). *Ausdifferenzierung des Rechts: Beiträge zur Rechtssoziologie und Rechtstheorie*. Frankfurt am Main: Suhrkamp.

_____ (1983a). "Die Einheit des Rechtssystems". *In*: *Rechtstheorie* 14. Berlim: Duncker & Humblot, pp. 129-54.

_____ (1983b). *Legitimation durch Verfahren*. Frankfurt am Main: Suhrkamp [1ª ed. Neuwied/Berlim: Luchterhand, 1969] [trad. bras.: *Legitimação pelo procedimento*. Brasília: UnB, 1980; trad. ital.: *Procedimenti Giuridici e Legittimazione Sociale*. Milão: Giuffrè, 1995].

_____ (1984). "Reflexive Mechanismen". *In*: N. Luhmann. *Soziologische Aufklärung 1: Aufsätze zur Theorie sozialer Systeme*. 5ª ed. Opladen: Westdeutscher Verlag, pp. 92-112 [originalmente em: *Soziale Welt* 17 (1966), pp. 1-23].

_____ (1986a). *Ökologische Kommunikation: Kann die moderne Gesellschaft sich auf ökologische Gefährdungen einstellen?* Opladen: Westdeutscher Verlag.

_____ (1986b). "Die Codierung des Rechtssystems". *In*: *Rechtstheorie* 17. Berlim: Duncker & Humblot, pp. 171-203.

LUHMANN, Niklas (1986c). *Die soziologische Beobachtung des Rechts.* Frankfurt am Main: Metzner.

_____ (1987a). *Soziale Systeme: Grundriß einer allgemeinen Theorie.* Frankfurt am Main: Suhrkamp.

_____ (1987b). *Rechtssoziologie.* 3ª ed. Opladen: Westdeutscher Verlag [1ª ed. Reinbek bei Hamburg: Rowohlt, 1972, 2 vols.].

_____ (1988). "Positivität als Selbstbestimmtheit des Rechts". In: *Rechtstheorie* 19. Berlim: Duncker & Humblot, pp. 11-27.

_____ (1990a). "Verfassung als evolutionäre Errungenschaft". In: *Rechtshistorisches Journal* 9. Frankfurt am Main: Löwenklau, pp. 176-220.

_____ (1990b). "Interesse und Interessenjurisprudenz im Spannungsfeld von Gesetzgebung und Rechtsprechung". In: *Zeitschrift für Neuere Rechtsgeschichte* 12. Viena: Manz, pp. 1-13.

_____ (1993). *Das Recht der Gesellschaft.* Frankfurt am Main: Suhrkamp.

_____ (1997). *Die Gesellschaft der Gesellschaft.* Frankfurt am Main: Suhrkamp, 2 tomos [trad. esp.: *La sociedad de la sociedad.* México: Herder/Universidad Iberoamericana, 2007a].

_____ (2000a). *Organisation und Entscheidung.* Frankfurt am Main: Suhrkamp.

_____ (2000b). *Die Politik der Gesellschaft.* Frankfurt am Main: Suhrkamp.

_____ (2002). *Einführung in die Systemtheorie.* Org. Dirk Baecker. Heidelberg: Carl-Auer-Systeme [trad. esp.: *Introducción a la teoría de sistemas.* 1ª ed. México: Universidad Iberoamericana/Tlaquepaque: Iteso, 2007b].

_____ (2013). *Kontingenz und Recht: Rechtstheorie im interdisziplinären Zusammenhang.* Org. Johannes F. K. Schmidt. Frankfurt am Main: Suhrkamp.

BIBLIOGRAFIA · **251**

LYOTARD, Jean-François (1979). *La condition postmoderne*. Paris: Minuit.

_____ (1983). *Le différend*. Paris: Minuit.

MACCORMICK, Neil (1974). "'Principles' of Law". In: *The Juridical Review: The Law Journal of Scottish Universities*, vol. 19, parte 1. Edimburgo: W. Green and Son, abril de 1974, pp. 217-26.

_____ (1995). *Legal Reasoning and Legal Theory*. Oxford: Clarendon Press [1ª ed. 1978] [trad. bras.: *Argumentação jurídica e teoria do direito*. São Paulo: Martins Fontes, 2006].

_____ (2005). *Rhetoric and the Rule of Law: A Theory of Legal Reasoning*. Oxford: Oxford University Press [trad. bras.: *Retórica e o Estado de Direito: uma teoria da argumentação jurídica*. Rio de Janeiro: Elsevier].

MAIA, Antônio Cavalcanti (2007). "As transformações dos sistemas jurídicos contemporâneos: apontamentos acerca do neoconstitucionalismo". In: *Revista do Direito do Estado*, ano 2, nº 5. Rio de Janeiro: Renovar, pp. 243-65.

_____ (2009). "Nos vinte anos da carta cidadã: do pós-positivismo ao neoconstitucionalismo". In: Cláudio Pereira de Souza Neto, Daniel Sarmento e Gustavo Binenbojm (coords.). *Vinte anos da Constituição Federal de 1988*. Rio de Janeiro: Lumen Juris, pp. 117-68.

MAINWARING, Scott; O'DONNELL, Guillermo; VALENZUELA, J. Samuel (orgs.) (1992). *Issues in Democratic Consolidation: The New South American Democracies in Comparative Perspective*. Notre Dame: University of Notre Dame Press.

MARTINS, Leonardo (2003). "Proporcionalidade como critério do controle de constitucionalidade: problemas de sua recepção pelo direito e jurisdição constitucional brasileiros. In: *Cadernos de Direito*, vol. 3, nº 5. Piracicaba: Unimep, pp. 15-45.

MATHIEU, Betrand; VERPEAUX, Michel (orgs.) (1998). *La constitutionalisation des branches du droit*. Paris: Economica/Aix-en-Provence: Presses Universitaires D'Aix-Marseille.

MAUNZ, Theodor (1959). *Deutsches Staatsrecht*. 9ª ed. Munique/Berlim: Beck.

MEDEIROS, Rui (1999). *A decisão de inconstitucionalidade: os autores, o conteúdo e os efeitos da decisão de inconstitucionalidade da lei*. Lisboa: Universidade Católica Editora.

MENDES, Gilmar Ferreira (1999). "A proporcionalidade na jurisprudência do Supremo Tribunal". *In*: Gilmar Ferreira Mendes. *Direitos fundamentais e controle de constitucionalidade: estudos de direito constitucional*. 2ª ed. São Paulo: Saraiva, pp. 71-87.

_____ (2000). "O princípio da proporcionalidade na jurisprudência do Supremo Tribunal Federal". *In*: *Repertório IOB de jurisprudência: tributário, constitucional e administrativo* 14, pp. 361-72.

_____ (2011). "O princípio da proporcionalidade". *In*: Gilmar Ferreira Mendes; Paulo Gustavo Gonet Branco. *Curso de direito constitucional*. 6ª ed. São Paulo: Saraiva, pp. 246-64.

MICHELMAN, Frank I. (1986). "The Supreme Court, 1985 Term – Foreword: Traces of Self-Government". *In*: *Harvard Law Review*, vol. 100. Cambridge-MA: Harvard Law Review Association, pp. 4-77.

MÖLLERS, Christoph (2003). "Verfassunggebende Gewalt – Verfassung – Konstitutionalisierung: Begriff der Verfassung in Europa". *In*: Armin von Bogdandy (org.). *Europäisches Verfassungsrecht: Theoretische und dogmatische Grundzüge*. Berlim: Springer, pp. 1-57.

MOREIRA, Eduardo Ribeiro (2008). *Neoconstitucionalismo: a invasão da Constituição*. São Paulo: Método.

MÜLLER, Friedrich (1975). *Recht – Sprache – Gewalt: Elemente einer Verfassungstheorie I*. Berlim: Duncker & Humblot.

_____ (1990a). *Die Positivität der Grundrechte: Fragen einer praktischen Grundrechtsdogmatik*. 2ª ed. Berlim: Duncker & Humblot.

_____ (1990b). *Essais zur Theorie von Recht und Verfassung*. Org. Ralph Christensen. Berlim: Duncker & Humblot.

_____ (1994). *Strukturierende Rechtslehre*. 2ª ed. Berlim: Duncker & Humblot.

BIBLIOGRAFIA · **253**

MÜLLER, Friedrich (1995). *Juristische Methodik.* 6ª ed. Berlim: Duncker & Humblot.

MÜLLER, Jörg Paul (1993). *Demokratische Gerechtigkeit: Eine Studie zur Legitimität rechtlicher und politischer Ordnung.* Munique: Deutscher Taschenbuch Verlag.

_____ (1999). *Der politische Mensch – menschliche Politik: Demokratie und Menschenrechte im staatlichen und globalen Kontext.* Basileia/Genebra/Munique: Helbing & Lichtenhahn/C. H. Beck.

NEVES, Marcelo (1992). *Verfassung und Positivität des Rechts in der peripheren Moderne: Eine theoretische Betrachtung und eine Interpretation des Falls Brasilien.* Berlim: Duncker & Humblot.

_____ (2001). "Justiça e diferença numa sociedade global complexa". *In*: Jessé Souza (org.). *Democracia hoje: novos desafios para a teoria democrática contemporânea.* Brasília: Editora UnB, pp. 329-63.

_____ (2005). "A força simbólica dos direitos humanos". *In*: *Revista Eletrônica de Direito do Estado*, nº 4. Salvador: Instituto de Direito Público da Bahia, outubro/dezembro de 2005, 35 pp. Disponível em: http//www.direitodoestado.com.br. Último acesso em 20/07/2010.

_____ (2006). *Entre Têmis e Leviatã: uma relação difícil – O Estado Democrático de Direito a partir e além de Luhmann e Habermas.* São Paulo: Martins Fontes [original: *Zwischen Themis und Leviathan: Eine Schwierige Beziehung – Eine Rekonstruktion des demokratischen Rechtsstaates in Auseinandersetzung mit Luhmann und Habermas.* Baden-Baden: Nomos, 2000].

_____ (2007). *A constitucionalização simbólica.* São Paulo: Martins Fontes [1ª ed. São Paulo: Acadêmica, 1994].

_____ (2009). *Transconstitucionalismo.* São Paulo: WMF Martins Fontes.

NOZICK, Robert (1990). *Anarchy, State, and Utopia* [1974]. Oxford: Blackwell [trad. bras.: *Anarquia, Estado e utopia.* Rio de Janeiro: Zahar, 1991].

254 · ENTRE HIDRA E HÉRCULES

O'Donnell, Guillermo (1996). "Illusions About Consolidation". *In*: *Journal of Democracy*, vol. 7, n.º 2, pp. 34-51.

_____; Schmitter, Philippe C.; Whitehead, Laurence (orgs.) (1986). *Transitions from Authoritarian Rule: Latin America*. Baltimore: The Woodrow Wilson International Center for Scholars.

Pareto, Vilfredo (1965). *Manuale di Economia Politica*. Roma: Edizioni Bizzari [1ª ed. 1906].

Parsons, Talcott (1968). "Interaction: Social Interaction". *In*: *International Encyclopedia of the Social Sciences*, vol. 7. Nova York: The Macmillan Company & The Free Press/Londres: Collier Macmillan Publishers [reimpr. 1972], pp. 429-41.

Parsons, Talcott *et al.* (1951). "Some Fundamental Categories of the Theory of Action: A General Statement". *In*: Talcott Parsons e Edward A. Shils (orgs.). *Toward a General Theory of Action*. Cambridge-MA: Harvard University Press [6ª impr. 1967], pp. 3-29.

Pascua, José Antonio Ramos (1996). "Die Grundlage rechtlicher Geltung von Prinzipien – eine Gegenüberstellung von Dworkin und Esser". *In*: Giuseppe Orsi (org.). *Prinzipien des Rechts*. Frankfurt am Main: Lang, pp. 7-33.

Peczenik, Aleksander (1971). "Principles of Law. The Search for Legal Theory". *In*: *Rechtstheorie 2*. Berlim: Duncker & Humblot, pp. 17--35.

_____ (1989). *On Law and Reason*. Dordrecht/Boston/Londres: Kluver.

Perelman, Chaïm (1979). *Logique juridique: nouvelle rhétorique*. 2ª ed. Paris: Dalloz.

_____; Olbrechts-Tyteca, Lucie (1988). *Traité de l'Argumentation*. Bruxelas: Editions de l'Université de Bruxelles.

Piaget, Jean (1995). *Le jugement moral chez l'enfant*. 8ª ed. Paris: Presses Universitaires de France [1ª ed. 1932].

Pimenta Bueno, José Antonio (1857). *Direito publico brasileiro e analyse da Constituição do Império*. Rio de Janeiro: Villeneuve.

BIBLIOGRAFIA · **255**

PINTO FERREIRA, [Luiz] (1971). *Princípios gerais do direito constitucional moderno.* 5ª ed. São Paulo: Revista dos Tribunais, vol. 1.

POINCARÉ, Henri (2007). *O valor da ciência.* Trad. Maria Helena Franco Martins. 3ª impressão. Rio de Janeiro: Contraponto [original: *La valeur de la science*, 1905].

PONTES DE MIRANDA, [Francisco Cavalcanti] (1974). *Tratado de direito privado.* 4ª ed. São Paulo: Revista dos Tribunais, tomos I e V.

PORCHER, Ralf (2003). *Grundrechte als Abwehrrechte.* Tübingen: Mohr Siebeck.

POZZOLO, Susanna (1998). "Neoconstitucionalismo y la especificidad de la interpretación constitucional". *In: Doxa – Cuardernos de Filosofía del Derecho*, vol. 21. Alicante: Universidad de Alicante, pp. 339-53.

POZZOLO, Susanna (2001). *Neocostituzionalismo e positivismo giuridico.* Turim: Giappichelli.

PRAKKEN, Henry; SARTOR, Giovanni (2004). "The Three Faces of Defeasibility in Law". *In: Ratio Juris*, vol. 17, nº 1. Oxford: Blackwell, março de 2004, pp. 118-39.

QUARESMA, Regina; OLIVEIRA, Maria Lúcia de Paula; RICCIO DE OLIVEIRA, Farlei Martins (coords.) (2009). *Neoconstitucionalismo.* Rio de Janeiro: Forense.

RAWLS, John (1990). *A Theory of Justice* [1972]. Oxford: Oxford University Press [trad. bras.: *Uma teoria da justiça.* 2ª ed. São Paulo: Martins Fontes, 2002].

_____ (1993). *Political Liberalism.* Nova York: Columbia University Press.

RAZ, Joseph (1972). "Legal Principles and the Limits of Law". *In: Yale Law Journal*, vol. 81. New Haven: The Yale Law Journal Company, pp. 823-54.

_____ (1999). *Practical Reason and Norms.* Oxford: Oxford University Press.

256 · ENTRE HIDRA E HÉRCULES

REALE, Miguel (1979). *Teoria tridimensional do direito*. 2ª ed. São Paulo: Saraiva.

_____ (1983). "Momentos decisivos do constitucionalismo brasileiro". *In*: *Revista de Informação Legislativa*, ano 20, nº 77. Brasília: Senado Federal, pp. 57-68.

REHBINDER, Manfred (2000). *Rechtssoziologie*. 4ª ed. Munique: Beck.

RORTY, Richard (1991). "The Priority of Democracy to Philosophy". *In*: Richard Rorty. *Objectivity, Relativism, and Truth: Philosophical Papers I*. Cambridge: Cambridge University Press, pp. 175-96.

ROSENFELD, Michel (1998). "The Identity of the Constitutional Subject". *In*: Peter Goodrich & David Gray Carlson (eds.). *Law and the Postmodern Mind: Essays on Psychoanalysis and Jurisprudence*. Ann Arbor: The University of Michigan Press, pp. 143-74 [trad. bras.: *A identidade do sujeito constitucional*. Belo Horizonte: Mandamentos, 2003].

RUDOLF, Beate (2006). "Council of Europe: Von Hannover *v.* Germany". *In*: *International Journal of Constitutional Law*, vol. 4, nº 3. Oxford: Oxford University Press/Nova York: New York University School of Law, pp. 533-9.

RUSSELL, Bertrand (1994). "Mathematical Logic as based on the Theory of Types" [1908]. *In*: *Logic and Knowledge – Essays 1901-1950*. Londres/Nova York: Routledge, pp. 59-102 [1ª ed. 1956].

SAMPAIO DÓRIA, A. de (1926). *Princípios constitucionais*. São Paulo: São Paulo Editora.

SANCHÍS PIETRO, Luís (2000). *Justicia constitucional y derechos fundamentales*. Madri: Trotta.

SARLET, Ingo Wolfgang (2000). "Direitos fundamentais e direito privado: algumas considerações em torno da vinculação dos particulares aos direitos fundamentais". *In*: Ingo Wolfgang Sarlet (org.). *A constituição concretizada: construindo pontes com o público e o privado*. Porto Alegre: Livraria do Advogado, pp. 107-63.

SARLET, Ingo Wolfgang (2004). *Dignidade da pessoa humana e direitos fundamentais*. Porto Alegre: Livraria do Advogado.

SARMENTO, Daniel (2000). *A ponderação de interesses na Constituição Federal*. Rio de Janeiro: Lumen Juris.

_____ (2001). "Os princípios constitucionais e a ponderação de bens". *In*: Ricardo Lobo Torres (org.). *Teoria dos direitos fundamentais*. 2ª ed. Rio de Janeiro: Renovar, pp. 35-98.

_____ (2004). *Direitos fundamentais e relações privadas*. Rio de Janeiro: Lumen Juris.

_____ (2009). "O neoconstitucionalismo no Brasil: riscos e possibilidades". *In*: Daniel Sarmento (coord.). *Filosofia e teoria constitucional contemporânea*. Rio de Janeiro: Lumen Juris, pp. 113-46.

SARTOR, Giovanni (1994). "A Formal Model of Legal Argumentation". *In*: *Ratio Juris*, vol. 7, nº 2. Oxford: Blackwell, julho de 1994, pp. 177-211.

_____ (2008). "Syllogism and Defeasibility: a Comment on Neil MacCormick's Rhetoric and the Rule of Law". *In*: *Northern Ireland Legal Quarterly*, vol. 59. Belfast: Queen's University of Belfast, School of Law, pp. 21-32.

SAUSSURE, Ferdinand de (1922). *Cours de linguistique générale*. Paris: Payot [trad. bras.: *Curso de linguística geral*. 12ª ed. São Paulo: Cultrix, s.d.].

SCHAUER, Frederick (1991). *Playing by Rules: A Philosophical Examination of Rule-Based Decision-Making in Law and in Life*. Oxford: Clarendon Press.

_____ (1998a). "On the Supposed Defeasibility of Legal Rules". *In*: *Current Legal Problems*, vol. 51. Oxford: Oxford University Press, pp. 223-40.

_____ (1998b). "Formalism". *In*: *Yale Law Journal*, vol. 97, nº 4. New Haven: The Yale Law Journal Company, pp. 509-48.

SCHIER, Paulo Ricardo (2007). "Novos desafios da filtragem constitucional no momento do neoconstitucionalismo". *In*: Cláudio Pereira

258 · ENTRE HIDRA E HÉRCULES

de Souza e Daniel Sarmento (coords.). *A constitucionalização do direito: fundamentos teóricos e aplicações específicas*. Rio de Janeiro: Lumen Juris, pp. 251-69.

SCHLINK, Bernhard (1976). *Abwägung im Verfassungsrecht*. Berlim: Duncker & Humblot.

_____ (2001). "Der Grundsatz der Verhältnismäßigkeit". *In*: Peter Badura e Horst Dreier (orgs.). *Festschrift 50 Jahre Bundesverfassungsgericht*, vol. 2: *Klärung und Fortbildung des Verfassungsrechts*. Tübingen: Mohr Siebeck, pp. 445-65.

SCHLUCHTER, Wolfgang (1979). *Die Entwicklung des Okzidentalen Rationalismus*. Tübingen: Mohr.

SCHUARTZ, Luis Fernando (2005). "Nos limites do possível: 'balanceamento' entre princípios jurídicos e o controle de sua adequação na teoria de Robert Alexy". *In*: Luis Fernando Schuartz. *Norma, contingência e racionalidade: estudos preparatórios para uma teoria da decisão jurídica*. Rio de Janeiro: Renovar, pp. 179-228.

_____ (2009). "A desconstitucionalização do direito de defesa da concorrência". *In*: Cláudio Pereira de Souza Neto, Daniel Sarmento e Gustavo Binenbojm (coords.). *Vinte anos da Constituição Federal de 1988*. Rio de Janeiro: Lumen Juris, pp. 761-80.

SCHUPPERT, Gunnar Folke (1998). "The Constitutionalisation of the Legal Order". *In*: Eibe Riedel (org.). *German Reports on Public Law: Presented to the XV International Congress on Comparative Law, Bristol, 26 July to 1 August 1998*. Baden-Baden: Nomos, pp. 18-39.

_____; BUMKE, Christian (2000). *Die Konstitutionalisierung der Rechtsordnung: Überlegungen zum Verhältnis von verfassungsrechtlicher Ausstrahlungswirkung und Eigenständigkeit des "einfachen" Rechts*. Baden-Baden: Nomos.

SCHWARZ, Roberto (2008). "As ideias fora do lugar". *In*: Roberto Schwarz. *Ao vencedor as batatas: forma literária e processo social nos inícios do romance brasileiro*. 5ª ed. 4ª reimpr. São Paulo: Duas Cidades/Editora 34, pp. 9-31 [1ª ed. 1977].

SCHWARZ, Roberto (2012). "Por que 'ideias fora do lugar'?" *In*: Roberto Schwarz. *Martinha* versus *Lucrécia: ensaios e entrevistas*. São Paulo: Companhia das Letras, pp. 165-72.

SEGATO, Rita Laura (2006). "Antropologia e direitos humanos: alteridade e ética no movimento de expansão dos direitos universais". *In*: *Mana: Estudos de Antropologia Social* 12(1). Rio de Janeiro: Programa de Pós-Graduação em Antropologia Social – PPGAS–Museu Nacional, da Universidade Federal do Rio de Janeiro – UFRJ, pp. 207-36.

_____ (2011). "Que cada pueblo teja los hilos de su historia: el pluralismo jurídico en diálogo didáctico con legisladores". *In*: Victoria Chenaut, Magdalena Gómez, Héctor Ortiz e María Teresa Sierra (coords.). *Justicia y Diversidad en América Latina. Pueblos indígenas ante la globalización*. México-DF: CIESAS, pp. 357-83.

SEVCENKO, Nicolau (1984). *A revolta da vacina: mentes insanas em corpos rebeldes*. São Paulo: Brasiliense.

SIECKMANN, Jan-Reinhard (1990). *Regelmodelle und Prinzipienmodelle des Rechtssystems*. Baden-Baden: Nomos.

_____ (1994a). "Zur Abwägungsfähigkeit von Prinzipien". *In*: *Archiv für Rechts- und Sozialphilosophie*, suplemento [*Beiheft*] nº 53. Stuttgart: Franz Steiner, pp. 203-13.

_____ (1994b). "Logische Eigenschaften von Prinzipien". *In*: *Rechtstheorie* 23. Berlim: Duncker & Humblot, pp. 163-89.

_____ (1997). "Zur Analyse von Normkonflikten und Normabwägungen". *In*: *Analyomen 2: Proceedings of the 2nd Conference "Perspectives in Analytical Philosophy"*, vol. 3. Berlim/Nova York: Walter de Gruyter, pp. 349-56.

_____ (2000). "Begriff und Struktur von Regeln, Prinzipien und Elementen im Recht". *In*: Bernd Schilcher, Peter Koller e Bernd-Christian Funk (orgs.). *Regeln, Prinzipien und Elemente im System des Rechts*. Viena: Verlag Österreich, pp. 69-82.

260 · ENTRE HIDRA E HÉRCULES

SIECKMANN, Jan-Reinhard (2006). *El modelo de los principios del derecho.* Bogotá: Universidad Externado de Colombia.

_____ (org.) (2007). *Die Prinzipientheorie der Grundrechte: Studien zur Grundrechtstheorie Robert Alexys.* Baden-Baden: Nomos.

_____ (2009). *Recht als normatives System: Die Prinzipientheorie des Rechts.* Baden-Baden: Nomos.

SILVA, José Afonso (2008). *Aplicabilidade das normas constitucionais.* 7ª ed. 2ª tiragem. São Paulo: Malheiros.

SILVA, Virgílio Afonso da (2002a). *Grundrechte und gesetzgeberische Spielräume.* Baden-Baden: Nomos.

_____ (2002b). "O proporcional e o razoável". *In: Revista dos Tribunais,* vol. 798. São Paulo: Revista dos Tribunais, pp. 23-50.

_____ (2003). "Princípios e regras: mitos e equívocos acerca de uma distinção". *In: Revista Latino-Americana de Estudos Constitucionais,* nº 1. Belo Horizonte: Del Rey, pp. 607-30.

_____ (2005). "Interpretação constitucional e sincretismo metodológico". *In: Virgílio Afonso da Silva (org.). Interpretação constitucional.* São Paulo: Malheiros, pp. 115-43.

_____ (2006). "O conteúdo essencial dos direitos fundamentais e a eficácia das normas constitucionais". *In: Revista de Direito do Estado,* nº 4. Rio de Janeiro: Renovar, pp. 23-51.

_____ (2007). "Prinzipientheorie, Abwägungskompetenz und Gewaltenteilung". *In: Jan-R. Sieckmann (org.). Die Prinzipientheorie der Grundrechte: Studien zur Grundrechtstheorie Robert Alexys.* Baden-Baden: Nomos, pp. 215-30.

_____ (2008). *A Constitucionalização do direito: os direitos fundamentais nas relações entre particulares.* 1ª ed. 2ª tiragem. São Paulo: Malheiros.

_____ (2009). *Direitos fundamentais: conteúdo essencial, restrições e eficácia.* São Paulo: Malheiros.

BIBLIOGRAFIA · **261**

SILVA, Virgílio Afonso da (2010). "Colisões de direitos fundamentais entre ordem nacional e ordem transnacional". *In*: Marcelo Neves (org.). *Transnacionalidade do direito: novas perspectivas dos conflitos entre ordens jurídicas*. São Paulo: Quartier Latin, pp. 101-12.

SIMON, Herbert (1955). "A Behavioral Model of Rational Choice". *In*: *The Quarterly Journal of Economics*, vol. 69, n.º 1. Cambridge-MA: MIT Press, pp. 99-118.

_____ (1956a). "Rational Choice and the Structure of the Environment". *In*: *Psychological Review*, vol. 63, n.º 2. Washington-DC: American Psychological Association, pp. 129-38.

_____ (1956b). "A Comparison of Game Theory and Learning Theory". *In*: *Psychometrika: a Journal of Quantitative Psychology*, vol. 21, n.º 3. Nova York: Springer Science + Business Media, pp. 267-72.

SOUZA NETO, Cláudio Pereira de; SARMENTO, Daniel (coords.) (2007). *A constitucionalização do direito: fundamentos teóricos e aplicações específicas*. Rio de Janeiro: Lumen Juris.

SPENCER BROWN, G. (1971). *Laws of Form*. Londres: George Allen and Unwin [reimpressão da 1ª edição, de 1969].

STARCK, Christian (1992). "Die Verfassungsauslegung". *In*: Josef Isensee e Paul Kirchhof (orgs.). *Handbuch des Staatsrechts der Bundesrepublik Deutschland*, vol. VII. Heidelberg: Müller, pp. 189-229.

STEINMETZ, Wilson (2001). *Colisão de direitos fundamentais e princípio da proporcionalidade*. Porto Alegre: Livraria do Advogado.

_____ (2004). *A vinculação dos particulares a direitos fundamentais*. São Paulo: Malheiros.

_____ (2005). "Princípio da proporcionalidade e atos de autonomia privada restritivos de direitos fundamentais". *In*: Virgílio Afonso da Silva (org.). *Interpretação constitucional*. São Paulo: Malheiros, pp. 11-53.

STRECK, Lenio Luiz (2009). "A crise paradigmática do direito no contexto da resistência positivista ao (neo)constitucionalismo". *In*:

262 · ENTRE HIDRA E HÉRCULES

Cláudio Pereira de Souza Neto, Daniel Sarmento e Gustavo Binenbojm (coords.). *Vinte anos da Constituição Federal de 1988*. Rio de Janeiro: Lumen Juris, pp. 203-28.

STRUCK, Gerhard (1971). *Topische Jurisprudenz*. Frankfurt am Main: Athenäum.

SUMMERS, Robert S. (1992). "Form and Substance in Legal Reasoning". *In*: Robert S. Summers. *Essays on the Nature of Law and Legal Reasoning*. Berlim: Duncker & Humblot, pp. 138-53.

SUNSTEIN, Cass R. (1998). "Practical Reason and Incompletely Theorized Agreements". *In*: *Current Legal Problems*, vol. 51. Oxford: Oxford University Press, pp. 267-98.

TARELLO, Giovanni (1980). *Interpretazione della legge*. Milão: Giuffrè.

TEUBNER, Gunther (1989). *Recht als autopoietisches System*. Frankfurt am Main: Suhrkamp [trad. port.: *O direito como sistema autopoiético*. Lisboa: Calouste Gulbenkian, 1993].

_____ (1996a). "Altera Pars Audiatur: Das Recht in der Kollision anderer Universalitätsansprüche". *In*: *Archiv für Rechts- und Sozialphilosophie*, suplemento [*Beiheft*] nº 65. Wiesbaden: Steiner, pp. 199-220 [trad. bras.: "*Altera pars adiatur*: o direito na colisão de discursos". *In*: Gunther Teubner *et al. Direito e cidadania na pós--modernidade*. Piracicaba: Unimep, 2002, pp. 91-129].

_____ (1996b). "De Collisione Discursuum: Communicative Rationalities in Law, Morality, and Politics". *In*: Jürgen Habermas *et al. Habermas on Law and Democracy: Critical Exchanges* (*Cardozo Law Review*, vol. 17, nºˢ 4-5. Nova York: Benjamin N. Cardozo School of Law – Yeshiva University, março de 1996), pp. 901-18.

_____ (2008). "Selbstsubversive Gerechtigkeit: Kontingenz- oder Transzendenzformel des Rechts". *In*: *Zeitschrift für Rechtssoziologie* 29. Stuttgart: Lucius & Lucius, pp. 9-36.

THOMAS, Tracy (2007). "Proporcionality and the Supreme Court's Jurisprudence of Remedies". *In*: *Hastings Law Journal*, vol. 59. San

Francisco-CA: University of California Hastings College of the Law, pp. 73-135.

TÖNNIES, Ferdinand (1979). *Gemeinschaft und Gesellschaft: Grundbegriffe der reinen Soziologie*. Darmstadt: Wissenschaftliche Buchgesellschaft (reimpr. da 8ª ed., de 1935).

TORRES, Ricardo Lobo (2000). "Da ponderação de interesses ao princípio da ponderação". *In*: Urbano Zilles (coord.). *Miguel Reale: estudos em homenagem a seus 90 anos*. Porto Alegre: EdiPUCRS, pp. 643-51.

TUR, Richard H. S. (2001). "Defeasibilism". *In*: *Oxford Journal of Legal Studies*, vol. 21. Oxford: Oxford University Press, pp. 355-68.

VALE, André Rufino do (2009). *Estrutura das normas de direitos fundamentais: Repensando a distinção entre regras, princípios e valores*. São Paulo: Saraiva/Brasília: IDP.

VENIT, Marjorie Susan (1989). "Heracles and the Hydra in Athens in the First Half of the Sixth Century B.C." *In*: *Hesperia: The Journal of the American School of Classical Studies at Athens*, vol. 58, nº 1. Athens/Princenton: The American School of Classical Studies at Athens, pp. 99-113.

VILANOVA, Lourival (1985). *Causalidade e relação no direito*. Recife: OAB/PE.

VON WRIGHT, Georg Henrik (1963). *Norm and Action: A Logical Enquiry*. Londres/Henley: Routledge & Kegan Paul [trad. esp.: *Norma y Acción: una investigación lógica*. Madri: Technos, 1970].

_____ (1994a). "Sein und Sollen". *In*: Georg Henrik von Wright. *Normen, Werte und Handlungen*. Frankfurt am Main: Suhrkamp, pp. 19-43.

_____ (1994b). "Rationalität: Mittel und Zwecke". *In*: Georg Henrik von Wright. *Normen, Werte und Handlungen*. Frankfurt am Main: Suhrkamp, pp. 123-38.

264 · ENTRE HIDRA E HÉRCULES

WAHL, Rainer (1981). "Der Vorrang der Verfassung". *In: Der Staat*, vol. 20. Berlim: Duncker & Humblot, pp. 485-516.

WAHL, Rainer (2007). "Das Verhältnis des EMRK zum nationalen Recht – Die Relevanz unterschiedlicher Entwicklungsphase". *Human Rights, Democracy and the Rule of Law: Liber amicorum Luzius Wildhaber*. Zurique: Dike/Baden-Baden: Nomos, pp. 865-94.

WALDRON, Jeremy (2005). "Foreign Law and the Modern *Ius Gentium*". *In: Harvard Law Review*, vol. 119. Cambridge-MA: The Harvard Law Review Association, pp. 129-47.

WALZER, Michael (1983). *Spheres of Justice: A Defense of Pluralism and Equality*. New York: Basic Books [trad. bras.: *Esferas de justiça: uma defesa do pluralismo e da igualdade*. São Paulo: Martins Fontes, 2003].

WALZER, Michael (1998). "Vorwort zur deutschen Ausgabe". Trad. al. Claus Offe. *In*: Michael Walzer. *Sphären der Gerechtigkeit: Ein Plädoyer für Pluralität und Gleichheit*. Frankfurt am Main: Suhrkamp, pp. 11-4.

WARAT, Luis Alberto (1972). *Semiótica y derecho*. Buenos Aires: Eikón.

_____ (1979). *Mitos e teorias na interpretação da lei*. Porto Alegre: Síntese.

_____ (1984). *O direito e sua linguagem*. Com a colaboração de L. S. Rocha e G. G. Cittadino. Porto Alegre: Fabris.

WEBER, Max (1968a). "Idealtypus, Handlungsstruktur und Verhaltensinterpretation (Auszüge)". *In*: Max Weber. *Methodologische Schriften*. Org. Johannes Winckelmann. Frankfurt am Main: Fischer, pp. 65-167.

_____ (1968b). "Die drei reinen Typen der legitimen Herrschaft". *In*: Max Weber. *Methodologische Schriften*. Org. Johannes Winckelmann. Frankfurt am Main: Fischer, pp. 215-28 (originalmente em: *Preußische Jahrbücher*, vol. 187, 1922).

_____ (1973). "Die 'Objektivität' sozialwissenschaftlicher und sozialpolitischer Erkenntnis". *In*: Max Weber, *Gesammelte Aufsätze zur Wissenschaftslehre*. 4ª ed. Org. Johannes Winckelmann, Tübingen: Mohr, pp. 146-214 (originalmente em: *Archiv für Sozialwissenschaft und Sozialpolitik*, vol. 19, 1904).

WEBER, Max (1985). *Wirtschaft und Gesellschaft: Grundriß der verstehenden Soziologie*. 5ª ed. Org. Johannes Winckelmann. Tübingen: Mohr [trad. bras.: *Economia e sociedade: fundamentos da sociologia compreensiva*. Brasília: UnB/São Paulo: Imprensa Oficial, 2004, 2 vols.].

WEINBERGER, Ota (1999). "*Prima Facie* Ought: A Logical and Methodological Enquiry". *In*: *Ratio Juris*, vol. 12, nº 3. Oxford: Blackwell, setembro de 1999, pp. 239-51.

WELSCH, Wolfgang (1996). *Vernunft: Die zeitgenössische Vernunftkritik und das Konzept der transversalen Vernunft*. 2ª ed. Frankfurt am Main: Suhrkamp.

ZOLLER, Elisabeth (2003). "Congruence and Proportionality for Congressional Enforcement Powers: Cosmetic Change or Velvet Revolution?" *In*: *Indiana Law Journal*, vol. 78. Bloomington-IN: Indiana University Maurer School of Law, pp. 567-86.

ÍNDICE ONOMÁSTICO

Aarnio, A. xix, 1, 2, 7, 13, 26, 64, 71, 105, 106, 109, 215
Abbagnano, N. xxii
Adorno, T. W. 43
Alcántara, M. 171
Alchourrón, C. 140
Aleinkoff, A. 223
Alexy, R. xxv, 1, 4, 12, 13, 19, 23, 25, 30, 40, 43, 44, 51, 60-78, 81, 82, 84, 85, 96, 103-6, 108, 109, 111, 123, 141, 142, 149-51, 157, 161, 165, 178, 185-7, 192, 211, 215
Apel, K.-O. 97
Araújo, J. A. C. de 99
Aristóteles xxi, 28, 29
Atienza, M. xx, 72, 73, 87
Atlan, H. 119
Atria, F. 140
Augsberg, I. 148
Ávila, H. 26, 28, 62, 91, 107, 108, 124, 172, 175-81, 189

Baker, G. P. 140
Bandeira de Mello, C. A. 12, 14, 175
Barbalho U. C., J. 175
Barber, B. R. 45
Barbosa, J. 210

Barbosa, R. 174, 175, 203-5
Barcellos, A. P. 19, 103, 174, 178, 194
Barthes, R. 2, 3
Barroso, L. R. xii, 19, 91, 92, 171, 174, 176, 202, 214-7
Bastos, A. W. 173
Beatty, D. M. 188
Bergel, J.-L. 21
Bernstorff, J. Ver Von Bernstorff, J.
Betti, E. xxiv, 11, 12, 15, 21, 23, 36, 38
Bittencourt, H. xii
Blankenburg, E. 95
Bobbio, N. xxiv, 3, 21, 22
Böckenförde, W. 148, 152, 169, 183, 184
Borowski, M. 65
Bousta, R. 188
Brito Pereira, D. M. D. de 217
Britto, C. A. 100, 211, 212
Brunkhorst, H. 173
Buarque de Hollanda, S. 190
Buckel, S. 224
Bumke, C. 172
Bydlinski, F. 103

Canaris, C.-W. 12, 24, 36, 40, 123
Canotilho, J. J. G. 1, 19, 92, 178, 183

268 · ENTRE HIDRA E HÉRCULES

Carbonell, M. 172, 176-8
Cardozo, B. N. 8
Carnap, R. 3
Carrió, G. XIX, XX, 6
Carvalho, J. M. de 202, 203, 205
Carvalho, P. de B. 2
Chalhoub, S. 202, 203
Chang, R. 151, 153
Christensen, R. 2, 7, 8, 148, 149, 152
Clérico, L. 65
Clève, C. M. XII, 194
Comparato, F. K. 30
Condillac, É. B. de XX
Copi, I. M. XXI, 6
Costa, T. XI
Crespo, I. 171
Crisafulli, V. 23
Cruz, O. 202, 203, 205

Dantas, I. XII
Davidson, D. 153
Del Vecchio, G. 23
Derrida, J. 115, 228
Derzi, M. XII
Dicey, A. V. 89
Dimoulis, D. 172, 176, 187, 189
Diniz, D. 217
Dudena, R. XI
Dworkin, R. X, XVI, XVII, XIX, XXV, 6, 43, 44, 51-7, 59-63, 65, 69, 75, 77, 82, 104-6, 141

Eckhoff, T. 12, 13, 15, 24
Eco, U. 2
Eder, K. 49
Engisch, K. 12
Esser, J. 25, 26, 69, 127, 128

Faoro, R. 190
Favoreu, L. 172
Ferrajoli, L. 176

Ferraz Jr., T. S. 185
Fischer, F. 80
Fischer-Lescano, A. 148, 153, 155
Foerster, H. Ver Von Foerster, H.
Fonteles, C. 217-9
Frazão, A. XII
Freire, A. R. S. 194

Gadamer, H.-G. 11
Goesel-Le Bihan, V. 188
Grau, E. 2, 8
Gracie, E. 210
Grimm, D. 152, 189
Guastini, R. 1, 15, 21, 108, 172
Guerra Filho, W. S. 91, 187
Günther, K. 46, 47, 69-71, 85, 87, 100
Gusfield, J. 58

Haba, E. P. 56
Häberle, P. 57, 65
Habermas, J. 14, 32, 37, 43, 44, 46-50, 59, 73-6, 81, 83, 87, 93, 96, 97, 110, 112-4, 141, 142, 205
Hage, J. C. 26, 109, 140
Hamilton, M. A. 91, 188
Hart, H. L. A. XVI, 43, 44, 51, 140
Hartwig, M. 156, 157
Haverkate, G. 65, 109
Hauriou, M. 89
Hedigan, J. 156
Hegel, G. W. F. 28-31, 173, 174
Hesse, K. 7, 92, 182, 183, 185
Hirschberg, L. 65
Hobbes, T. 161
Höffe, O. 44, 45
Hoffmeister, F. 157
Hoffmann-Riem, W. 187
Hofmann, R. 157
Hofstadter, D. R. 3, 119
Holländer, P. 91
Horkheimer, M. 43

ÍNDICE ONOMÁSTICO · **269**

Isensee, J. 152
Ivainer, T. 6

Jackson, V. 92, 155
Jakab, A. 12, 23, 25, 109
Jarass, H. 172
Jeand'Heur, B. 2
Jestaedt, M. 94, 148, 152

Kahl, W. 187
Kant, I. xxi, xxii, 27, 33, 85, 87, 102
Kasprzik, B. 115
Kellog, F. 191
Kelsen, H. xvi, xix, 3, 14, 117, 173
Köbler, G. 5
Koch, H.-J. 6
Kohlberg, L. 46, 47, 50
Koskenniemi, M. 133
Kuhn, T. 148, 149
Kury, M. de G. xv, xvi

Lacan, J. 2
Ladeur, K.-H. 147, 148, 152, 156, 169
Lalande, A. xx
Laporta, F. 26, 27
Larenz, K. 23, 26, 105, 107, 123, 140, 173, 215
Leisner, W. 65, 148
Lerche, P. 65, 91
Lévi-Strauss, C. 2
Lima, A. E. 80
Locke, J. 161
Loewenstein, K. 144, 174
Luhmann, N. xx, 9-11, 13, 14, 17, 29, 33, 34, 39, 40, 58, 88, 98-101, 112-6, 119, 126, 127, 129, 130, 132, 133, 140, 143, 151, 153, 154, 178, 185, 190, 193, 195, 217, 223, 224, 226, 227
Lyotard, J.-F. 115, 150

MacCormick, N. 21, 28, 36, 140
Maia, A. C. 171

Mainwaring, S. 171
Maluf, P. L. xi
Manero, J. R. xx, 72, 73, 87
Martins, H. 80
Martins, L. 187, 194
Mathieu, B. 172
Maunz, T. 195
Medeiros, R. 217
Mello, M. A. 214
Mendes, G. F. 187, 210, 214
Michelman, F. I. 59
Möllers, C. 195
Moreira, E. R. 172, 176
Müller, F. xix, 2, 7, 8, 126, 148, 178, 183, 185, 186
Müller, J. P. 44, 45, 85, 97
Mussi, J. 80

Neves, M. xviii, xxi, 19, 30, 37, 43, 46, 50, 57, 58, 60, 95-7, 102, 112, 114, 116, 119, 144, 149, 154-6, 160, 166-8, 190, 191, 224-6
Nozick, R. 43

O'Donnell, G. 171
Olbrechts-Tyteca, L. 142
Oliveira, M. L. de P. 171

Padovese, O. xi
Pareto, V. 83
Parsons, T. 9
Pascua, J. A. R. xxiii, 23, 55, 128
Peczenik, A. 12, 140
Peluso, C. 92
Perelman, C. 142
Pertence, J. P. S. 19
Piaget, J. 46, 47, 50
Pindahiba de Mattos, E. 208
Pinto Ferreira, L. 89
Poincaré, H. xxii
Poli, V. xi
Pontes de Miranda, F. C. 4, 5, 216

270 · ENTRE HIDRA E HÉRCULES

Porcher, R. 148, 194
Pozzolo, S. 172

Quaresma, R. 171

Rawls, J. 43-7, 50, 51
Raz, J. 21, 68
Reale, M. 173, 174
Rehbinder, M. 95
Ribeiro, D. C. 217
Ribeiro, P. H. xi
Riccio de Oliveira, F. M. 171
Rodrigues Alves, F. de P. 201
Rorty, R. 45
Rosenfeld, M. 155
Rudolf, B. 156
Russell, B. 3

Sampaio Dória, A. de 175
Sanchís Pietro, L. 176
Sarlet, I. W. 164, 193
Sarmento, D. 164, 171, 172, 194
Sartor, G. 140
Saussure, F. de 2
Schauer, F. 1, 8, 133, 140,
Schier, P. R. 172
Schlink, B. 65, 148, 164, 194
Schluchter, W. 13, 49, 112, 114
Schmitter, P. C. 171
Schoenbrod, D. 91, 188
Schuartz, L. F. 150, 171
Schuppert, G. F. 172
Schwarz, R. 184
Segato, R. L. 166-8
Sevcenko, N. 203
Sieckmann, J.-R. 64, 65, 71, 72, 83,
86, 123, 125, 151
Silva, J. A. xii, 34
Silva, V. A. da xi, 4, 66, 82, 83, 91, 92,
104, 106, 109, 110, 123, 151, 153,
157, 164, 171, 175, 182-9, 211
Silveira, J. N. da 93
Simon, H. 150

Souza Júnior, J. G. de xii
Souza Neto, C. P. de 171
Spencer Brown, G. 34, 101
Starck, C. 152
Steinmetz, W. 164, 187
Streck, L. L. 172
Struck, G. 12
Summers, R. S. 132
Sundby, N. K. 12, 13, 15, 24
Sunstein, C. R. 160

Tarello, G. 2
Teubner, G. 113, 115, 149, 150, 155,
217, 227
Thomas, T. 92, 188
Tönnies, F. 60
Torres, R. L. 192
Tur, R. H. S. 140

Vale, A. R. do xi, 140, 172
Valenzuela, J. S. 171
Vargas, G. 174
Vaz, L. 80
Verpeaux, M. 172
Venit, M. S. xv, xvi
Vilanova, L. 4
Von Bernstorff, J. 200, 201
Von Bogdandy, A. xi
Von Foerster, H. 101
Von Hannover, C. 156, 157
Von Wright, G. H. 6, 26, 27, 32, 109

Wahl, R. 152, 157
Waldron, J. 156
Walzer, M. 31, 163
Warat, L. A. 6, 17
Weber, M. 13, 28, 32, 33, 36, 49, 60,
101, 102, 112, 114
Weinberger, O. 140
Welsch, W. 115, 149, 150
Whitehead, L. 171

Zoller, E. 91, 92, 188